21世纪高职高专精品教材·现代秘书系列

总主编　范立荣

办公室事务管理（第三版）

主　编　胡鸿杰

副主编　王协舟

中国人民大学出版社

·北京·

总　序

随着我国市场经济的高速发展，党政机关、企事业单位、商贸系统的改革步伐不断加快，各行业对秘书的需求量越来越大，对秘书工作的要求也越来越高。在这一变化的影响下，秘书的职业意识在不断更新，工作内容在不断拓展，工作制度在不断完善，然而，能够适应这一变化的训练有素、能力卓越的新型秘书人才却显得十分匮乏。很多院校的秘书专业和秘书培训部门都在着力培养这类人才，所以，他们最急需的是符合21世纪时代特征的，具有丰富的秘书知识内涵、开阔的国际视野、很强的实用性和可操作性的、新型的现代行政秘书和商务秘书系列教材。

鉴于此，我们遵照国务院批转教育部《2003—2007年教育振兴计划》中“职业教育与培训创新”的精神，组织秘书专业的专家及教授偕同富有实践经验的秘书工作者，依照新型秘书应具备的知识结构和能力结构，量身打造，编写了这套集时代性与实用性于一身的高层次的现代秘书系列教材。

纵观本套教材，特点有三：

第一，具有前瞻性和现代性。本套教材立足于我国加入世贸组织后市场经济发展的前沿，借鉴了国际领先水平的秘书工作经验，从我国现实情况出发，对秘书工作从理论到操作的方方面面内容作了系统的介绍，论述详尽，阐发深入，紧跟时代发展的步伐。

第二，具有系统性和全面性。系统性是指这套教材是一个系统工程，是由办事、办文、办会等系列子系统组成的相互关联、衔接有序的动态系统。全面性是指这套教材囊括了秘书工作的收集信息、协调、信访、调研、督检、文书、会务、接待、沟通、礼仪、办公自动化、速记技能等全部内容，可以说这是一套“秘书工作必读全书”。

第三，具有标准性和实用性。本套教材是遵照《秘书国家职业标准》进行编写的。

学习这套教材，不仅有助于做好秘书工作，也有助于考取我国《秘书职业资格证书》。我国将实行“学历文凭＋资格证书”并重的用人制度，世界各国之间也将开展职业资格互认，资格证书将成为国际职业的“通行证”。在这种趋势下，标准化教材就显得非常重要。实用性体现在本套教材以实务为中心，使学生明确在工作中应做什么，怎样才能做好，怎样不断提高工作效率。

这套教材的编写框架和内容很新颖，将秘书应掌握的知识和技能贯穿于每一个模块中，重点明确而突出，简洁而实用，并配有经典案例及评析，融知识、技能、情趣于一炉，非常适合作为大中专院校秘书专业的教材，也可用于培训或自学。

最后，我们衷心希望本套教材的使用者能在轻松的学习中领悟秘书工作的真谛。

范立荣

前　言

秘书已经成为21世纪的热门职业之一。在很多人看来，秘书工作似乎没什么难度，认为秘书工作者每天就是收发、整理文件，接待来访，跟在领导后面开会、做做记录，基本不用动脑，其实这些只占秘书每天大量工作中的很小部分。秘书工作实际上是实践性和操作性很强的、细致入微的工作，需要百分之百的认真、负责和细心。在信息快速传播的今天，在办公自动化的环境中，秘书工作的压力越来越大，如何做一个称职合格的秘书已经引起人们的广泛关注。如何构筑秘书专业体系，培养和造就一支精干高效、整体素质好的秘书队伍，是摆在我们面前的重要课题。

办公室是秘书人员的活动空间，办公室事务是秘书工作的主要内容。因此，秘书人员不仅要美化、维护好办公环境，还要使用并管理好办公室内一切设备和用品；不仅要为领导安排好日程计划，还要负责时间安排同领导活动之间的协调，保证各项业务有序、顺利开展和完成；不仅要收发、管理好办公室各样文件并及时归档，还要管理好各种形式的信息资源，做好收集、管理和利用工作，保证单位内部信息流畅，从而使单位在信息竞争时代始终处于优势。

本书在第二版的基础上，根据近年来办公室事务管理工作的需要，围绕秘书在办公室事务管理方方面面的工作展开论述，汇集了秘书的基础工作，即办公室事务管理的基本内容。全书共七章，包括绪论、办公室环境、常规办公室工作、办公用品管理、办公效率及时间管理、信息资源管理和档案管理。本书写作的特色是每章开头都用案例导入来提出问题、引出正文，每个章节后都配有本章小结、关键概念、思考与练习和案例评点。另外，本书还有一本配套的案例教材——《办公室事务管理案例与实务》，以帮助读者理解和强化秘书专业知识。

本书是中国人民大学出版社组织出版的现代秘书系列教材之一，基本读者对象是在校的秘书专业学生，也可以作为在职人员的培训教材。

本书由胡鸿杰、王协舟、杨晓东、魏芬、吴丹、肖妍和段永兴根据多年的教学经验，并参考了国内外秘书学的优秀成果编写而成。书中的许多理论及其体系，凝结了秘书学界同行的研究成果和智慧，在此一并表示感谢！

由于编者水平有限，书中难免存在疏漏与错误，恳请专家和广大读者批评指正。

编者

2012年6月于北京

目 录

第一章

绪　论

我们正处于一个变幻莫测的时代，社会价值取向日趋多元化，尤其是伴随着信息时代的到来，我们每个人都体会到了信息给我们的生活带来的强烈冲击，“人似乎沦为了机器的奴隶”。我们每天都同信息打交道，信息如同空气、阳光和水一样成为我们生活中必需的要素。而作为社会组织的一员，我们每个人又不得不与办公室发生着各种各样的联系；办公室这个古老而又现代的机构在一个组织中将扮演怎样的角色，将发挥怎样的作用，势必影响我们的工作和生活。本书将帮助你认清信息时代办公室的地位及其在组织中的作用，并将使你在未来的办公室管理中居于有利的地位。

早在 20 世纪 80 年代初期，阿尔温·托夫勒（Alvin Toffler）在其《第三次浪潮》一书中探讨了第三次变革浪潮对文明世界的冲击，其中包括给办公室带来的影响。第一次浪潮是约在一万年前由农业革命掀起的，而第二次浪潮则是约在 300 年前由工业革命推动的。在文明世界第二次浪潮期间，“办公室成了打字员、秘书、文书人员、机务员、管理员和经理进行通讯联系、编制报表、文件管理和归档的地方”。在这样的环境中，办公室工作的重点放在有形产品上面，如起草信件和备忘录，编制报表和开具发票，做纪要、会议记录，以及把副本和抄件存入档案柜里。这种意义上的办公室工作直到现在显然还是我们办公室工作的主要模式。

第三次浪潮下的办公室将远远不同于传统的办公室。办公室工作的主要用品——纸张将大量地（但并非全部）被取代。文件在许多办公桌之间穿梭般地往返运转，没完没了地重复打印往来信件和数据报表，这样的工作将会变得无足轻重。相当大的一部分办公室工作人员，特别是那些生产或处理信息的人员，将会通过通讯网络在家里完成他的部分工作，这将使许多家庭变成“电子家庭”。总之，制定决策的工作将变得更为重要，并要求组织成员更加广泛地参与这项工作。

我们现在就处于托夫勒所说的第三次浪潮的过程中，人在办公室中的角色正悄悄地发生变化，我们由原来单纯依靠人的力量所完成的复杂的工作，已经转变为主要由系统来完成，在这个系统中由机器和人以最低费用承担着生产信息产品的职能。已经发生的变化使大多数办公室工作人员更加专门化，同时也要求行政办公室人员具备广博的知识和能力，以便用信息技术手段来提高工作效率。

在第三次浪潮后新出现的大小办公室里，或在第二次浪潮旧有的办公室里，办公室人员的具体任务和职责可能各不相同。但是，他们的一般任务和职责却基本相同。本书所论及的秘书的大量工作是在办公室中完成的，虽然我们平常理解的办公室大多是政府部门的办公室或办公厅，但实际上，办公室几乎遍及各个组织之中，而且发挥着十分重要的作用，本书正是一本以办公室事务为中心内容，分析办公室管理方法和技巧的书。

对一般人来说，办公室的印象应该是不陌生的：一个房间，房间里有写字台、桌椅、电话、电脑、文件柜等办公用品，大量的文件摊开在桌面上，不断响起的电话铃声，来回进出的人群，或者电脑键盘发出的嗒嗒声。这些构成了我们对办公室的形象认识。但是，对秘书人员来说，更多的恐怕是通过这些表层的东西来寻求对办公室工作更加深刻的认识，如办公室的功能定位、办公室管理的内容、办公室和其他工作的联系与区别等。下面，我们将对这些问题一一阐述。

第一节　办公室及其功能

一、社会组织的基本类型

要了解办公室，就必须首先对它有一个科学的定位，知道它是一类重要的组织机构，并要搞清楚办公室所从属的组织的情况。

社会及企业组织一般可以分为以下几种类型。

（一）直线式组织

直线式组织又称梯级式或军队式组织，是最早、最简单的一种组织结构形式。它的特点是：组织中各种职务按垂直系统直线排列，各级主管人员对所属下级拥有直接的一切职权，组织中每一个人只能向一个直接上级报告，即“一个员工，一个头儿”。在这种组织结构中，权力从最高层管理者下传到负责特定工作的中层管理者，再从中层管理者下传到直接管理操作工人的管理员。

这种组织的优点是结构简单明了，在指挥系列中，任务清楚，职权划分明确，任务的执行可以直接归到一个职工和指挥系列中的他的顶头上司身上，在决策中繁文缛节最少，而且行动迅捷。其缺点是在组织规模较大的情况下，所有的管理职能都集中由一人承担，往往由于个人的知识及能力有限而感到难于应付，顾此失彼，可能会发生较多失误。此外，每个部门基本关心的是本部门的工作，因而部门间的协调比较差。

直线式组织多见于政府机构、军队组织以及小型企业。采用纯粹的直线式组织的企业很少，但在大公司中，某些方面的工作可以按直线式组织的设计来开展。

直线式组织的结构形式如图 1—1 所示，其中 L_i（i=1，2，3，…）表示组织第 i 层次的管理人员。

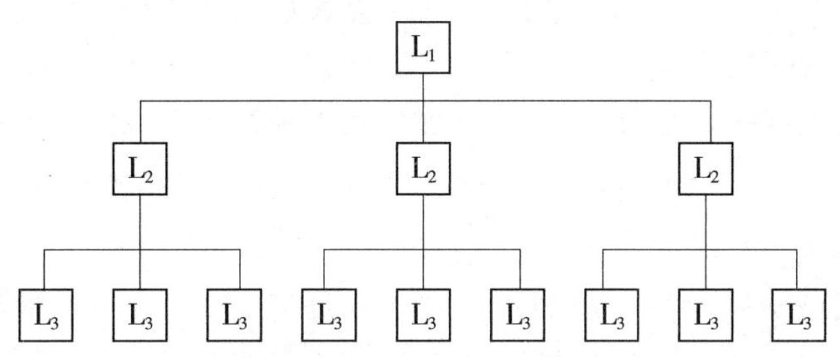

图 1—1　直线式组织

（二）职能式组织

这种组织的特点是，组织内除直线主管外还相应地设立一些组织机构，分担某些职能管理的业务。这些职能机构有权在自己的业务范围内，向下级单位下达命令和指示，因此，下级直线主管除了接受上级直线主管的领导外，还必须接受上级各职能机构的领导。

在职能式组织中，管理人员可以发挥个人专长，把时间集中用于一个方面的工作。这种专业性能使职工受到内行和专家的监理，而能够提高效率。可是，随着各类独立的专家的增多，就有可能由于权力的交错和职责划分的不固定而出现混乱。结果，职能式组织导致了推卸责任的弊病。由于员工要向几个管理人员汇报工作，这样就会经常接到不一致的批示而造成许多矛盾。由于有这些缺点，纯粹的职能式组织，像直线式组织一样，在现在的企业中很少见到。

职能式组织的结构形式如图 1—2 所示，其中 L_i（i=1，2，…）表示直线部门；F 表示职能部门。

（三）直线参谋式组织

直线参谋式组织吸取了以上两种组织形式的优点。它的特点是设置了两套系统：一套是按命令统一原则组织的指挥系统；另一套是按专业化原则组织的管理职能系统。直线部门和人员在自己的职责范围内有决定权，对其所属下级的工作实行指挥和命令，并负全部责任，而职能部门和人员仅是直线主管的参谋，只能对下级机构提供建议和业务指导，没有指挥和命令的权力。

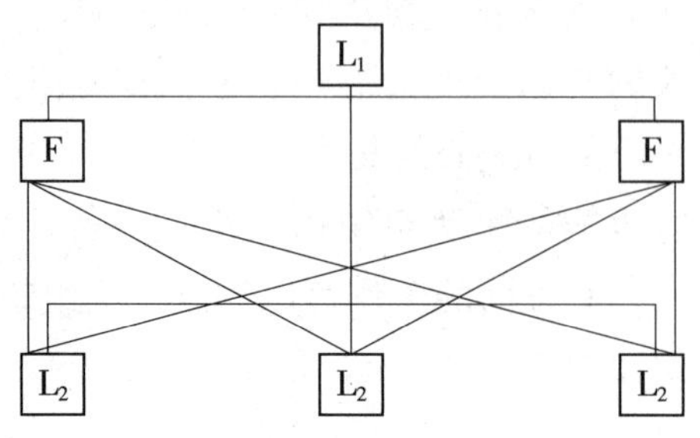

图 1—2　职能式组织

在直线参谋式组织中，最高管理层的政策和策略按直线制加以贯彻。权责直线之下，工作按职能由一个一个的部门来执行。许多专家作为各个部门的顾问来协助进行管理工作时，就出现了参谋的职能。

这种组织的优点是领导集中、职责清楚、秩序井然、工作效率较高，整个组织有较高的稳定性。而缺点是下级部门的主动性和积极性的发挥受到限制；部门间互通情报少，不能集思广益地作出决策，当职能参谋部门和直线部门之间目标不一致时，容易产生矛盾，致使上层主管的协调工作量增大；难于从组织内部培养熟悉全面情况的管理人才；整个组织系统的适应性较差，因循守旧，对新情况不能及时作出反应。

这种组织形式对中、小型组织比较适用，但对于规模较大、决策时需要考虑较多因素的组织，则不太适用。图 1—3 是直线参谋式组织的结构图，图中的 L_i（$i=1, 2, 3, \cdots$）表示第 i 层次的直线部门；F_i（$i=1, 2, \cdots$）表示第 i 层次起参谋作用的职能部门。

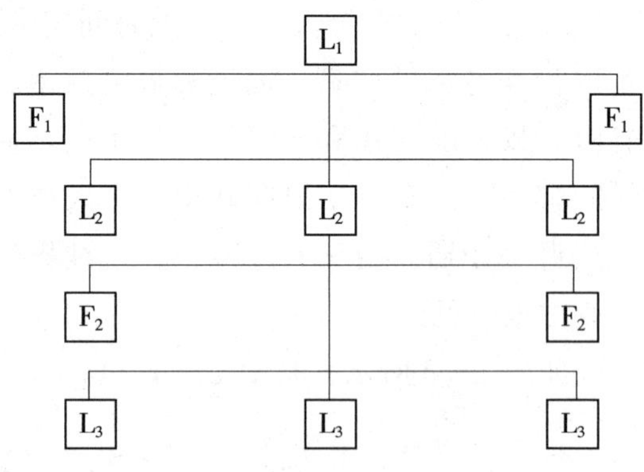

图 1—3　直线参谋式组织

（四）直线职能参谋式组织

这种组织结合了直线参谋式组织和职能式组织的优点，它是在坚持直线指挥的前提下，为了充分发挥职能部门的作用，直线主管在某些特殊的任务上授予某些职能部门一定的权力，如决策权、协调权、控制权等。他们可以在权限范围内直接指挥下属直线部门。这种类型的组织形式在生产企业中用得比较多，如协调性的生产调度部门，控制性的经营销售部门以及技术检验部门等，上层直线主管授予他们相应的权力可以大大提高管理的有效性。

直线职能参谋式组织的结构形式如图 1—4 所示。图中的 L、F 示意同图1—3；“——”表示直线指挥权；“--->”表示业务指导及部门直线指挥权。

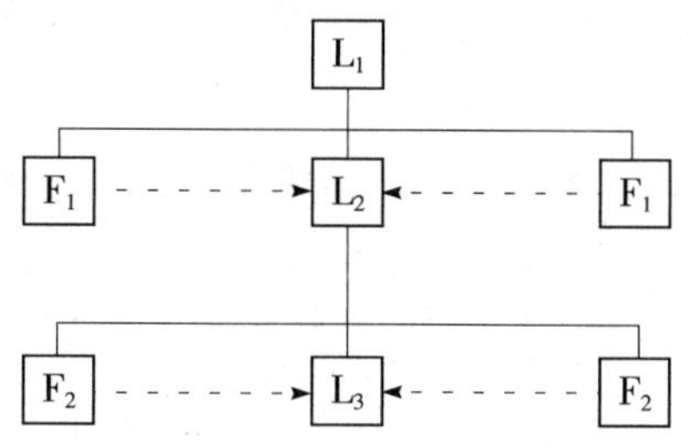

图 1—4　直线职能参谋式组织

（五）委员会式组织

组织越大越复杂，各级人员相互之间的关系越需要协调。为了满足这种需要，委员会式组织提供的结构中，权力不是由一个领导掌握，而是由很多人联合掌握，委员会式组织形式通常与正规的直线和参谋结构一起使用，或者作为直线和参谋式结构的一种补充。

其优点是：人们对集体决策比对个人命令常常更欢迎、更乐于接受；集体成员互相积极地配合，就会协作得更好，管理人员也会把他们的组织看成一个紧密结合的整体，而不只是自己的一个单独部门；由于集体全面考察过组织的行为，讨论过影响组织几个部门的问题，并且明白采取某种行为步骤的原因，因而对决策的认识更加清楚；由于全体成员汇集知识、信息和经验参与了计划的制定，因而集体制定的计划更易于付诸实施；集体判断一般比个人判断要高明，因而，委员会成员对计划的圆满完成更为关注。

其缺点是：集体决策虽然能避免仓促作出决断，但比个人决策要慢得多；由于根据多数意见决定问题，因而没有一个人对集体作出的决策负完全责任；委员会所面临的通常是一些很费时间的问题，这些问题本来应该是由有关的负责人个人来处理的。

（六）矩阵式组织

矩阵式组织有时也叫项目组织，它把垂直的权力关系及水平的或交叉的工作关系结合起来，用于处理有关复杂的工作项目或产品的问题。采用这种组织结构，目的在于获取比上述各种普通组织结构更大程度的协调一致。在这种组织中，工作的组织进行是围绕几个正在进行的项目，而不是像直线式或直线参谋式中那样，围绕几个特定的部门或职能领域。

如图 1—5 所示，这种组织形式的特点是打破了传统的“一个员工只有一个头儿”的命令统一原则，使一个员工属于两个甚至两个以上的部门。它的优点是：加强了各

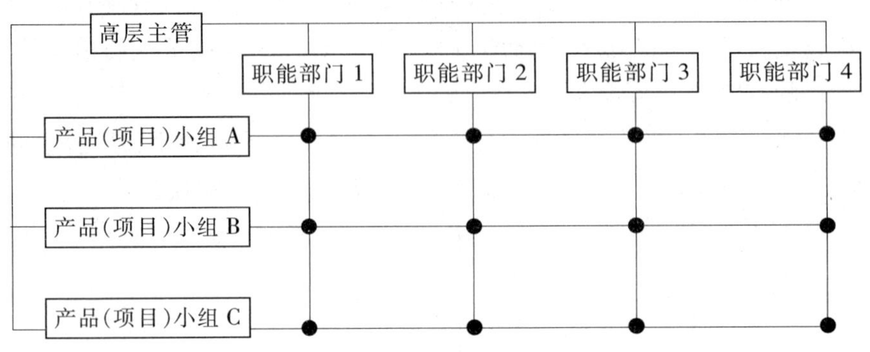

图 1—5　矩阵式组织

职能部门间的横向联系，具有较大的机动性和适应性；实行了集权与分权的较好结合；有利于发挥专业人员的潜力；有利于各类人才的培养。其缺点是，由于这种组织形式是实行纵向、横向的双重领导，处理不当，会由于意见分歧而造成工作中的矛盾和扯皮现象；组织关系较复杂，对项目负责人的要求较高；由于这种形式一般还具有临时性的特点，因而也易导致人心不稳。

矩阵式组织设计一般为大公司、跨国公司、政府机构所采用。矩阵式组织生成和处理的信息很多，因此在这种结构中，常常把决策工作委托给组织中较低的层次。这样决策就是由具备处理信息所需要的相关知识的那个层次来作出的。由于把许多管理决策委托给了较低的层次，矩阵式组织的上层就不会因日常业务决策多而负担过重。

一般来说，在企业及社会组织内部可以根据组织的类型、组织的活动目标，将组织的内设机构分为三种类型：

第一类是领导机构，也称首脑机构。它代表组织行使权力，是组织的决策和指挥中心。领导机构通过各种管理方式，引导和影响所属组织成员，齐心协力地完成组织目标，实现组织功能。领导机构是组织的中枢，它统筹全局，运筹决策，是决定组织效能的关键。

第二类是职能机构，就是具体完成组织中的各项目标的执行机构。比如工矿企业的科室及车间等。职能机构在领导机构的领导下，负责组织和管理某一方面的业务，它的主要任务是执行领导机构的决策和指示；处理其管辖范围的业务；指导下一级业务部门的工作和相关业务。职能机构通过行使管理职能，为实现组织的总目标服务。

第三类是辅助机构。它是领导机构和职能机构的保障部门，一般起着辅助决策、沟通协调的作用，为实现组织功能提供各种服务。它对各职能机构没有直接的指挥和监督权力。辅助机构大体有三类：一是综合性辅助机构，各级各类办公室就是最具代表性的综合辅助机构；二是专业性辅助机构，如人事、财务以及其他专门事务机构；三是后勤保障机构。

社会组织的这种内部格局的意图很明确，即按照组织动态规则进行机构划分。就像一个活的人体一样，要维持生存就必须有指挥躯体的大脑及神经系统；要维持新陈代谢功能就必须有血液循环等其他系统。于是，社会组织就有了类似人体大脑的领导机构，以实现其指挥作用；同时，社会组织还有了类似人体血液循环等其他系统的职能机构，以实施其基本功能。但是，社会组织同自然人体的重要区别在于，它并不是一个天然的有机体，它需要借助外力把各个部分组织起来，形成一个能够正常运转的整体。也就是说，这种外力是维系社会组织正常运转的一个非常重要的因素，它的作用就是把社会组织内部的各个部分联系起来，形成一个"运动的整体"。于是，社会组织就有了第三大部分，即以办公室为代表的辅助机构。

由此可见，社会组织要实现自身的目标，就必须将其逐一分解，分别由它内部的不同机构来承担。办公室就是这种目标分解的结果。同其他机构不同，办公室使社会组织更带有"人为"的色彩，是社会组织正常运转的重要因素。准确地说，所谓"社会组织的人为色彩"，就是办公室产生的条件或环境，正是社会组织的特定环境造就了办公室。

二、办公室的基本功能及其特征

社会组织的特定环境在造就办公室的同时，赋予了办公室基本的功能，即把社会组织内部的各个部分联系起来，形成一个"运动的整体"，从而保证组织目标的实现。所以，办公室的功能，实际上就是实施社会组织的内部管理；并且，这种功能在社会组织内部，无论是领导机构，还是职能机构，都无法代替。

（一）办公室的基本功能

办公室的基本功能可从下述三个不同的角度体现。

1. 从社会组织的整体看，办公室是管理工作的中心，处于枢纽地位

办公室与社会组织内部的职能机构相比，虽然都是在领导机构的直接指挥下活动，但其活动内容是为领导决策活动提供建议和意见，处理社会组织的内部事务，包括制定组织活动的各种规则，提供各种保障等。上级的指令要通过办公室传达下去；各个方面的信息，也要由办公室处理和传递。因此，社会组织如果没有这样一个环节和枢纽，一切活动将无法进行。

2. 从社会组织的结构看，办公室是社会组织内部承上启下的联络部，处于中介地位

在纵向层级方面，办公室是社会组织中决策层和执行层的中介，是联系领导机构和职能机构的纽带；在横向部门方面，办公室是社会组织中各层级内部沟通的中介，是联系各职能部门的桥梁，通过办公室，各种信息得到集散和有效的开发利用。因此，离开了办公室这样一个中介机构，社会组织的正常运转将难以实现。

3. 从社会组织的外部看，办公室是社会组织通向社会的门面，处于窗口地位

收发文件和接待来访，是办公室的职能与其他机构的不同之处，这些功能使得办公室有更多的机会与外界接触。办公室的办事效率和工作质量及其工作人员的礼仪风范，都在一定程度上代表社会组织的公众形象。这一点对一些知名的工商企业来说尤为重要。因此，社会组织如果没有这样一个窗口，就会失去同社会正常沟通的渠道，也将对其生存和发展构成潜在的威胁。

（二）办公室基本功能的特征

办公室实施社会组织内部管理的基本功能，决定了办公室无论是参与政务，还是管理事务，都是围绕社会组织的内部管理展开的。因此，作为一项管理活动，办公室基本功能的行使必然带有一般管理的某些特点。比如，从过程上看，都是计划、组织、控制等管理环节的具体化；从整体上看，都必须按照完整统一、精简高效的原则运作。但是，作为一个特定的管理领域，办公室的基本功能又有着自己的特征，主要表现在下述几个方面。

1. 办公室基本功能的行使具有综合性

办公室的管理内容是社会组织内部事务的整体，并不是一个特定的专业领域或一个特定的组织职能。无论是上传下达，还是左右沟通；无论是辅助决策，还是后勤保障；无论是日常工作，还是突发事件，都属于办公室的管理范围。这种功能的综合性，决定了办公室的管理必须立足于调整社会组织内部的各种关系，克服各种制约因素，以保证社会组织内部协调有序地运转。

2. 办公室基本功能的行使具有程序性

办公室的管理过程并不是杂乱无章或在不同领导风格的作用下无所适从的，而是一个有着相对稳定的活动程序的过程。无论是新建组织，还是传统组织，其内部的管理都是从围绕组织目标制定发展规划开始，通过建立各种组织规则，把各种权责体系和工作制度落实到各个部门，然后采取过程或结果的监控来评估或总结组织目标的实现程度，进而开始下一个循环。这种功能的程序性，决定了办公室的管理必须全过程地参与组织内部管理的各个环节，发挥自身的中介和枢纽作用，保证组织目标的实现。

3. 办公室基本功能的行使具有终局性

办公室的管理行为主要不是面对社会公共事务或其他社会组织，而是面对本组织的内部活动。其管理行为的依据大部分都是社会组织根据本组织内部的实际情况制定的；当然，这些活动规则也要以合法为前提。但是，即使是最完善的法律，也不可能规范到每个社会组织内部的每件具体事务。因此，办公室管理行为的结果，包括资金、物资的分配，对工作人员的安排和处理等，其效力范围大多数限于本组织内部，并不与有关法律的条款相衔接。这种功能的终局性，决定了办公室的管理行为必须在合法的大前提下，建立在对本组织情况正当考虑的基础上，既要合乎情理，也要符合本组织的发展目标，以保证公正和有效。

由以上可以看出，办公室功能有很强的综合性、程序性和终局性，它在组织尤其是企业中发挥着不可替代的作用。

人们常常把办公室管理混同于秘书工作，实际上，办公室管理与人们通常所说的秘书工作存在一定的区别。从一般意义上讲，办公室是一个组织机构的概念，办公室管理是对一个组织机构的管理，它是社会组织行政管理的一部分。而现代秘书工作则是社会组织内部的一种管理活动，其直接动因是领导活动的需要。如果借用统计学的术语，办公室管理采用的是“区间估计”的方法，秘书工作采用的则是“点估计”的方法，两者是对同一事物的不同界定方式。另外，作为一种管理活动，秘书工作各环节之间存在一定的逻辑联系，体现了某种科学意义的组合；而办公室管理则是对一个社会组织内部机构的管理，它更多地表现出某种赋予性，即根据社会组织自身活动的需要，本着精简、高效的原则，赋予其内部机构不同的工作内容。当然，在特定的时空范围内，办公室管理和秘书工作存在许多相互交叉，甚至是重合的内容，这完全取决于社会组织的活动需要。

因此，有办公室的地方就会有秘书，秘书在办公室中扮演着重要的角色，秘书具体来说是组织中高级管理人员的助手，是办公室中关键的角色，他（她）掌握组织职责，运用其理论知识和专业技能，承担或者具体实施办公室职责范围内的工作。所以，在办公室工作中一支优秀的秘书队伍往往是办公室管理的关键。

第二节　办公室管理的实施维度

实际上，办公室是在一个社会组织内部进行运作的组织实体，它有一个维度，可以用图 1—6 来表示。

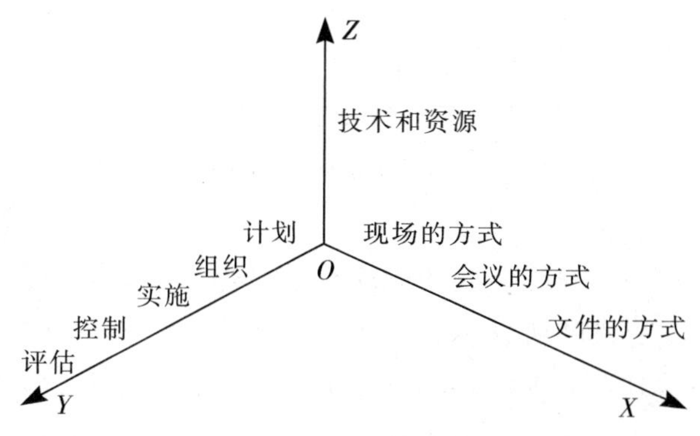

图 1—6　办公室管理的维度

图 1—6 中，Y 轴是办公室功能运作的内容，也就是办公室管理的实施环节，主要由计划、组织、实施、控制、评估等具体管理职能所组成，它是办公室管理的基本状态；X 轴是实现办公室管理的方式，如现场、会议和文件等，它是办公室管理的基本手段；Z 轴是实现办公室管理的物质基础，它是办公室管理的保障条件，这就是办公室管理的三维空间。

下面，我们将围绕这个维度展开，看看办公室管理中都有哪些内容需要我们去关注。

一、办公室的性质

如果我们能把办公室放入组织整体中，探讨办公室特定的职能和服务，将更有意义。大家都知道办公室从来都不是单独起作用的，它的存在与组织内其他的部门是密不可分的。不管是生产制造企业还是服务性组织，它们的办公室都表现为以下三个方面的基本特征。

（一）从属性

相对于一个组织首要的关注点，办公室始终处于一种次要地位，它的职能是从属性的。但是这种从属性职能的支持对于任何一个组织又都是必不可少的。办公室其实是组织整体系统的一个子系统，这就正如组织整体本身就是更大系统或超系统的一个子系统一样，如组织生存并与之发生联系的周围的环境就是一个超系统。图 1—7 是一个简单的系统模型，形象地说明了这个问题。

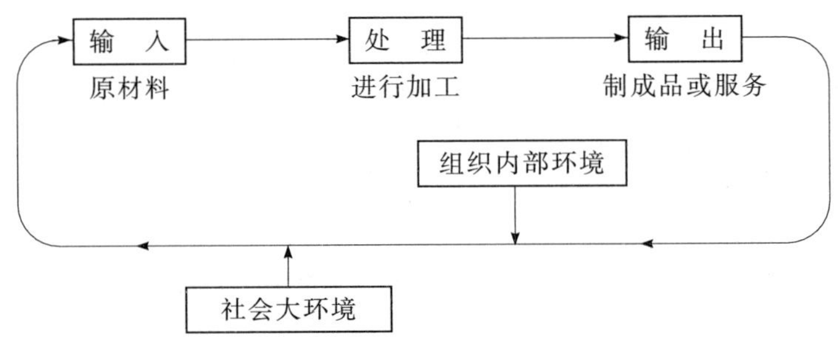

图 1—7　简单的系统模型

（二）补充性

由于办公室工作对一个组织首要的职能是从属性的，因此它的职能也就具有了补充性。这是因为办公室提供的所有服务一定是组织内其他部门活动的必要补充。换句话说，如果没有办公室基本的支持和办公室人员所提供的信息，材料的订购就不可能进行，账单或工资就不会被支付，也不会有账款的收回，一个组织所要求履行的法定义务也将无人理会。

（三）管理性

办公室另一个重要的作用是它的管理职能。实际上，对于一个社会组织而言，办公室是其实施内部管理的唯一机构。办公室的控制职能通过一系列检查和资金平衡实施。比如，它通过制定严格的预算来管理支出，通过实施打卡上班及弹性合理的政策来管理员工，通过建立一系列基本的程序管理供应品的发放等。

二、办公室的职能

随着时间的流逝和信息技术的发展，组织开始要求以更快的速度处理更多的信息并作出更多决策。由于包括计算机和威力巨大的通讯设备在内的新技术，办公室人员具有更强的信息处理能力，管理部门就开始更加依靠办公室工作人员了。单一部门办公室的概念逐渐被一个更广泛的全公司范围的信息管理概念所取代了。具体地讲，办公室工作是通过对组织中每一种管理职能的介入来体现自身服务的。

（一）计划

这种管理职能就是分析过去和现在的有关信息，估计未来可能的发展，由此制定行动方案，从而使公司能达到既定的目标。与此相应的办公室工作范围是为各种信息处理业务确定方针和目标，如通讯、文件管理、邮递和复制技术；物色合适的办公室场所；用现代的、实用办公家具、机器和设备装备工作区；为办公室配备合格的人员，使办公室工作顺利而迅速地开展。

（二）组织

这种管理职能是把全部经济资源（工作、工作场地、信息和职工）组合成可控的（可以管理的）组织单位，以完成各项具体的目标。与此对应的办公室工作范围是：把办公室组织的基本原则应用于确立员工间的工作关系，以最好的物质设备和工作流程装备员工，获取最高的工作效率。

（三）协调

这种管理职能是动员组织员工，使组织目标得以成功地实现。与此对应的办公室工作范围是：有效地指挥和监督办公室的工作，选用一种切实可行的保持旺盛士气的人事政策，对办公人员进行培训、辅导、提升和付酬，为员工和上司提供通畅的通信线路。

（四）控制

这种管理职能是保证工作成果尽可能与组织的计划一致。与此相对应的办公室工作范围是：制定、建立和改善行政办公室的规章制度，使得在完成办公室各项重要工作时有所遵循；对办公室报表及其他用品的置备、编制和使用进行监督；评估已完成的办公室工作并制定完成任务的标准；降低行政办公室的业务费用；编制预算、报告和工作细则，用以降低和控制成本。

三、办公室事务

办公室事务就是围绕办公室的管理职能而实施的业务活动。对于任何一个组织来说，不论其规模和性质如何，其办公室的基本业务活动都是一样的。在这本书中，你将熟悉很多的办公室事务，如归档、邮件处理、消息和信件传播及使用电话、接待访问者及保存财政活动中形成的文件。由办公室承担这些工作通常是很有利的，如打字、归档、复印、邮寄、文具控制、接待和集中组织控制电话系统。这就意味着，一个信息处理中心为所有的部门提供秘书服务；不是由各个部门保存它自己的文件，而是由一个中央部门来集中处理所有的文件工作；一个复印中心满足所有部门的复印和打印的需要；所有的邮件由一个中心邮件处理部门来接收和发送。

办公室提供服务的类型将在某种程度上依组织的各种情况而定，如它的职能、规模、所有权和计划等，但是无论其特征如何，由办公室提供的服务的范围却都是相似的。此外，根据本系列丛书的分工，办公室的文件和会务管理将由其他教材论述。

四、本书的主要内容

本书主要围绕办公室日常事务管理展开，主要是通过理论和实践的分析，找到更有效的完成办公室事务的方法和一些必要的技巧，让未来的秘书工作者能更加方便、省时和快捷地完成工作。

鉴于以上目的，本书首先描述办公室的全景，说明办公室的环境是什么状态，包括“硬环境”和“软环境”；然后根据办公室日常事务分别进行分析，即常规办公室工作，如接打电话、印章和介绍信管理以及小额现金管理等；接着具体讨论如何更好地管理办公用品，主要包括常用办公设备的管理、库存控制以及如何正确采购和管理办公资源。本书的第二、第三、第四章主要讲述了上述内容。

办公室工作中如何提高效率是一个贯穿始终的主题，所以本书第五章围绕办公效率和时间管理展开分析，具体说明如何正确地安排日常的工作时间，如何编制时间表和值班表，如何管理日志和编制计划等内容。

本书第六章围绕信息资源管理展开论述，具体讨论了办公室常用信息资源情况，设计了办公室信息资源管理流程，并分析了如何更好地利用办公室信息资源。

在所有的信息资源管理中，档案管理是办公室事务中一个十分重要的环节，办公室文件工作的归宿就是高效、合理的档案管理制度和流程。本书第七章围绕办公室档案管理整个过程进行说明，主要是分析档案管理程序、制度和档案利用问题。

第二章

办公室环境

案例导入

创造高效率办公空间

下午上班时间，秘书小张正在电脑上查资料，这时电话铃响了，而办公室的公用电话在窗台上，所以小张站起身来走到窗前去接电话。电话是找主管的，但她这时没有在办公室，对方要求留言，所以小张又走到办公桌旁在抽屉里翻找可以用来记录的纸张。记录完毕，小张把这张纸压到了主管的水杯下面。刚在电脑前坐下，经理进来要一份资料，小张又赶忙起身走到资料柜前找资料。不到10分钟，小张已经在屋里转了好几个圈，真是够辛苦的。

其实，这么辛苦完全没有必要。如果电话就在电脑旁边，小张不用动就可以接电话；如果电话旁事先摆好笔和便笺，小张也不用临时找纸；如果资料柜就在电脑附近，小张更不用刚坐下又站起来。都是在办公室，都是那些工作，有些人可以省时省力地完成，有些人则把自己弄得非常辛苦，区别不仅在于个人能力，还在于办公室的布局。如果你不希望像小张那样辛苦，可以参考下面的原则把你的办公环境布置得既方便又舒适。

一般而言，书桌应放在靠近窗户的地方，不仅采光好，视野也比较开阔。大型书架容易给人压迫感，应该靠在墙边。书桌旁放一个两层的小型书柜，放一些常用的资料夹和书籍，这样才不会在调阅时浪费太多时间。把“体型”、“肤色”和“民族”大致相同的书籍排列在一起，不仅查找起来有的放矢，视觉上也比较美观整齐。

在书桌前挂一个软木做的公布栏，随手将重要的纸条钉在上面，可以随时提醒自己该办的事。公布栏旁挂一幅月历，可以帮你记录和安排一些重要事项，使计划一目了然，十分方便。

垃圾桶应该摆放在尽量靠近书桌的地方。除非你是一个“灌篮高手”，否则不要和它保持过大距离，免得到最后“你丢你捡”，多麻烦！垃圾桶没必要很大，而且最好是没有盖子的那种，否则每丢一次废纸还得踩一次踏板，蛮辛苦脚趾头的！

把经常用到的文具和物品放在顺手的地方，最好是放在一个美观的笔筒里面，不仅取用时比较方便，而且不会让你的桌子看上去一团糟。如果你不是“左撇子”，就把电话放在左手边，这样突然有电话打来时才不会打断正在勤奋工作的右手。别忘了在电话旁放好便笺纸，不然有人要留言的时候，就得费力气找纸了。

如果还有其他文具用品，还是收到抽屉里面做“储备军”比较妥当。因为简单干净的空间是效率的催化剂，在复杂环境中寻寻觅觅，既花时间又耽误事。

对于使用右手写字的人，从左前方照射过来的灯光是最理想的。这样，无论你的手如何移动，都不会遮住光线或者形成黑影区。应该尽量避免强光照射，办公不是拍电影，光线太强容易使眼睛疲累酸涩，不但降低做事效率，还有损视力，实在是有百害而无一利。

只要按照上述原则布置你的办公环境，你会发现原来工作可以轻轻松松地完成，工作效率也会大有提高，不信你试试看！

简　析

本案例反映了一个有序、完备的办公环境对办公室工作来说是十分必要的，秘书小张正是由于没有很好地把握办公室的工作环境问题，也没有采取很好的办法来对自己的工作环境进行优化，从而导致自己的工作效率不高，同时也使办公室显得十分凌乱，没有秩序，其中还存在许多潜在的危险，可以说，优化自己的工作环境对一个秘书来说是十分必要的。

第一节　办公环境及其优化

一、办公环境概述

（一）办公环境的概念

环境是大家谈论最多的话题，其实，通俗地讲，环境就是周围的条件，也是相对于某一中心事物的背景。各个组织在研究其组成情况的时候，都会去关心它面临的环境问题。

办公环境，或称为办公室环境，它是直接或者间接作用和影响办公过程的各种因素的综合，从广义上说，它是指一定组织机构的所有成员所处的大环境；从狭义上说，办公环境是指一定的组织机构的秘书部门工作所处的环境，它包括人文环境和自然环境。人文环境包括文化、教育、人际关系等因素。自然环境包括办公室所在地、建筑设计、室内空气、光线、颜色、办公设备和办公室的布局、布置等因素。

从总体上来看，办公环境是一个复杂的开放系统，为了更好地认识办公环境，我们可以对办公环境诸因素进行总体类型的划分。

（二）办公环境的分类

我们可以按照由近及远的顺序将办公环境分为办公活动社会环境、办公活动职能环境和办公活动工作环境。

1. 社会环境

所谓社会环境，是指一个国家内部的物质经济环境、政治法律环境和精神文化环境，同时包括这个国家的人口、民族、历史等因素。作为社会组织内部管理的组成部分，办公活动必然要从"环境"中得到任务和信息，然后再进行消化和加工，进而转化为服务于社会和组织的各种"产品"。如果把办公活动作为一个系统，它正是在这种输入、转换和输出的动态平衡中，使其自身在社会环境中不断生长和发展的，因此分析社会环境是研究办公环境的出发点。

2. 职能环境

所谓职能环境，是指一个社会组织内部的机构设置、目标划分和运行情况，同时包括人际关系和工作方法等因素。办公室在履行自己的职能中必然要同组织中其他机构发生各种各样的联系，办公活动的正确履行不仅取决于其他机构的支持和配合，还取决于组织内部机构是否合理，各种制度是否完善，这些最终关系到组织内部管理的状况，而组织内部的管理状况又在一定程度上影响其社会地位。由此可见，职能环境是办公环境的核心内容。

3. 工作环境

所谓工作环境，是指具体办公活动的场所及使用的设备等，同时包括从业人员的状况。无论各种社会组织的功能有多大差异，其办公活动都是由人员、设备和场地三大要素组成的。对于一般的“上班族”来说，每周几乎有40小时待在办公室里，占据了工作相当大的部分，为了尽可能地减轻精神疲劳，获得较高的办公效率，就必须恰当地把办公场地、设备、光线、颜色、声音和温度等环境因素，与对办公人员的心理影响结合起来，使其获得最佳的工作状态。此外，还要高度重视办公人员之间的互动，以及对其他工作环境的影响。这足以说明工作环境在办公环境中的基础地位。

对一个秘书人员来说，平常能够直接影响并在工作中加以选择、改进和优化的就是工作环境，随着自己在组织中地位和经验的不断积累，可能会对办公室的职能环境有一定的影响并加以改进和选择。通常来说，办公室面临的社会环境是难以影响和改进的。我们通常所说的对办公环境的优化和改进，主要是针对工作环境而言的。

二、工作环境的优化

改善工作环境，就要涉及办公场地、设备和人员状况等问题。在西方，20世纪80年代中期，已经出现了一门以研究办公活动的工作环境为内容的科学，也就是人们通常所说的人类工程学。所谓人类工程学，是把有效的办公活动所要求的生理因素和办公人员如何对这种环境作出反应的心理因素综合起来，从外观、视觉、听觉、空气以至安全、保险等方面来研究办公活动的工作环境。

（一）筹建办公室应该考虑的因素

1. 确定办公用房的产权形式

从办公室的长远规划和资金费用上进行筹划。购买或租用办公用房，可以很快投入使用，但在适用性上不会尽如人意，长期租房也会耗费相当多的资金。因此，一般单位均以自建办公用房为宜。

2. 合理地选择办公地址

办公室在选择办公地点时，必须首先服从本单位的整体安排，便于履行服务职责。一般应该在单位中心，与领导和其他职能部门相毗连。其次，要求交通便利，距邮电局、银行等公用服务设施不远，与业务上往来密切的其他单位较近。

3. 设计适宜的内部结构

新建办公楼应既考虑适用于目前的办公方式，顾及办公楼的各种物理条件以及监控、报警、安全、卫生等诸多因素，又为发展办公自动化做准备，将办公楼自动化管理系统和办公自动化系统从设计、规划时起，就有机地结合起来，形成一个高度信息化的智能系统，这样既可以大大提高办公效率与质量，又可以提供舒适和完善的管理服务。

（二）按照需求进行办公布局

尽管处在秘书这个职位上，你还不能对家具的选择和摆放位置、办公室的布置作出自己的决定，但是，了解一点有关这方面的知识可以有助于更好地理解工作场所的重要性，并能恰当地安排办公空间，并由此具有强烈的工作效率意识，这些在将来都会提高你的自身价值。那么办公室的布局应该是怎样的呢？

1. 开放式布局

开放式布局是指在大的工作间中存在众多的单个工作位置的组合，每一个工作位置通常包括该员工的办公桌、文件和文具的存放空间、椅子、电话、计算机等。

在开放式布局里没有私人办公室，工作空间的位置是通过安排可活动的物件来确定的，如办公桌椅、活动屏风、书架、档案架、活的植物等，而不改变固定的设施，如光照装置、暖气管道、隔墙或地面覆盖物等。在开放式布局中，每个人的办公位置十分灵活多变，随时随地可以根据工作需要来回移动；同时在开放式布局中可以节省办公空间，易于员工之间进行交流，上司和员工共用办公空间可以方便他们之间的交流和监督；还可以保证服务的集中化和共享办公设备。

但同时我们也可以看到，开放式布局也存在很多缺点，首先是在这样的环境下我们很难灵活地调整办公空间的摆设和结构，难免在调整过程中“牵一发而动全身”；其次很难进行机密的工作；同时还难以让员工集中注意力，个人的工作容易受他人的干扰，噪音太大，工作人员的谈话声、机器设备声，特别是高速复印机的喧闹声以及电话铃声等都会影响办公室人员的工作，员工很难找到自己的私人空间。

2. 封闭式布局

封闭式布局是一种比较传统的办公室布局，它是指将按照工作任务的不同，按照部门分隔成若干带有门、窗的独立的小房间的办公室，每个房间给一个或几个员工使用，每个房间单独布置自己的办公设备。

封闭式布局可以灵活地根据每个部门的业务变化对办公空间进行有效的调整；可以解决安全性的问题，便于保证信息不被窃取；可以让员工有自己的私人空间，易于集中注意力，从事更加细致和专业的工作；同时可以有效地保护员工的个人隐私。

但是封闭式布局中非办公空间的比例较大，相应的费用就会增高；不利于员工之间的交流，也不利于领导和员工之间互相监督。

我们在实际中往往采用开放式和封闭式布局相结合的方式，灵活地规划办公布局，以克服两类办公布局的缺点。

三、保持办公环境的整洁有序

为了完成上司交给你的各项工作，并领会他对办公室整体布置的要求，你的办公桌和办公室的安排就显得非常重要了。你的工作习惯及你所营造的办公室环境将显示出你基本上属于哪一类的人。当然可以按照自己的性格来安排你的工作环境，但是如果认真考虑了办公桌的摆设、工作柜的排列、办公室的清洁及房间管理的责任，无疑将会提高自己在别人心目中的地位，为自己工作的开展创造一个良好的人际关系氛围。

（一）办公室清洁有序

一个清洁、有序的办公室环境对组织的形象和绩效会产生一定的影响。一个良好的工作环境，有利于组织的对外形象塑造，而一个整齐、有效的私人办公区则会很好地提高秘书的工作效率。

1. 保持自己的办公区域整洁干净

秘书首先要保持责任区的清洁：台面、地面、电脑、负责的设备、家具以及门窗墙壁等保持干净；办公室需要全面打扫时，你应该通知管理部门的负责人，告诉他办公室需要彻底打扫；在你每天下班离开办公室前，留一张便条给清洁工人，要求他们认真地打扫室内的死角，如积满灰尘的照明灯罩；定期给电话拨盘和电话听筒的两端消毒；装在书盒里的书必须摆放整齐，保证没有灰尘；调整好百叶窗，使其都保持一致的角度，还要根据百叶窗调整的情况，注意调节电灯光线；暖气、空调、通风或音响系统等设备出现异常情况时，你必须立即通知有关部门或管理人员；如果你有权力对办公室的布局进行安排，记住，最好不要和别人面对面坐，更不要和你的上司在一个房间里；房间里的办公桌等物件要合乎规律地放置，不要在通向上司办公室的路上设置不便行走的障碍；办公桌、椅子特别是客人坐的椅子，不应该放在灯下，以免使他们的脸直接对着光源。

2. 保持自己负责的公共区域整洁干净

要经常清洁公用打印机、复印机周围，发现有废纸等杂物要及时清理，对办公室的公用桌子，要保持桌面整洁、干净，地面无废弃物、无水迹，茶具清洁整齐，公用的文件柜、书架和物品柜中的东西在职权范围内要保持有序；经常清理由本人负责的接待区或者会议室，并在访客离开或者会后立即清理，保证在下一个访客或会议前又有一个清洁整齐的环境。

在公司里，如果你的办公桌面收拾得十分干净利落，取用方便，这将使很多人认为你是一个善于组织的人。虽然办公桌上一无所有并不意味着效率，因为这可能不便于你平时的使用，但是办公桌面乱七八糟绝对不可能带来工作的高效率。所以作为秘书一定要把自己的办公桌面收拾得井然有序，因为这既是门面，也是你良好心境和工作高效的源泉。

（二）办公室办公设备放置合理有序

秘书的直接工作空间，即各种办公设备的布置。这个直接工作空间是由你本人亲自布置的。布置时要使自己感到很舒适，这样可以提高工作效率。直接工作空间主要包括办公桌、椅子、书架、文具、书籍等，放置这些设备或物品的时候要考虑本人的工作需求、效率以及老板的工作习惯和他对办公室环境的要求。

1. 设备物品要放置适当，摆放有序

自己的办公桌面要保持干净，办公桌大小要适中，以足够放置常用的办公用品，并有空余的位置进行工作为宜。要妥善安排好办公桌上的物品，将最常用的，如电话、文具盒、便笺等，放在不必起身就可以伸手拿到的地方，离办公桌不远的地方则可放置常用的参考书和文件盒。办公桌应尽可能少放东西，桌上所放的材料应以够用为度。办公桌的抽屉里，可以排列有序地放好信封、公文纸、订书机、复写纸、胶水、涂改液等。

常用的文件夹应该整齐地叠放在桌边或直立在文件架上，同时要按照一定的方法予以分类管理，并注意保密文件和不常用的文件要按照要求存放在安全的地方或者文件柜里面。

专用的以计算机为代表的办公自动化设备，是现代办公室直接空间的重要组成部分。这些设备一般应有自己独立的存放空间，与设备有关的资料和参考书等也都应放置好。如果办公室的其他人员也需要使用这些设备，放置时既要方便他人使用，又不打扰自己的工作。

参考书应该放在桌子上面或者伸手可以拿得到的抽屉里。你可以购买或者制作一种能够转动的桌面，以便在很小的空间里放上各种各样的书；如果有可能给办公桌表面盖上玻璃板或者蒙上一层塑料，但为了保护眼睛健康，办公桌表面最好不反射光；一个用品盒可以用存放纸张，还可以准备一个敞开的文件夹存放需要翻译的速记资料、等待经理签署的文件、已经阅读的文件、处理完毕的计划或者其他材料；办公桌抽屉内的物品的摆放也是十分重要的。要注意：因为胶带纸或其他胶质材料能把抽屉内的物件粘在一起，应妥善放置。印泥盒应该倒置放好，使印泥上层浸透墨水。通常办公桌上会有一个带锁的抽屉，可以用来存放私人物品和有保密要求的东西。你还要经常收拾抽屉，及时清除没有价值的东西，以使内部井井有条。

2. 公用物品要摆放有序

文件柜里面的公用文件要按照管理制度严格管理，便于各部门人员使用；公用办公用品柜中的物品也要放置规范，通常重的、大的放下面，轻的、小的放上面，便于取用。

一些常用的公用物品，如电话号码本、航班表、火车时刻表、字典等按办公室要求放在可以方便取阅的地方，以免给人带来不便。

接待区为来访人员准备的宣传品、资料以及报纸杂志应整齐地摆放，并要及时更新和整理，保持良好的对外形象。

第二节　办公环境的维护和管理

健康与安全是办公室环境维护和管理的最主要的方面，因为健康与安全的工作环境给予工作人员的不但是身体上的安全，更是一种精神上的安全感，这种环境使员工情绪稳定，没有后顾之忧，有利于工作效率的提高。

你可能很想说：办公室工作人员大都从事办公室行政事务，几乎没有可能接触各种严重的工业危险，所以办公室的健康与安全相对来说很简单。其实在办公室工作中，大量的有关安全和健康的隐患还是存在的，潜在敌人是最难对付的。生产中的危险如接触剧毒化学药品、开动机器等，虽然很可怕，但由于人们对此深为了解，各种防范措施也就比较到位。办公室的安全问题都是潜在的，都是很细小的地方，稍不留神可能就会发生事故，让人防不胜防。如滑跌或绊倒这类事故占办公室事故总数的50%以上。造成这种状况的原因很多：不恰当地使用设备或错误地操作设备；办公楼内的碰撞或障碍；掉落物品，特别是翻倒档案柜；火灾与电的故障问题；打闹与荒诞行为造成的事故。办公室外部常见的危险包括：通道、走廊、大厅和楼梯没有灯或者照明条件很差；无照明保护的停车场容易发生行凶和抢劫；公司的大门没有锁等。所以了解这方面的内容还是很有用处的。

一、识别办公室安全隐患

对一个秘书人员来说，首要的就是要能识别自己工作环境中有碍健康和安全的隐患，了解这些潜在的危险，这样可以减少发生类似危险的可能性。在上一节中，我们曾经分析了办公室面临的物理条件，其实，在办公室的潜在安全因素中，我们最需要关心的就是威胁安全的一些细节问题。

工作环境是由许多方面的因素和条件构成的，如工作区的空间、采光、温度、通风、噪音、装修、装饰等；工作区的办公桌椅、柜架、各种办公设备、饮水设备、办公用品和耗材等。

在这些细节中，我们要识别出以下一些有碍健康和安全的隐患：

（1）地、墙、天花板、门、窗的隐患，如离开办公室前不锁门。

（2）室内光线、温度、通风、噪音、通道等方面的隐患，如光线不足或者光线刺眼。

（3）办公家具方面的隐患，如电脑键盘桌面过高，难以用正确的姿势操作。

（4）办公设备及操作中的隐患，如电线磨损裸露。

（5）工作中疏忽大意造成伤害的隐患，如站在带轮子的椅子上举放物品。

（6）工作中疏忽大意造成泄密的隐患，如复印时将保密原件遗忘在复印机玻璃板上。

（7）火灾或消防中的隐患，如乱扔烟头、灭火器前堆放物品等。

了解这些潜在的办公室的危险，可以减少发生类似危险的可能性。同时，你还可以学习一下安全或者说正确的工作习惯应该是怎么样的，并对两者进行对比。

以下是我们通常可能碰到的一些办公室的潜在危险：

（1）过度拥挤。

（2）办公家具和设备摆放不当。

（3）拖拽电话线或者电线。

（4）档案柜阻挡了通道。

（5）家具或设备有突出的棱角。

（6）楼梯踏步平板破旧或损坏。

（7）楼梯上没有扶手或扶手已损坏。

（8）地板打滑。

（9）包裹、行李或者家具挡住通道。

（10）由于柜橱顶端的抽屉堆放的东西太多导致其倾倒。

（11）没有关上的抽屉挡住通道。

（12）站在旋转坐椅上取放东西。

（13）在一个密闭的容器里烧水和倒热水。

（14）在不会操作和没有指导的情况下使用设备。

（15）器械破损或有危险。

（16）拖得很长的电线。

（17）接线松开或损坏。

（18）设备未接地。

（19）绝缘不彻底。

（20）电路负荷太大。

（21）没有保险板或者保险板松开。

（22）设备从桌上掉下来。

（23）抬举重物。

（24）对已发现的危险记录不完全。

（25）安全出口被阻塞。

（26）火灾疏散注意事项不完整或者没有。

（27）灭火设备已损坏。

（28）防火门被锁住、打不开或者平时开着。

（29）用易燃材料做烟灰缸。

（30）清洗液随意放在屋内而且没有封口。

（31）许多废纸堆放在办公室内的一角。

（32）当发生火灾的时候，火灾警报或者灭火设备失灵。

（33）当被要求撤离发生火灾的建筑物时拖延或犹豫。

二、正确处理安全问题

保证办公场所和设备的安全是极为重要的，《中华人民共和国宪法》和《中华人民共和国劳动法》中都对此做了明确规定，政府及其他组织也制定了一系列相关规定。为了维护好安全的工作环境，每一名秘书都要树立安全意识，做到：

（1）掌握基本的法律知识，树立安全意识，维护公司的利益，保护自己的合法劳动权益。

（2）上岗前要学习了解有关安全生产、劳动保护的规定和本组织的规章制度，并自觉地遵守执行。

（3）要能识别工作场所存在的隐患，并主动在职权范围内排除。

（4）发现工作场所有异常情况或者险情，应该立即准确地向主管报告。

（5）按照设备安全操作规程进行操作，识别操作中的隐患，并及时排除。

（6）对常用的设备故障要立即报告，并填写“设备故障登记表”。

以上仅是我们遇到安全问题时所应该具有的基本常识，在具体实施过程中，我们还应该掌握下述知识。

（一）实施和监督安全运营

我们应该掌握有关企业安全生产的法规，明确自己在安全生产管理中的责任，自觉维护企业员工的安全与健康，安全生产必须实行法制管理。

1. 安全生产法规的种类

我国有关安全生产的法规从内容上划分可以归纳为以下几类：

（1）《中华人民共和国宪法》和主要基本法有关安全生产、劳动保护的规定，如《中华人民共和国建筑法》。

（2）企业安全管理法规，如《劳动防护用品管理规定》。

（3）事故调查与处理法规，如《企业职工伤亡事故报告和处理规定》。

（4）职业安全法规，如《漏电保护器安全监察规定》。

（5）职业卫生法规，如《职业病范围和职业病患者处理办法的规定》。

（6）工作时间和休息休假法规，如《关于企业实行不定时工作制和综合计算工时工作制的审批办法》。

（7）女职工及未成年人的特殊劳动保护法规，如《女职工禁忌劳动范围的规定》。

（8）工伤保险法规，如《企业职工工伤保险试行办法》。

（9）劳动保护争议与仲裁法规，如《关于职工在工作中遭受他人蓄意伤害是否认定工伤的复函》。

2. 安全生产的意义

安全生产是企业运营的基本保障，保护劳动者在工作中的安全与健康是企业领导义不容辞的责任，也是现代文明的基本内容。

为了与国际接轨，国家推行了职业健康安全卫生管理体系（Occupational Health and Safety Management System，OHSMS），一个企业要取得职业安全卫生管理体系认证资格，其条件是：

（1）严格遵守国家劳动安全卫生规程和标准。

（2）伤亡事故和职业病发生率要低于同行业水平。

（3）实施职业健康安全卫生管理体系三个月以上。

（4）履行不断改善职业安全卫生状况的承诺。

以上几个条件要求企业实现安全生产的法制化管理，做到有法可依，有法必依。一切没有严格执行国家劳动安全卫生规程和标准的企业都是违法企业，一切存在“安全欠账”的行为都是违法行为，一切不具备安全生产条件的企业都是非法企业，都必须受到法律制裁。

具体来说，一个企业应该执行的有关安全生产的法规包括：

- 国家有关安全生产的法律、法规、规章、文件，如《中华人民共和国宪法》、《中华人民共和国矿山安全法》、《中华人民共和国消防法》；
- 地方有关安全生产的法律、法规、规章、文件，如《北京市劳动保护监察条例》、《北京市安全生产教育管理办法》、《北京市安全生产领导责任追究规定》；
- 有关本企业的安全生产规章制度、安全技术规程以及安全技术措施。

3. 在遵循以上规定的基础上，企业还要实行安全生产管理责任制

安全生产管理责任制是根据安全生产法规建立的各级领导、职能部门、工程技术人员、岗位操作人员在生产过程中对安全生产层层负责的制度。安全生产管理责任制是企业岗位责任制的一部分，是企业中最基本的一项安全制度，也是企业安全生产、劳动保护管理制度的核心。这个责任制包括三层含义：

（1）企业要把安全生产工作纳入企业经济可持续发展的战略目标，要有计划地增加安全方面的投入。

（2）企业的法定代表人必须是安全生产的第一责任人。

（3）企业的各级领导者要向企业员工的安全负责。

国家对企业的总经理、副总经理、总工程师、总会计师的安全生产责任都做了十分详细的规定，其中在人事教育副总经理的安全职责中除了明确应管理好本系统的安全工作外，还要求其负责建立健全各级安全监督管理机构，负责配备各级安全监督管

理技术人员；负责劳动纪律教育，强化门卫制度，严禁将香烟、火种、危险品等带入场区，监督监察执行情况；把安全工作业绩作为考核企业领导的重要依据，对发生重大、特大责任事故的有关领导追究责任，严肃处理。

（二）进行安全检查，改进工作环境

作为秘书人员，在了解以上有关安全生产的知识之外，在自己的工作中还要定期对办公环境和办公设备进行安全检查，及时发现和排除隐患，做好风险防范。

我国为改善企业的劳动条件，保护企业员工的安全和健康，保证劳动生产率的提高，从1956年起就制定了《工厂安全卫生规程》，对工作场所的条件提出了具体的规定。例如第9条规定“工作场所应该保持整齐清洁”；第17条规定“工作场所的光线应该充足”；第31条规定“工作场所应该备有急救箱”等，都说明我国一直非常重视员工的安全和健康。

随着社会的发展，健康、安全的办公环境的基本要求是：

（1）办公区建筑必须坚固安全，地面、墙面、天花板完好整洁，门窗开启灵活，锁具完备，室内有基本装修。

（2）光线应该充足，局部照明要达到要求，且灯光不闪烁，直射的窗户应该安装挡板或者窗帘，注意光线不应引起计算机屏幕的反射。

（3）温度要适宜，根据气温设置供暖供冷设备，室温最好不低于16℃。

（4）布局要注意通风，保持工作场所空气流通和空气质量，禁止在办公室吸烟，需要时可以在工作区外设立吸烟区。

（5）办公室空间及座位空间要适当，座位间要留有通道，力求员工工作舒适。

（6）办公室噪音要低，可利用屏风、地毯、设备隔音罩减少噪音。

（7）办公家具要满足工作所需并符合健康、安全要求，包括工作台面、坐椅、各种存储设备和必要的锁等。

（8）办公设备、办公用品和易耗品要满足工作所需并符合健康、安全要求，包括工作台面上的电话、计算机、文具以及公用设备和物品。

（9）办公设备的安装、操作要符合要求，操作指南和注意事项要展示清晰。

（10）办公区及办公室要设置相应的消防设施、设备以及必要的报警装置。

（11）办公室提供的饮水符合健康、安全要求。

（12）办公区和办公室设置急救包，并定期更换。

（13）建立相应的规章和制度，包括人员进出规定、保密规定等。

（14）室内有符合组织目标的装饰、标示和适当的绿色植物。

作为一个合格的秘书人员，要在工作中对照以上所列的办公环境的要求来定期检查，确定检查周期，及时发现隐患，在职权范围内排除和减少危险，如果发现自己职权范围内不能解决的问题，要及时报告、跟进，直到解决，同时要认真将所发现的问题记录在本企业的“隐患记录及处理表”中。

三、办公室信息安全

在办公室工作中，维护工作环境很重要的一个方面就是要做好信息安全工作，信息保密是所有员工，尤其是秘书的重要职责之一，是保证国家、组织利益的起码要求。

（一）秘书应该做好信息安全工作

在组织中有关国家秘密和密级的工作要遵照《国家秘密及密级具体范围的规定》，有关组织中国家秘密的保密期限要遵照《国家秘密保密期限的规定》。

一个组织的保密工作总是从本单位的安全和利益出发的，可以将秘密信息控制在一定范围和时间内，防止被泄露和利用，使其自身价值得到充分有效的实现。

秘书在保密工作中要注意下述三个方面的内容。

1. 文件保密

秘书经常与各种文件、资料、图表等打交道，这是秘书工作的一大特点。秘书要有很强的保密意识，对保密文件、资料，应自觉做好接收、传递、保管方面的保密工作，并且不该看的坚决不看，不该说的坚决不说。

2. 会议保密

秘书要经常参加各种会议，有不少是领导层参与的会议。这些会议内容中常有不少信息需要保密，是否公开、何时公开、向谁公开都由主管领导决定，秘书不得随意扩散和泄露，要严格按照会议要求做好保密工作。

3. 科技保密

任何组织开展经营活动都需要科学技术以及研发创新等方面的工作做支持，可以说它是企业的生命，是企业在激烈的竞争中保持不败的关键，因此相关的情况都需要保密。秘书的工作性质决定其需要与各种人接触，包括客户、同行、媒体、政府部门等，做好这方面的保密工作是非常重要的。

同时，从保密信息的内容上来看，不同的组织会自己划分保密范围，但每个组织中都会规定如下一些特殊类型的信息需要保密，它们包括：人事信息、财务信息、产品信息和客户信息等。注意做好这些特殊类型信息的安全是极为重要的，如果不注意它们的安全，让不该得到的人得到它们，会给组织带来极大的影响和损失。例如，如果企业人事信息中正在酝酿的晋升信息公开，会引起员工之间不团结；聘用信息公开，会被同行挖墙脚。如果财务信息失密，会影响企业的股票价格，也会影响到银行给企业的贷款。企业有关新产品的开发、市场活动和价格政策等信息是竞争对手最希望获知的，如果其新产品的技术被抄袭则会使组织蒙受巨大损失。企业长期积累的客户信息失密，会被竞争对手挖去作为开发市场目标而使组织失去老客户，以致失去大宗业务和合同。所以每一个组织都极为重视这几方面信息的保密工作。

（二）具体的信息安全工作方法

从载体上说，信息安全工作根据信息载体的不同主要可以分为三类，即口头信息安全保密、纸面信息安全保密和电子信息安全保密，相对于不同的信息种类我们要采取不同的方法来实施信息安全保障。

1. 口头信息安全

做好口头信息安全工作，应该注意以下方面：

（1）员工在岗前培训时应该被告知不要在组织内部或外部谈论有关单位的保密信息，包括对其他工作人员、客户、朋友或者亲属。

在没有确认对方身份或者是否被授权获得信息之前，不要通过电话、手机等发送对对方保密的信息。

（2）只向来访者提供组织允许提供的信息，若超出范围，应向上司汇报。

（3）遵照会议的要求传达会议信息。

2. 纸面信息安全

纸面信息包括用纸张、各种胶片等物质作为载体的文字、表格、图形等信息，做好纸面信息安全工作，要注意以下方面：

接收任何保密的文件、资料都要签收和登记；文件或其他的纸面保密信息要确定传阅的人员，同时要进行签收；在传递保密文件或资料时，要放在文件夹、盒中携带，以防失密或者散落丢失；所有的保密信息应该归类在专用的文件夹中，并清楚标明“机密”，保存在带锁的、防火的柜子里；离开办公室时，不要把机密信息和文件留在办公桌上，应该锁入抽屉或者柜子，并锁好门窗；用邮件发送保密信息，信封要贴封口，并标记“秘密或保密”；为了确保安全，高密信息可以由工作人员亲自送交收件人；复印完后应该将保密原件取走，不要遗留在玻璃板上；当传真保密信息时，需使用具有保密功能的接收设备或要求接收人等在传真机器旁及时取走；极为重要且不常用的纸面信息可以制成缩微胶片，保存在安全的地方；不再需要的保密文档要粉碎。

3. 电子信息安全

由于越来越多的办公室人员开始使用计算机设备，所以很有必要建立安全防范措施。为了避免计算机数据的丢失或者损坏，必须采取特别的预防措施，包括以下方面：每天在磁盘上做备份文件；将磁盘的复制拷贝保存在安全的地方；给有权使用计算机的员工分配定期变化的个人密码；使用只有用户知道的文档文件的编码；在程序磁盘上使用写保护标签以避免母盘被毁坏；控制进入计算机中心的人员，如使用出入卡、电视监控等，注意不使用时应该将软盘保存在磁盘盒里以免其蒙上灰尘；每个磁盘都要贴上标签以说明其内容；将磁盘小心地插入磁盘驱动器中，不要太用力，以防损坏；作为避免损坏和数据丢失的防护措施，每张包含重要数据的磁盘都应该做一张备份盘，如所有的源程序磁盘都应该有拷贝件，并将母盘保存在安全的地方；在系统盘上使用写保护标签以防被随意增加数据；不要弯曲、折叠或刮擦磁盘，不要用手触摸磁盘暴露在外面的部分，也不要把磁盘存放在温度很高的地方，如散热器旁。

同时要注意计算机的显示器应该放置在他人看不到的地方，如果来访者走近，应该迅速滚动页面或者调小亮度，或者保存你的信息，关闭显示器；计算机打印保密材料时要人不离机，负责保存和传递；在提交电子信息之前，要确认经过授权，注意使用密码保护，同时密码要经常更换，计算机要经常进行查毒、杀毒，并为了确保安全，不要安装借来的程序；重要的文件要做备份，并存储在安全的地方；有可能的话，计算机要安装警报系统，防止信息被盗。

四、正确处理突发事件

作为一个合格的秘书，还要能应对办公区内可能发生的一些紧急情况，如火灾、人员受伤、突发疾病、暴力攻击和炸弹威胁等，并能够充分利用各种条件处理紧急情况，尽可能减轻紧急情况后果的严重程度，做好紧急情况的发生和处理的记录。

（一）紧急情况的应对策略

紧急情况是指发生的事情是不可预见的或者突发的，并可能带来危险，需要立即采取应对措施，尽力控制。每一个组织有责任保证在其办公地点的工作人员和来访者的安全。一般来说，对于紧急情况，需要注意采取以下预防措施：

（1）以书面形式确定紧急情况处理程序，其中清楚地记录诸如火灾、人员受伤、突发疾病或者发生炸弹威胁等恐怖活动时的具体处理程序。

（2）用上述处理程序培训所有的人员，如健康、安全培训，急救培训，保安人员的特殊培训等。

（3）张贴有关的紧急程序，让所有人员了解、明确各级管理人员的任务和职责，一旦发生，要确定相关的责任人。

（4）保证定期检查和更新设备，如灭火器、急救包、报警装置等。

一旦发生紧急情况，秘书人员首先要保持冷静，然后针对不同的情况分别处理：

（1）火灾。如果遇到火灾应该立即拉响警铃，应该区分火灾警报铃和炸弹恐怖活动警报铃的不同；立即使用疏散程序，以保证最大的安全；疏散时，所有窗户和门以及防火门应该关闭，以减少火势蔓延；工作人员应该迅速疏散，保证人身安全；电梯在疏散时不应该使用；根据火情选择相应的消防设备灭火。

（2）炸弹威胁。如果发生炸弹威胁等恐怖活动，应该立即拉响炸弹威胁警报铃；立即采取相应的疏散程序，以保证最大的安全；疏散时，所有的窗户和门应该完全打开，以减少碎玻璃飞溅的危险；工作人员在可能的情况下应该拿走自己的个人物品，以能够检查余下的可疑物品；根据情况用扫描设备检查险情。

（3）人员伤害或者疾病。如果发生人员伤害或者疾病，应该立即呼叫急救员或者急救中心；向有关人员报告并进行力所能及的救助；保护现场等待有关人员处理。

（二）紧急情况记录常识

所有的事故、火灾或者其他紧急情况都要报告和记录。即使事故的结果没有发生伤害或者破坏，也应该报告和记录。这样做既符合法律要求，又能监督事故，保证采取措施消除原因和隐患，也是安全教育的案例资料，还可以提供准确的记录，以便为有关的善后处理提供依据。

事故应该立即报告给上级或者安全主管，按要求填写《事故情况记录表》和《工伤情况报告表》，证人和事故涉及的人员有可能也需要完成证人记录。

《事故情况记录表》通常记录下面的信息：事故日期；事故地点；事故涉及人员；事故的证人；事故过程的概述和填写事故记录表的人员签名。

如果事故中有人受伤，涉及的每个人都要填写一份《工伤情况报告表》，准确记录受伤人员的信息、伤情和处理情况。记录在事故报告表上的信息主要有：完成表格人员的姓名、身份；事故涉及人员的姓名、出生日期、住址和职务；发生事故的日期、地点；事故的细节以及对事故的看法等；进行的急救行动和医疗处理的情况，包括由谁进行。如果受伤人员送往医院则要记清医院的名称和地址；必要时还要记录事故证人的姓名和职务，填写表格的人员签名和日期。

本章小结

办公环境，或称为办公室环境，从广义上说，它是指一定组织机构的所有成员所处的大环境，包括社会环境、职能环境和工作环境，从狭义上说，它是指一定的组织机构的秘书部门工作所处的环境，包括人文环境和自然环境。人文环境包括文化、教育、人际关系等因素；自然环境包括办公室所在地、建筑设计、室内空气、光线、颜色、办公设备和办公室的布局、布置等因素。如果你是一位资深的秘书，那么你一定会发现办公室环境的某些方面是有形的，因而也是比较容易控制的。比如，不难察觉、令人不舒服的高温，持续的强噪音。不难发现的异常的能源浪费，比如，办公室的灯整夜不必要地亮着，或者楼梯处没有安全照明，以及员工使用机器不当等。这些问题自然大多属于有形的，而且比较容易控制。办公室中一种较难解决的问题是涉及人的行为的问题，这类行为问题包括：个人与集体的需要和工作习惯，办公室人际交往的氛围，以及人的性格和人们对于自己、对于工作、对于同事的感觉。

秘书都希望在良好的办公环境中工作，以提高工作效率。这就要求优化办公环境。简言之，就是通过对办公室自然环境加以合理的设计、控制和组织，使其达到最优状态。衡量最优状态有以下几条简单的标准：

办公室的布局应该力求方便，争取时效，应该能够区分两类办公布局的优缺点，并根据实际需要选择合适的办公布局；光线、色彩、气候、噪音、工作间的布置等在不同程度上对工作人员的情绪都会有所影响，所以办公室很重要的一点就是舒适整洁。

整洁有序的工作环境有助于工作效率的提高。不论是办公室、办公桌，还是抽屉等，不要放置与办公无关的东西。办公文具的摆放要井然有序。可以想象一下，一个凌乱肮脏的工作环境怎么会产生令人满意的工作效率呢？

保证办公室的安全和信息保密并能处理突发的紧急情况是秘书的重要职责之一，也是优化办公环境不可忽略的一个原则。布置办公室时要留意附近的环境和办公室存放财物的安全；关注信息，如纸质文件、存储在计算机里的数据等的安全和保密能否得到保障；自己能够处理一些突发的紧急情况。

关键概念

环境　办公环境　办公布局　办公室安全　信息安全　口头信息　纸面信息　电子信息　紧急情况

思考与练习

课堂讨论题

1. 就办公室的工作环境优化进行讨论，你认为在优化过程中还应该涉及哪些问题？

2. 就办公室安全问题分组讨论，主要讨论如何识别安全隐患和处理安全问题。

复习思考题

1. 试分析办公室面临的环境。

2. 工作场所的布局有哪几种形式，你所在的组织采用的是哪布局？你怎样评价这种布局？工作场所的开放式布局的优、缺点各是什么？你认为对这种布局进行哪些方面的修改，才能使其更加完善？

3. 办公桌的布置主要包括哪些方面的内容？

4. 列举在办公室的危险隐患，并陈述应采取的预防措施。

5. 办公室信息安全工作有哪些内容？

6. 在面临突发的紧急情况时，该采取哪些有效的措施来应对？

工作实务题

1. 你的老板最近收到了某部门员工寄来的一封抱怨信，他将信件转给你，想从你这里了解下列情况是否违反现有的安全规定，你该如何处理这些问题？

（1）张小姐的项链有好几次被打印机转动的机身挂住，她说这很危险。

（2）王先生说办公室一直不够暖和，温度只有 18℃。

（3）李小姐说打了一天字后，眼睛非常疲劳，而且后背非常酸痛——她说她的办公室只有一盏荧光灯，而且她坐的座位与其他的办公室人员一样。

（4）档案管理员叶小姐说，她必须经常从楼的一端将所需的很沉重的东西搬到在楼的另一端的档案室。

（5）孙小姐说，她去复印室复印材料的时候，复印室的工作人员不在，由于事情比较紧急，她决定自己试一试。她以前从来没有使用过复印机。当她将夹住的纸弄出来的时候，好几根手指受伤了。

（6）员工们都不喜欢新的开放办公室，因为在这种办公室里没有个人秘密可言，而且当与海外通电话的时候，很难听得清。

2. 你在人事部的大部分工作都具有保密的性质。你应该怎样做才能最大限度地减少信息的泄露或者未经授权的使用?

3. 你所在的公司是一个私营企业，该公司处于发展阶段，业务蒸蒸日上，由于人员和规模的不断扩大，需要重新布置自己的办公室，该公司原来采用的是开放式布局，现在，在新的办公楼里面，要采用封闭式布局。你刚刚进入这家公司担任秘书，老板就交给你一项重任，就是希望你就两类办公布局给出一个建议，并就如何优化办公环境给出自己的意见，并形成书面报告。你能完成吗?

案例评点

案例一

在 A 公司，经常可以看到这样的情况：

书本堆得像金字塔那样高，不用的文件夹和办公用品到处都是，计算机电缆经常绊倒人……

用一片狼藉来形容 A 公司的办公环境，一点也不过分。A 公司办公室负责人一直在考虑如何改变这种情况，如何提高办公室工作效率。

评点

如果你们公司的办公室是这个样子，那么，你得改善一下办公室的环境了。采取下述五种措施，会营造出高效率的办公环境。

1. 将不常用的东西转移到其他地方

随便看看你就会发现，办公室里很少使用的东西数量惊人。过期的文件、不用的信笺、从来不开的台灯……在伸手可及的范围内只保留最为常用的东西，将那些不是每天都要用的东西移出视线之外。

2. 将过期的文件加以清理存放

没有必要将办公室的文件柜都塞得满满的。给文件柜“瘦身”——对过期文件加以清理存放。如果一个文件你在过去 12 个月里都没有找来看过，那么它就在此列。这项工作耗时不多，但可谓一举两得：既节约了时间又腾出了空间。

3. 注意你的电脑显示器

在电脑显示器占据你的桌面时，要释放更多的空间是比较困难的。一个选择是使用显示器架，可以将文件和其他东西放到它下面；另一选择是使用液晶显示器，它占用的空间只有普通显示器的1/3。

4. 充分利用办公空间

如果办公场所狭小，就要想办法充分利用每一寸空间。可以将架子安到墙上，桌子下面可以用来放文件或电脑主机。如果桌上要摆传真机、复印机和打印机等多种办公设备，可以考虑购买一台多功能一体机。

5. 扔掉旧的阅读材料

你可能保存着不少不再需要的过期的出版物，那么请在清理办公室杂物时将它们扔掉。如果担心会丢掉重要的文章，在扔掉它们之前浏览一下目录，将真正需要的文章剪下来。不要用太多的空间来存放出版物，这样能够缩短你阅读和清理的周期。

案例二

老东家状告跳槽职工　女秘书被判三年“闭口”①

日前，掌握公司核心秘密的“跳槽”女秘书江蕾（化名），被兰州市中级法院一审判决在3年内不得披露原公司商业秘密，并且赔偿原企业20 000元损失。与她承担连带责任的是她加盟的新公司。这是判决当事人“跳槽”后，对其所掌握的商业秘密“免开尊口”的案例。

秘密图纸不翼而飞

年轻漂亮的江蕾曾在兰州宏祥电力技术开发有限责任公司（下称宏祥公司）任商务秘书，同时也兼做业务，有接触企业核心秘密的条件。宏祥公司拥有大型电站、电厂使用的“全自动强除污不锈钢滤水器”、“多通道水汽喷射泵”、“四位一体阀”等专利产品和“大压差防汽蚀保护装置”等非专利技术，具有很强的竞争力，客户遍及全国。

为了防止泄密，宏祥公司采取相应保密措施，与涉密员工签署保密协议。2001年，江蕾受聘时也向公司签署了保密承诺书。今年4月，江蕾与公司办公室主任李冰（化名）悄然离开公司。同时，宏祥公司检查发现公司有4份技术图纸“丢失”，另有“大压差阀门保护装置及胶球清洗系统技术资料”、公司与青海桥头电厂技术协议失窃。

裂变

2003年5月，宏祥公司获悉，已与他们有过意向并签署技术协议的青海桥头电厂突然间与甘肃奥鑫电力技术开发有限责任公司（下称奥鑫公司）签订了一份“大压差防汽蚀保护装置”的技术合同，合同金额17.8万元。而此项目的核心技术为宏祥公司专有技术。宏祥公司调查得知，代表奥鑫公司与桥头电厂签订合同的不是别人，正是宏祥公司的商务秘书江蕾。而前不久代表宏祥公司与桥头电厂谈判并签署供货协议的也是江蕾。她脚踩两只船，一方面从宏祥公司支取业务费、差旅费，一方面又以奥鑫

---

① 参见廖明：《老东家状告跳槽职工　女秘书被判三年“闭口”》，载《兰州晨报》，2003-12-09。

公司名义与桥头电厂签订合同。此时，江蕾与李冰已加盟了新注册的奥鑫公司，成为宏祥公司的竞争对手。

“老东家”状告“跳槽”职工

受损的宏祥公司将不辞而别的江蕾、李冰以及他们新加盟的奥鑫公司诉至兰州市中级法院，索赔50万元，理由是“侵害了原告的商业秘密”。

宏祥公司在递交给法院的诉状中认为，被告窃取了宏祥公司的商业秘密，以仿冒宏祥公司产品、抢夺客户资源为主要手段进行不正当竞争，给原告带来巨大损失。

2003年9月23日下午，这一引人注目的由员工“跳槽”引发的侵犯商业秘密案在兰州市中级法院开庭审理。

庭审中，奥鑫公司认为，他们并没有侵犯宏祥公司的所谓商业秘密，因为诉前奥鑫公司已从公开的信息中获悉有关青海桥头电厂的商机；李冰答辩称，告他侵害商业秘密的事实并不存在，因为他从事的职务是办公室副主任，并不掌握商业秘密；江蕾认为，宏祥公司所诉不实，她本人并不掌握公司的商业秘密，另外，“保密合同”并无具体约定。他们都主张驳回宏祥公司的起诉。

法官的逻辑

兰州市中级法院一审判决如下：江蕾在判决生效后3年内不得披露、允许他人使用其知悉的宏祥公司的商业秘密，奥鑫公司停止使用宏祥公司的商业秘密；赔偿酌定的宏祥公司损失20 000元，两被告承担连带责任。法院驳回了宏祥公司对李冰的起诉，认为起诉李冰掌握并披露商业秘密的证据不足。

法官的理由是，宏祥公司的经营信息具有不为公众所知悉的商业秘密属性。被告辩解能在互联网上查到桥头电厂“大压差防汽蚀保护装置”的需求信息，因此不具有秘密性，但经实际上网核对，并不能获知这些信息，更不能获取桥头电厂相关业务的特定信息；奥鑫公司刚刚开始经营，即与桥头电厂签订了电厂与宏祥公司相同的业务，奥鑫公司关于此经营信息通过招、投标途径取得的辩解理由因证据不足不能认定，而奥鑫公司在此短时间内能通过其他正当途径以自己的努力获得此经营信息的说法也难成立。

法官认为，江蕾在整个事件中的行为及作用，使人能够合理相信从而推定江蕾向奥鑫公司披露并允许奥鑫公司使用了宏祥公司的商业经营秘密。奥鑫公司也从不正当途径获取并使用了原告的商业经营秘密，违反了经营者在市场交易中应当遵循的公认的商业道德和正常的交易秩序，构成了对原告宏祥公司的不正当竞争，侵害了宏祥公司的商业经营秘密，应承担相应的民事责任。

评点

人才的流动，往往会带来商业秘密的泄露。商业秘密是企业的生命线，由于商业秘密有价值，有利可图，在利益的驱动下，就会产生商业秘密的泄露。因此，一定要保护好。

正如我国著名著作权专家朱妙春先生所说：“知识产权的侵权，是一个利益的瓜分问题，当然这种瓜分有合法的，也有非法的，非法的就是侵权。要采取比较严密的措施，对于关键人才，要用适当的方式，让他与企业产生亲和力，要把这样的人稳定下来。特殊人才要特殊对待。接触商业秘密的高精人才，不能拿一般的报酬标准来衡量，要按他的价值来考虑。既然要留住人，就要忍痛割爱，让一分利给他，这是一个管理技巧的问题。另外，人才流动是正常的，留不住的人，你不可能把他强制锁在你的企业里。但是协议里要写清楚‘竞业禁止!’的规定当然要有一定的期限，不可能无限期，同时要有一个合理的补偿，不然你让他喝西北风去?”

第三章

常规办公室工作

案例导入

秘书小田的工作

某日上午8:20天腾公司的总经理秘书小田来到公司，她总是提前10分钟左右到达公司，以便做好正式上班前的准备工作，她先打开总经理办公室的窗户通风，然后，将空调调到适宜的温度，接着开始整理总经理的办公桌，将文件摞整齐，将废纸篓中的垃圾清理干净。之后，她回到自己的办公桌前，开始整理自己的办公桌，擦拭桌面和文件柜，并用酒精棉擦拭电话送话器和传真机的磁头。这时，总经理走进来，小田坐在自己的座位上，向总经理打招呼："总经理，早晨好。"总经理向她点头示意后，进入自己的办公室。小田开始在电脑上打印一份总经理下午谈判急需的合同，这时，总经理打电话过来问："请把我今天的工作安排拿来，顺便给我倒一杯咖啡。"小田便离开自己的座位，去给总经理送咖啡。小田推门进入经理室，总经理正在打电话，他示意秘书放下咖啡先出去。小田回到自己的座位，看见行政部经理助理刘丽正在等她，刘丽正闲来无事，翻看合同的底本，两人稍事寒暄后，刘丽说明了来意，一是提醒小田她办公室内的设备存在安全隐患，电线缠绕在一起，有的插线板漏电；二是让小田将她出门为公司办事的几张出租车车票给报销了；三是顺路替小田取来了今天的信函。小田发现这几张车票都没有按要求先让行政部经理签字，刘丽连忙解释说经理出差了，而她等钱急用。两人关系一直都很好，小田也没有再仔细追究，就用掌握的零用现金为她报销了车费。刘丽拿了钱离去，小田也没对她拿来的信函进行清点。这时桌上的电话响了，是上海启明公司总经理的秘书打来的，协商下周他们公司江总经理一行四人来天腾公司商讨合作的事宜。小田因急于将合同打好，就简单地应付了几句，没有认真做记录。此时正好来了位客人，小田赶忙挂断了电话。来的客人是君豪公司的公关经理，他想见天腾公司的张副总经理，小田告诉他："很不巧，张副总出差了。"也没问清来人的电话和来意，就让来客悻悻地走了。小田继续打合同，总经理打电话来问上海启明公司来客的食宿安排好了没有，小田这才意识到她没有在电话里问清对方四人中有几位女士和飞机到达的确切时间，只好再打电话去确认。

简　析

秘书小田的工作状况具有广泛的代表性，办公室秘书每天都要处理很多琐碎的工作。这些琐碎的工作看似简单，但是一旦处理不好，可能就会直接影响到公司的工作效率。以小田的工作为例，她做到了按时到岗，主动清洁整理上司的办公环境和自己的办公环境，维护办公设备，注意到一些工作的时限要求，但是，她没有能在上司到来之时主动起身打招呼，及时为上司送去饮料；进入上司的办公室没有敲门示意；忽视了办公文件的保密，让他人随意翻看合同文本；没有注意检查办公环境中存在的隐患；没有认真遵守报销的审批制度；在处理信函工作时没有履行检查签收手续；在日常的电话、接待工作中没有遵照正确的工作流程，没有做好相应的记录……小问题中有大学问。我们可以发现，这些日常的办公室事务虽然处理起来十分简单，但是同样必须掌握一些知识和技巧才能处理得十分合理。如果不具备系统的专业知识，在每天的工作中就会出现许多不尽如人意之处，出现大大小小的毛病和问题。因此，一个称职的秘书只有具备相应的专业知识和技能，才能不断地实现自我提升，保证工作的效率和质量。

这一章我们将对办公室的一些日常事务进行比较系统的学习，了解在办公室的常见事务处理过程中需要的一些知识，包括电话机的功能和注意事项、值班工作的内容及值班管理制度、印章及介绍信管理要求、零用现金管理知识等，掌握接打电话和处理通话过程中的问题，安排值班工作和编制值班表，管理零用现金并履行报销手续以及正确使用印章和介绍信等秘书工作的基本技能要求。

第一节　办公室电话通讯

自从贝尔发明世界上第一部电话以来，随着科学技术的发展进步，电话的种类已经越来越丰富，功能也越来越多，电话已经成为人们工作、学习、生活中至关重要的交流联系工具。一般来说，在发送的信息简短、要求传递速度快，以及无须做进一步的研究并且不必为日后提供参考时，最好使用声频通讯，如果需要将声频通讯的内容保留下来以备日后参考则可以使用录音设备，将声音保存在磁介质上。当书面信息使用的通道超负荷时，就显示出声频通讯的必要性。例如，电话的一声呼叫比起在经理人员桌上放一封专递信件更能引起经理的注意。在某种情况下，声频信息更易于接收，如在昏暗或漆黑的门厅里或者在工作区内员工需要经常来回走动时。

电话系统的基本功能是建立发送者与接收者之间的相互联系，即通过电话线把办公室工作人员发出的信息传送给要接收信息并作出反应的收听者。对于企业而言，电话更是一个企业和外部直接联系的窗口，应接各种各样的电话也成为秘书工作中一个十分重要的组成部分。秘书应接电话的好坏、处理电话中各种问题的分寸把握，通过电话展现出来的电话形象等状况都将直接影响到整个企业的声誉、对外贸易的效率和对外联络的效果。因此，对每一位秘书来讲，了解接打电话的原则要求，掌握接打电话的基本礼仪，学会处理不同情况下的应对技巧都是极有必要的。

一、接打电话原则要求

为充分地利用电话设备来达到与外界联系事务、交流信息的目的，秘书人员首先应该了解接打电话的原则。一般来说，秘书接打电话时，要坚持下述几点原则。

（一）清楚准确

由于电话交谈无法运用手势、表情等辅助手段，完全依靠口头语言来进行，故通话的清楚准确显得尤为重要，特别是用汉语同外国人通话时更是如此。

通话清楚准确原则的具体要求是：陈述和表达的内容应清楚准确，不能含糊笼统，模棱两可；口齿要清楚，发音要准确；理解要清楚准确，不要不懂装懂或者满足于一知半解；电话记录要清楚准确，字迹端正。

（二）简短高效

电话是现代社会十分方便的通讯工具，但是无效占用电话线路，不仅会造成电话网络的阻塞，影响工作的效率，同时也会造成通话费用不必要的上涨。所以，秘书人员应该了解各种电话机的性能和使用方法，如直线直拨电话、总机人工接线电话、总机自动接线电话、寻呼电话、投币电话、移动电话等，保证遇到哪种电话机都能正确、熟练地使用。同时秘书人员应该做到拨号正确，接听及时，语音标准，语意简明，不用电话闲聊，也不在电话中谈及机密的内容，重要通话一定要做好电话记录等，保证电话的利用效率，降低电话费用。

（三）安全保密

电话保密是秘书通讯保密的重要方面。实践证明，秘书人员的疏忽和保密意识不强是电话泄密的一个漏洞。因此，秘书人员一定要严格把好电话通讯的保密关。具体做到：凡涉及秘密事项的，一律使用保密电话；如果对方在普通电话中问及秘密事项，应该婉言谢绝，或答非所问，或借故岔开话题；如果只涉及单位内部的不宜公开的事项，可使用普通电话，但必须注意周围环境是否安全，有没有不该了解情况的人在场。必要时，可以留下对方的电话号码，到其他没有人的办公室去打；还可以使用无绳式电话机转移到安全的地方继续通话。如果是程控电话还可以利用“中途转移法”来继续通话。

（四）提高警惕

秘书在工作中会接到各种各样的电话，其中难免会有恶意电话或者诈骗电话，作为秘书应当提高警惕。通话的时候，秘书务必辨明对方的身份，身份难以在电话中证实的，还应通过其他途径证实。对重要的来电，要使用录音电话机，即使有诈日后也可以进行追查。另外，在要求下级单位汇报重要情况时，尽量使用内部电话。

（五）文明礼貌

秘书通话的过程也是对外交往的过程，秘书应该在语言和行为两方面做到文明礼貌，树立组织对外交往的良好形象。试看下面的两段对话：

对话一：

“喂!”

“喂！找谁!!”

“我找一下小王。”

“哪个小王?”

“王兰，销售科的。”

“没有这人!! 打错了!”

“那请问你们是……”

啪——（挂断电话）

对话二：

“你好，长远公司。”

“你好，请问宣传部的王经理在吗?”

“王经理不在，您是哪位?”

“哦，我是王经理的一个朋友。”

"朋友？你们是什么关系啊？什么朋友啊？你们认识多久了？"

……

上面的两种不恰当的接打电话的情况，我们在日常生活中常常会遇到。还有很多时候接电话的人爱理不理，态度冷漠，假如要找的人不在，一句"不在"后就把电话挂断，不留任何余地。这样的秘书实在是公司的悲哀。秋季交易会期间，广州花园酒店总机就向电话小姐发出倡议，请向每位客人"微笑"一下，多用"您好"、"早上好"、"对不起"、"我可以帮助您做什么"、"是否需要留言"等亲切的话语。这些友好的语言被称为"微笑语言"。美国电信局也有"带着微笑的声音"、"以电话赢得友谊"的口号。电话虽然传递的只是声音，但是同样能够向外界展现出一种形象，热情亲切的秘书在接打电话时就会无形之中给公司也树立一种良好的形象。

二、接打电话的基本礼仪

（一）语言表达

避免使用一些陈词滥调、俚语或粗鲁的语言，如"呀"、"呃"或"哦"等。

通话前用"您好"致意，迟接电话或打错电话要表示歉意，挂机前可根据不同对象分别采用"再见"、"谢谢"、"请多联系"等告别用语。

应该称呼对方的姓名和头衔。

使用体谅和充满敬意的表达，如"谢谢您"和"请您再重复一遍"。同样的意思，如"我明白了"就比"您说得多了"要客气得多。

当你提出要求和作出回答时，要有礼貌，说"请"、"谢谢"等。

如果在通话时打喷嚏或咳嗽，应该偏过头，掩住话筒，并向对方说声"对不起"致歉。

要态度温和，表述清晰，注意措辞，努力创造一种相互信任和尊重的气氛。

如果对方打错电话，不要责备对方，知情时还应告诉对方正确的号码。

接到抱怨和投诉的电话时，要有涵养，不与对方争执，并表示尽快处理。如不是本部门的责任，应把电话转给相关部门和人士，或告诉来电者该找哪个部门、找谁和怎么找。

（二）动作表现

接电话的动作要迅速，不要让响铃时间过长，这样不仅失礼，也会影响正在工作的同事。打错的电话应及时告知对方重新查号。

不要在打电话时叼着香烟或嚼口香糖，对方如果听出来会觉得你很没有礼貌。

说话时要面带微笑，使声音听起来更为热情。

（三）声音语调

在打电话时，我们都希望听到清晰、热情、音调适中、音质甜美的声音，渴望得到对方尊重的对待，这正是秘书应具备的首要电话礼节。

语调要平稳、安详，不可时而细语时而又高声大叫，更不能陡然提高音调。

无论有多忙，无论当时心境如何，接听电话时一定要彬彬有礼，说话应该语调轻柔、语速适中，不能因为一天内接听电话太多而显得不耐烦，也不能因当天遇到不称心的事而迁怒于打电话的人。

如果你因某种原因不得不放下听筒时，应该轻轻地放下，但不要把听筒朝上放置，否则，对方有可能听到办公室里其他人的谈话。这样做的原因还在于你公司也许正播放着音乐，打电话者或许对此颇为反感。

通话时应该避免让房间里的背景声音干扰电话交谈，应该远离移动电话等有磁场辐射的仪器，以避免磁场干扰电话的信号以及电话交谈。

说话时，嘴与送话器的距离应该保持在十厘米左右，因为太近则音量太大，而且呼吸的气流也会影响说话的声音，太远则会使对方听不清楚。

在公共场合打手机，说话声不宜太大，以免影响他人或泄露公务与机密。

（四）时间控制

在商业活动中，时间就是金钱，但是滥用电话是商界一个严重的问题。打电话时必须避免长时间不必要的空谈。公司电话是用来联系办公业务的，应该尽量避免打私人电话，即使不得已有私人电话联络，也应尽可能简短，切忌在工作时间接打电话与朋友闲聊。

如果有人打电话找老板，切忌与之闲聊，只能礼貌地回答对方的问题和评论。

为避免忙着找记录工具而浪费对方的时间，秘书在电话机旁应该准备好记录用的纸和笔。

当你使用几个共同的线路打数个电话时，电话之间最好有一定的间隔，给他人也留有打进电话的机会。

在你跟一位很忙的人开始电话长谈之前，一定要询问对方此时是否有时间，说话时尽量注意言简意赅，但也不应该草率了事。

在办公室里打电话，最好不要选择临近下班的时间。如无急事，非上班时间不给客户打电话。给客户家里打电话，上午不早于 8 点，晚上不晚于 10 点。

来电找的人正在接电话时，告诉对方他所找的人正在接电话，主动询问对方是留言还是等一会儿。如果留言，则记录对方的留言、单位、姓名和联系方式；如果等一会儿，则将话筒轻轻放下，通知被找的人接电话；如果被叫的人正在接一个重要电话，一时难以结束，则请对方过一会儿再来电话。切忌让对方莫名地久等。

与国外通话，还要考虑时差和生活习惯。

（五）场合选择

你离开办公桌时，要安排别人替你接电话，不要让别人摸不清你的去向和返回时间，要留话告诉他们你的去向和联系方式，以及你回来的大概时间。如果你使用了应答机器或语音邮件，提示他们你将离开多久，并告知来电者应如何留言。

在会议进行中，应该关闭你的手机或设定成振动、会议模式。

在电影院、音乐会等公共场所也应该注意使用电话时要与周围的环境相适应。

在特定场合（如课堂、会场、飞机上、加油站等）要关闭手机。飞机上已经明文禁止使用手机，以免因信号干扰而造成航空事故。加油站、医院等地都禁止使用移动电话。

三、拨打电话的程序与技巧

（一）准备工作

1. 打电话前先将要点整理好

在拨号前，你手头应准备好必要的文件资料，最好能事先写好一份简短的在电话中要说的要点，一般包括 5W1H，即 who，when，where，what，why 和 how。重要电话应列出提纲，人名、地名、时间、数据等要核实无误，必需的资料应放在手边。打电话前应考虑对方上班时间，尽量找合适的时间。拨打国际长途电话要考虑时差，最好打国际长途电话前先计算好对方的时间，以免打过去没有人接，或者深更半夜打扰对方。

2. 了解电话的使用方法，熟悉电话号码

打电话前秘书应对电话机的性能、使用方法以及登记了哪些程控电话的功能都作一番了解。另外，拨电话号码前应当先查清楚，确认没有错误，同时熟悉一下对方的号码，或在电话簿、名片上作记号，以免看错、拨错。

（二）拨打电话

1. 正确拨号

摘机后应立即拨号，特别是具有“热线服务”功能的电话机，如果 5 秒钟内不拨号，则会误接“热线”。境外或国际电话号码多达十几位，也应在 14 秒内连续、准确地拨完，号码之间间隔不能超过 3 秒。拨号时注意力要集中，避免拨错。拨盘式电话机拨过一个号码后，应抽出手指让拨盘自然回位，不可强行回拨，以免损坏话机和跳错号码。当线路占满，耳机里传出忙音，暂时无法打出时，不可反复拍打电话。拨通电话后，如果没有人接听，应耐心等待片刻，待铃声响过六次后再挂断，否则，如果对方正巧不在电话旁，匆匆赶来接电话，电话已挂断，这就比较失礼。如果拨错号码，要向对方表示歉意。

2. 主动自我介绍

秘书打电话在听到对方呼叫后应该先主动自我介绍，然后请对方转叫受话人。

拨通电话后，应该先报出自己的姓名和公司，然后说出想和何人通话。说话应吐字清晰，音量适中，速度不紧不慢。重要内容要提请对方记录，记完再请对方复述核实。

在报出本人的姓名和单位全称的时候，说话的节奏应该比平时交谈时稍微慢些。建议报出自己的全名，这实际上是一种自我推销的方式，可以加深对方对你的印象。比如，你可以说："您好！我是天地公司的田青。请问销售部的王先生在吗?"如果是秘书接的，等本人来接时，还需要再报一次姓名和单位。秘书介绍自己的方法主要取决于两个因素：一是确定电话是内线还是外线；二是能否听出接听电话的人是谁。

若打外线，秘书不认识对方，应该做详细的自我介绍，如"您好，我是田青，天地公司销售部的助理秘书。"在能明确对方身份时应该说出尊称对方后，再做自我介绍，如"王先生，您好，我是天地公司销售部的田青。"若打的是内线，秘书就应该区别对待了，针对不同的情况采用不同的自我介绍的方式。如：

"我是田青，张先生的秘书。"

"我是销售部的田青。"

"柳城先生，您好，我是田青。"

若是你跟对方通话，可以说："我是某某，某公司某先生的秘书，请问我可以和李先生通话吗?"

若是你上司要跟对方通话，则可以说："我为某公司的某先生接通电话。请叫某某先生听电话好吗?"当对方去叫听话人时，你应请上司准备。若对方的秘书表示"请稍等"，应马上告诉上司："某某先生马上要来接电话了。"若听话人不在，则可留言或表示以后再打。

若不要具体某人听电话，则可转部门或直接陈述来意。这时可说："请转地毯部。""我想了解有关订购地毯的问题。"

若打错电话，要表示歉意。这时应说："对不起，我打错了。"道歉的态度要诚恳，话不必多，你可以说："对不起，我可能拨错号码了。"不可盘问对方为什么不是自己要找的人。同时也可以询问一下对方的号码，看是不是与自己所拨的号码相同，以免再次拨错。同时，别忘了要道声"再见"。

3. 准确陈述内容

在确认对方是自己所要通话的对象以后，秘书应该将通话的内容准确、完整、清楚、简洁地告诉对方。

对于必须在电话中讨论的问题，还应该考虑清楚何时去电话对对方而言更为方便。有的人希望一上班就接这样的电话，以便能有一整天的时间做其他事情；而有的人则更喜欢在一天工作即将结束的时候再接这样的电话。如果想定期和对方进行这种讨论，应该征询对方定在哪一天、哪一个钟点更为方便。这样做，既为了使对方能定下心来和你从容讨论，同时也体现自己的风度。在别人正忙的时候去电话打扰是很不礼貌的行为。

如果估计通话时间需要占用一刻钟，切不可只说："可以占用您几分钟的时间吗?"

而是应该十分明确地说："王先生，我想和您谈谈分配方案的事情，大概需要一刻钟的时间。请问您现在方不方便?"这样对方可以根据自己的实际情况来确定是否继续进行通话。有时你可能只是为了和对方约定一个双方都方便的时间再打电话，但是如果对方表示"现在就行"，则不宜再推迟。如果不得不在对方不方便的时候去电打搅，应该表示歉意并说明原因。

如果估计到这次通话的时间较长，应该在通话开始的时候就询问对方此时是否方便长谈。如果对方愿意谈但此时不方便，秘书要有礼貌地请对方确定下次通话的时间。

4. 耐心解答疑问

如果对方一时听不清，或者对通话内容的某些方面提出疑问，秘书应该给予耐心的解答。

5. 要求对方复述

在通话内容陈述完毕后，应向对方询问是否已经听清楚，并委婉地要求对方复述一下内容。在复述的过程中发现问题应该及时纠正。

6. 礼貌告别对方

告别前应该先提出结束通话的请求，在征求对方同意的前提下结束通话，并且有礼貌地告别。秘书应该在听到对方回答"再见"后轻轻地放下听筒。放下听筒时要先放下按住叉簧的一头，以免塑料机壳的碰撞声传至对方。同时要检查电话是否挂断，如果没有挂断，将会导致电话连续计费，而且新的来电也没有办法呼入。

（三）整理记录

秘书对打出的电话都应该记录在案，并根据通话内容的变动程度及时进行补充整理，以备日后查考。电话打出记录表格式见表3—1。

表3—1　　电话打出记录表

通话人		通话时间			
去电号码		去电单位		接听人	
去电内容：					
通话结果：					
处理意见：					
告知部门		告知人士			
告知建议：					
备注：					

四、接听电话的程序与技巧

（一）接听准备

秘书应当养成这样的职业习惯，听到电话铃响，立即准备好笔和记录本，不要等到通话时再去寻找，这样会造成无效占用电话并且浪费对方的时间。电话记录纸最好买商店里那种比较规范的电话记录纸，不要电话铃响了才临时找纸张凑合。电话记录应包括以下几项内容：什么时间（接电话的时间）、由谁打来的、打给谁、电话的内容、接电话人的姓名、处理结果（替他人传达、让对方再来一个电话或者给对方回个电话）等；最后将对方的电话号码重复一遍后记录下来。

有些秘书自恃年轻，记忆力强，所以不喜欢做电话记录。但是，秘书接触面宽，工作范围广，如果不做电话记录，在工作中就可能会出现遗漏或张冠李戴的现象。

（二）接听电话

1. 迅速摘机

秘书应该在第三声铃响之后迅速摘机，最好不要超过六声铃响再摘机接听。如果因故不能及时摘机接听，应该主动向对方表示歉意。摘机应当在铃声间歇时，以免送话器上通过强大的铃流信号而损坏。

左手接电话，右手准备写摘要。这样做能提高通话效率，节约电话费用，准确记录信息。同样也避免了对方要留言的时候说“请稍等”之类的话，能给对方留下一个较好的印象。

2. 主动自报家门

由于通话时首先说话的是被叫方，因此，被叫方应当首先主动自报家门，以便主叫方直接判断电话拨打是否准确。问候时，对外线要报出单位名称，对内线要报出部门名称。例如，“您好，这里是天地公司。”或者“您好，销售部办公室，我是秘书初萌。”

呼叫对方应当用“您好”而不要用“喂”。

接电话的语调应该清晰而愉快，因为接电话能显示出说话人的职业风度和可亲的性格。在说过“您好”并自报姓名后，你的态度是热情还是心不在焉全都会通过说话的语调暴露出来。

3. 辨明对方身份

如果主叫方也作了自我介绍，则可进行正式通话。但如果主叫方没有作自我介绍，秘书就应当用礼貌的方式了解对方的单位及主叫人的姓名和身份。尤其是在给领导者转接电话时，更应如此。电话交谈和面对面谈话不同，询问“你是谁”时应该用较为客气的语调和问句。

秘书应该有意识地训练自己的听辨能力，假若对方是老客户，经常打来电话，一开口就能听出他（她）的声音时，秘书可以用合适的称谓问候，如“您好，王经理”，这样将给对方留下受到特别重视的印象。

作为一位称职、优秀的秘书一定要具备随机应变的能力，要准确判断通话人的目的和意图，能设法避免那些上司不想接的电话，能恰如其分地处理各种情况。

对于在电话中听到的各种各样事项，秘书必须像对待任何来往信件一样，严守机密，认真严肃对待。同时，熟悉公司的工作及其他部门也是很有必要的，这样才能更有效地处理好打来的电话。

4. 听记对方陈述

对方陈述通话内容时，秘书应该注意力集中，仔细地听，认真地记。

听话时，最好插用一些短语以鼓励对方。对对方的要求作出反应或对方提出要求时，态度应该积极而且有礼貌，如“我很高兴为您了解相关信息”或者“请别忘了下周一到我们公司开会”等。在听对方讲述时，应该适当适时地表示一下自己的态度，以向对方表明自己在认真地倾听。如“嗯”、“哦”、“您继续”等，但是不可一味地这样说话，否则会让对方感觉自己是被敷衍的对象。

如果来电要找的人不在或者因为开会不能来接电话，秘书可以有以下三种选择：

（1）如果知道上司何时回来，可以告诉对方到时候再打来。如：“很抱歉，经理现在正巧不在，您过一会再打来好吗？估计他会九点钟左右回来。”

（2）可请对方留下姓名或者电话号码，等上司回来以后再同对方联系。如：“请您留下电话号码好吗？这样经理回来以后可以给您回电话。”

（3）可询问对方是否愿意与其他人通话，但要告之对方你要转给人员的部门，并征求对方同意。如：“关于合同一事，您想和其他人谈一谈吗？我们销售部的马经理正在办公室，要不要我给您把电话转过去？”

当同时有两个电话时，要从容应对。这时可先拿起第一个电话，事情若不能很快解决的话，则请对方稍候或表示会尽快回电给他，然后再接第二个电话。

如果秘书刚接听一个电话，另一个电话又响了，秘书应请前者稍等，并闭音，再接另一个电话，区分轻重缓急，分别及时处理，切不可让一方听见秘书与另一方的谈话。

如果你必须中止某个电话，可以这样说：“对不起，艾伦小姐，另一个电话正在等着我，我再打电话给您好吗？”

5. 及时提出疑问

秘书在听记对方陈述的同时，要弄清楚对方的来电意图，抓住要领，记住细节。凡有不清楚、不明白的地方，一定要请对方重复或者解释。

6. 复述来电内容

复述来电内容便于主叫方检查其陈述的内容是否准确、完整以及与被叫方的理解是否一致，同时也有助于被叫方加强记忆。一般的通话内容可作简要复述，重要的通话内容应作详细复述。在复述过程中，如果还有疑问，应再向对方提出，直到彻底弄清楚为止。切忌满足于一知半解和不懂装懂。

7. 礼貌告别对方

主叫方提出结束通话的请求后，被叫方的秘书应该表明自己的态度。一般情况下，应当由主叫方先告别，非特殊情况被叫方不能主动告别对方。告别时应该回敬对方"再见"。

结束通话时，要把刚才谈过的问题适当地总结一下，最后应该说几句客气话，以便显得热情些。

在每次通话结束前，挂电话的一方应该主动说些礼貌规范的结束语，以结束通话。这虽然不是大事，但是有助于判断对方是否故意拖延通话。可以用征求意见的方式提出，如："就谈到这里，好吗?"也可以用规范的结束语，如：

"很高兴与您通电话，我们希望能够尽快地见到您，再见。"

"谢谢您的来电，李华先生。"

"谢谢您的帮助，岳小姐。"

如果所在单位或部门规定了标准的通话结束语，则应该在每次通话结束前使用这句结束语。切不可正题刚刚讲完就"啪"的一声挂上电话，这样会使对方措手不及，并且也显得十分失礼。

8. 轻轻放下听筒

接听人等对方先挂断电话才可挂断，应贯彻"谁打出电话谁先挂断"的原则。

放话筒的动作要轻，否则对方会误以为你在摔电话而造成不必要的误会。

被叫方的秘书应该在确认对方已经挂机后轻轻放下听筒，并检查是否挂好。

（三）整理记录

一般来话内容通常先记在便条或者记录本上，在通话结束后应该及时地进行整理，重要通话应该填写在专门的"电话记录单"或者"电话处理单"上。重要的电话内容应立即向主管上司汇报，电话记录单（见表 3—2）应保存备查。

表 3—2　　电话记录单

来电单位		来电人	
来电时间	年　月　日　时　分	来电号码	
内容摘要：			
领导批示			
处理结果		记录人	

在接打电话，尤其是接听电话过程中，如何记录和处理对方留言，是非常重要的。一般说来要做到以下两点：

第一，准确记录。在记录留言时，要抓住要点，排除无用的话语，让收受人一看就明白；留言中若提到有关日期、时间、数字等重要信息，要非常仔细地记全，不要遗漏；要确保信息记录正确，包括对方的姓名，对方的单位、电话号码，来电日期、时间，来电的内容等。一定要在留言上签字，以防收到信息的人有什么疑问。在记录完留言后应该将留言中的数字信息、地址等重要内容与对方作核查，确认准确。

第二，及时送达。记录者应该尽早转达留言，如果留言是紧急内容，应该将留言表中紧急一项标出，提醒接受者。当留言出错的时候，最好坦然地向对方承认，取得谅解，并尽快采取补救措施。由于各种原因，常有被找的人不能接电话的情况。遇到这种情况，无论是受委托转达留言，还是委托他人转达留言，都要把话听清、问清，注意不要事后产生误解。留言单的格式见表3—3。

表3—3 **留言单**

来电/来访记录单	□紧急
接收人姓名：	
留言人姓名：	
留言人单位：	
留言人电话：	
□将再来电	□请您回电
□将来访	□已来访
留言内容：	
记录人：	日期和时间：　　月　　日　　时　　分

具体到不同情况的留言，处理方法也各不相同。

当请对方转告时：首先，要明确告诉对方自己是哪个单位的哪个人，对本公司以外的人，不能只说姓，还要特意告诉对方自己的名字。其次，打电话时，如果恰巧要找的人不在，或者有事情暂时不能来接听电话，秘书可以用协商的口气请接电话的人转告。留言时要说清楚自己的姓名、单位名称、电话号码、回电时间、转告的简要内容等。如“您好！我是陈经理办公室的田青。陈经理想要和王兰女士商量一下有关产品计划的事宜。请您转告一下可以吗？”在对方记下这些内容后，千万不要忘记问清楚对方的有关信息，如“对不起，请问您怎么称呼？”对方告知的姓名要用笔记下来，以备日后查找。若向对方表示以后你再打过去，则应确定听话人什么时候能在。这时可问：“请问史密斯先生什么时候会在呢？”当打电话给国外客户时，要注意时差问题。另外，在表达时间方面也要准确，如说：“请下午两点钟打电话来”，到底是对方下午两点钟还是自己这边的下午两点钟要讲清楚。又如“今天”、“明天”、“几月几号”等表述也要考虑到时差问题。

当受委托转达留言时：要听清对方所讲的事情，做好记录，完整地复述并核实；核实后告诉对方自己的单位和姓名；问清对方的联系地址（电话号码），因为有时事后需由自己给对方打电话，最好在做完记录后提醒对方“请核对一遍……”。

当在对方电话答录机上留言时：要等到对方电话预先录制的请留言信息结束听到特殊的提示音后开始留言，先清楚地说出自己的姓名和单位的名称；清楚说明要给谁留言，最好留下全名；简洁说明留言的内容，一定要做到信息简短明了；对于姓名和地址等重要内容，可运用拼写再次确定，如李华先生的名字是木子李、中华的华；若留言中有数字，应该缓慢述说，并且再次重复帮助对方确认是否正确；然后说出留言的日期和具体时间；挂断之前，应该向对方说“谢谢”或者其他礼貌用语。

为了做好电话留言记录，通常秘书手头应时刻准备一本留言簿或记事本。留言簿一般包括以下要点：电话的日期和时间，打电话人的姓名、地址、公司及电话号码，电话意图与内容。

为提高工作效率，还可以把留言分成如下几类：上级来的电话、公司其他人员来的电话、其他公司来的电话、客户来的电话、私人电话。

五、正确处理通话过程中出现的问题

（一）线路中断

线路中断时，拨打电话的一方应该主动重拨，接听方则应该静待一两分钟后才能够离开。重拨应该越早越好，而且在接通后应该首先表示歉意，尽管这并不是自己的过错。

即使在通话即将结束时出现线路中断，也要重拨过去，继续把话讲完。否则就会像交谈中途弃人而去，是非常失礼的事情。况且，即使自己的话已经讲完了，对方可能还有更多的事情要交代。要是在一定时间内打电话的一方仍然没有重拨过来，接电话的一方也可以拨过去，并且可以这么说：“刚才您是否讲完了，还有其他什么问题（事情）吗?”

线路中断常常发生在“持机稍候”或者等待电话转接的时候，虽然这样的情况很令人恼火，但是再接通电话时也不能显露出任何不满。因为也许是对方由于不了解电话系统的操作而出的差错，并不是出于故意。但是作为请人稍候或转接电话的一方，在重新接通电话后应该主动表示歉意，并迅速接通对方所需要的电话。

如果通话中遇到线路出现毛病或串线，应该尽快处理，并建议对方待会儿再打。这样做也许会耽误一点时间，但却是比较礼貌的做法。

（二）通话时受到干扰

如果在接电话的时候室内已经有人正在通话或者通话的时候有人闯入而且没有及时退出，你可以先对话筒说声“对不起”，然后有礼貌而且态度坚决地对进来的人说：

"我待会儿再去找你。"这样示意对方退出。

在上司打电话时，如果秘书确实有急事需要向上级汇报或者请示，可以将要谈的问题写在便条上放在他的面前，然后再退出，而不要对上司耳语或者直接口述。

（三）没有时间谈话

对于这种电话有两种态度，无非是接还是不接的问题，其中权衡的关键就在于来电重要与否和矛盾的轻重程度。譬如，手头的工作能不能暂时搁置，或者来电能不能非常简洁地结束。

但是，这时对方并不知道你的处境，所以在接电话的时候不妨向对方直言，这样做是允许的，不会显得失礼。比如你可以直接告诉对方："我正在打今天下午要用的报告，能不能待会儿再给您回电话?"这样就能够使对方了解到你的处境，知道你不想接电话并非出于你不尊重对方，而是确实抽不出时间。同时这样直接地告诉对方情由，还可以使他有所选择，或是同意以后再通电话，或者是选择简洁地讲完电话。

如果当时的确很忙，而又深知来电话者讲话啰唆，则可以告诉对方迟些时候再回电话，这样对双方都比较合适，而且不会显得失礼。

（四）很难应对的电话

有的人讲话讲不清楚或者很难懂，受话人则应该在通话刚开始的时候就向对方说明。

有的人脾气急躁，喜欢在电话里大发脾气。作为公司的秘书，受话人可以适当地让对方发泄心中的怒气。回话的时候语调要保持安详、沉稳。

有的人东拉西扯，说话容易跑题，谈不到点子上，受话人应该有礼貌地把谈话引上正题。

有的人像牛皮糖，很是烦人。不管是否会干扰到别人，他总是在电话里说个没完，或者三番五次地打电话来。对付这种人，只要不说"我对你不感兴趣"，用什么办法加以拒绝都行。对这种人说话要直截了当，不能过于婉转，可以说自己正在忙，有空再给对方回电话。比如："谢谢您多次打来电话，只是我们已经选定了办公用品的供应商。"

（五）正确转接打给上司的电话

若是陌生人打来的电话，要问明公司名称、姓名和来意，并进行信息的核对和确认。如果打电话的人不愿意报上姓名或不想说明打电话的意图，这时秘书仍应保持彬彬有礼的态度，但要坚持不报姓名或不说明来意不能打扰上司的原则。

若是熟人来电话且上司在的话，应立即转达上司；或者先请对方稍等，将外线电话闭音，用内线电话请示上司后再做处理。转接的电话接通以后，秘书应立即挂断，不应再听。

若电话来自于上司不愿交谈之人，则应灵活应对。

若上司正忙着或因出差在外等原因无法接听电话，可以让对方留言，并表示会主动跟对方联络。这时首先要说明上司不能接电话的原因，但注意不要详细具体告之有关上司的情况。例如可以说："对不起，怀特先生正在打电话"；"对不起，怀特先生正在开会"；"对不起，怀特先生出差去了"等，仅此而已，不必多说。然后表示"您需要留言吗？我可以为您转告"或者"您可以留下您的电话号码，这样怀特先生回来后将尽快与您联系"，并询问对方的电话号码以及何时给对方打电话会比较方便。如果对方愿意过一会儿或以后自己再打电话过来或仅仅想留言，那自然顺其方便。

若对方要求找其他人通话，应马上帮助传达。若要找的人在本部门，应迅速去叫。若要找的人是其他分机的，可告知对方并帮助转到其他分机。

请对方等候时，应表示歉意。

当上司在打电话时，尽量不要去打扰他。这时如果另有电话或有其他急事，可写在便笺上让上司决定是否需要马上处理。

六、话费控制

（一）电话计费方式

电话种类多种多样，不同业务的电话收费也是不一样的。现在使用的电话有市内电话、国内长途电话、国际长途电话之分。长途电话又有叫号电话（station-to-station call）、叫人电话（person-to-person call）、对方付费电话（collect call）、信用卡电话（credit card call）和直拨电话（direct dialing call）等。

1. 叫号电话

叫号电话是指指定对方电话号码的电话。可向接线员指定对方电话号码，并告知是 station-to-station call 即可，计费从对方接听电话算起。若你想通话的人不在，他人接听电话时也须按时间计费。

2. 叫人电话

叫人电话是通过接线员去叫你想通话的人。首先你必须告诉接线员是 person-to-person call，然后再把对方的电话号码和名字告诉他。接线员帮你叫人时不计费，若对方不在可免费取消这次电话。但若对方已接电话，则要开始计费。叫人电话比叫号电话要贵一些。

3. 对方付费电话

对方付费电话是受话人付费的电话。首先，要告诉接线员是 collect call，再告知对方的电话号码及姓名，然后由接线员寻找到对方，得到对方承诺付费之后才给予接通。这对出国旅游或出差的人打回家里或公司来说，是比较方便的。

4. 信用卡电话

信用卡电话也是国际长途电话的一种。首先用户必须申请发给国际电话信用卡才能使用。使用信用卡打电话时不需要再用现金，这对经常出差的人是非常方便的。

5. 直拨电话

国内、国际直拨电话是近来发展迅猛的一种通话方式，它可以不通过接线员自行接通电话，以极快的速度与世界许多国家和地区直接通话。但是也必须先申请登记，方能自由使用。

（二）电话付费方式

1. 向电话局付费

通常是每月结算一次，由电话局开出付费交款单，用户持单交费。也可定期预交一定款额，以免去每月交费的麻烦。

2. 投币付费

投币付费适用于投币式电话机。这种方式显然不够方便，随着通话时间的延长，用户需要不断地投入硬币。

3. 购买电话磁卡

目前这一付费形式已经十分普遍，即事先购买一定面额的电话磁卡以供使用。磁卡的类型有很多种，按照使用的形式来划分，主要有这样两种类型：

一种是插入式的电话磁卡，如 IC 卡。打电话时将磁卡插入电话机上的卡片插口，就可以进行正常的电话操作。在通话的过程中能够看到不断显示的数字，表示卡内所剩的金额数，挂机后卡片自动退出，有的电话机会发出警示音提醒用户拔出磁卡。卡内金额用完，磁卡就不能再用了。

另外一种是可以在普通电话上进行操作的。首先要拨通电话卡上提示的电话号码，如 201 电话卡就需要拨通“2011”或者“2012”才能进一步使用。然后再按照语音提示输入磁卡的卡号和密码，接着就可以进行正常的通话操作了。这种磁卡可以按照语音提示查询卡内余额。其后推出的 IP 电话卡可以在普通电话上拨打国内、国际长途电话，同时能够节省相当一部分话费。如 17910、17911、17908 等 IP 电话卡，使用起来十分方便。

4. 对方付费

对方付费即由受话人付费的电话付费方式。拨打电话者要先告诉接线员是 collect call，再告知对方的电话号码以及姓名，由接线员叫通对方后，对方表示同意付费，才能将双方接通。

5. 信用卡付费

这是国际长途电话的一种付费方式。用户首先必须申请发给国际电话信用卡，凭此卡打电话或者发电报时，可将卡上的编号告诉话务员，电话费就转入发放信用卡的公司电话账户上。向用户收费时要加一些手续费。

（三）如何节约和控制电话费用支出

据统计，一个公司每天的私人电话和非公事电话要占全部电话数的 20%～45%，而且即使没有这种现象，总的话费也是一再膨胀，如何节约和控制电话费用？下面的一些方法可供你参考：

（1）在休息室或餐厅设置公用电话。

（2）电话系统中可以安置一个计时器，这样通过有声信号来提醒打电话的人，他或她打电话的时间太长了。

（3）自动信息计算系统可以在磁带上录下所有拨过的号码，将录下的信息与使用者联系起来，可以帮助你的老板分析话费情况。

（4）减少电话费用的最好方法是使全体工作人员清楚地知道话费开销，使他们懂得节省、合理使用电话的道理。

（5）自动鉴别仪和通话分析仪正在全面普及，因为它们在减少通讯费用方面作用很大。

（6）公司应该指定某个人负责管理电话设备，只有他才能与电信机构的工作人员直接联系。

（7）打长途电话要尽量利用优惠时段。

（8）复查电话费结算单，最好重新计算一次。

（9）电话上锁，以免那些未经许可的人使用电话。

（10）由于查询号码是要收费的，所以手头要有一本比较全面的电话簿，以便自己随时查找。

（11）公司经理要以身作则，是自己的电话就应该自己打、自己接，而不要依赖秘书或接待员，虽然让别人代劳可以显示出经理的身份和地位，但是由于增加了通话时间，花费也是很大的。

第二节　印章和介绍信管理

案例 3—1

红光公司的员工张某找到健雄公司经理助理王某，告知王某，他有一笔好买卖，但他是个人身份，不如公司签合同方便，想借用健雄公司的名义，让王某给他出具一份健雄公司的业务介绍信，等合同签完后就还给健雄公司，并付给王某一万元报酬。王某应允后，张某利用从健雄公司借用的业务介绍信，以健雄公司业务经理的身份和健雄公司的名义与大安公司签订了一份钢材购销合同，骗取了大安公司价值一百万元的钢材。张某将钢材卖掉后，携款潜逃。这一事件给健雄公司造成了信誉和财产上的损失。

在上述案例中，大安公司在签订合同时并不知道张某是借用健雄公司的业务介绍信，大安公司没有过错，所以，健雄公司应该承担赔偿责任。根据最高人民法院《关于在审理经济纠纷案件中涉及经济犯罪嫌疑若干问题的规定》的规定，个人借用单位的业务介绍信、合同专用章或盖有公章的空白合同书，以出借单位名义签订经济合同，骗取财物归个人占有、使用、处分或进行其他犯罪活动，给对方造成经济损失构成犯罪的，除依法追究借用人的刑事责任外，出借业务介绍信、合同专用章或盖有公章的空白合同书的单位，依法应当承担赔偿责任。但是，有证据证明被害人明知签订合同的对方当事人是借用行为，仍与之签订合同的，出借单位不承担赔偿责任。

使用印章、介绍信，一般应该经本单位领导人批准，办理签批手续，秘书人员不得擅自做主。秘书人员要严格执行监印制度，他们对使用印章有监督权，对不合法或不合手续的使用印章、介绍信，有权拒绝盖印或者提出异议，而不能违反规定，“有求必应”，以避免给自己和公司带来无法挽回的损失。

公章是单位职责权力的象征，介绍信则是证明本单位员工的身份，介绍联系业务之用。如果管理使用不当，会给本单位乃至社会造成危害，秘书人员必须认真对待这项工作。

在这一节中我们将要学习印章和介绍信的一些常识，学习如何在工作中正确保管和使用印章和介绍信，以更好地维护公司和单位的合法权益。

一、印章的管理

（一）印章概述

印章，即图章，有时也称为“印信”，是指国家机关、社会团体、企事业单位使用的公章和上述单位相应领导人使用的名章。

1. 印章的效用和地位

一般来说，印章具有以下四个方面的作用：

（1）标志作用。各级各类社会组织除了在其管辖范围内行使职权外，必然会有大量的日常公务和对外往来。为此，社会组织必须有一个区别于其他组织的标志，一般是通过使用法定的名称来加以区别，而这个法定名称又是通过印章来做标志的。在制发文件、接洽业务、签订合同、开具证明等过程中，印章可明确表明该组织的合法身份。

（2）权威作用。各级各类社会组织由于有特定的地位和所辖范围，因此在一定层次和范围内具有权威性。例如一个学校对校内的学生就具有约束力，它向学生发出入学通知书，该校学生就必须在规定的时间内报到。一级政府机关对他所辖的下属各机关也具有约束力，它发布的各项命令或指示，下级机关必须遵从。上述机关、单位所发通知、决定等都必须加盖公章，因为印章是该单位权威性的象征物。也就是说，一切文件只有加盖了印章才能产生效力。没有印章，该文件的权威性就无法证实，也不可能使人们遵照执行。

（3）证明作用。由于印章是证明某个单位合法存在的象征物，因此，它在单位的各项工作中具有重要的证明作用。例如组建一个新的单位，或者更改一个单位的名称，都要颁发新的印章。这种印章对这个机构或单位的职责、权力就起着证明作用。又如在对外交往中，出差人员的合法身份也必须由加盖印章的介绍信来证实，出差中的公务活动也因而具备合法性。

（4）凭信作用。既然印章是单位合法性、权威性的象征物，那么，它在工作中无疑具有凭信作用。一切文件、信函、合同、协议书以及各种证明，要使人们真正相信它具有效力，就必须盖章。不盖印章的行文，难以取信于人，因而不能产生效力。例如学生的毕业证书如果不盖印章，就失去合法性和有效性。同样，一份公务合同，如果协议双方不盖章，它的可信性也就不复存在了。

2. 印章的式样

印章的式样由质料、形状、印文、图案、尺寸等组成。

（1）质料。我国古代官印依品级高低分别用金、银、铜等金属铸成，帝王则用珍贵玉质，象征其地位。近代公章用过角质、木质，现代则多用橡胶和塑料刻制。另有一种专用于贴有照片的身份证明上的钢印。近几年还有将色油或固体色料热压而成的“原子印”和“渗透印”，无须印泥可连续使用万次以上。

（2）形状。古代官印为正方形。现代机关、单位公章则为正圆形，用于其他公务（如收发、校对、财务等）的印章也有长方形、三角形或椭圆形的。领导人和法人代表的印章一般仍为方形。

（3）印文。按规定印文应使用国务院公布的规范简化汉字，字形为宋体，自左而右环行排列。领导人签名章则由个人书写习惯而定，民族自治机关的公章应并列刊有汉字和当地民族文字。

（4）图案。县以上政府机关、法院、检察院、驻外使馆的公章的中心部分刊有国徽；党的各级机关印章刊有党徽；企事业单位公章则刊有五角星图案。

（5）尺寸。按国务院规定：国务院的公章，直径为 6 厘米；省、部级政府机关，直径 5 厘米；地、市、州、县机关为 4.5 厘米；其他机关、部门、企事业单位公章直径一律为 4.2 厘米（包括边框）。

3. 印章的种类

在现实社会交往中，各级办公室使用的印章多种多样，按其性质和作用，大致可以分为如下八种：

（1）正式印章。这是单位的重要印章，也叫公章。这种印章是按照国家的规定，由上级领导机构正式批转，刻制给所属机构使用的。它正式代表它所在整个机构或单位的法定名称，正式代表它所在整个机构或单位的权力、凭信和职责。

（2）专用印章。专用印章是各级领导机构或各级业务部门为履行自己的某一项专门性业务而使用的印章。这种印章在印文中除刊有机关或单位的法定名称外，还刊有专门的用途。例如“财务专用章”、“粮油专用章”、“图书馆专用章”、“毕业生分配专用章”、“公费医疗专用章”、“成果鉴定专用章”等。专用印章不能代表整个领导机构的权力，只代表印章上刊明的适用范围，超过这个范围就没有法律效力。但是，这类专用印章的刻制，也要经过一定的严格批准手续，绝不能乱制滥用。

(3) 缩印。这种印章是依据正式印章和专用印章按比例缩小了的印章，主要用在各类票券上作为凭信，例如用在我们常见的粮票、油票、副食品券、国库券等上面。缩印不能作为正式印章使用。

(4) 钢印。这种印章相当于早年使用的契印，不用印色，利用压力凹凸成形，一般加盖于贴有照片的证件上，起证明持证人身份之用。钢印的作用，与正式印章、专用印章有某些相似之处，但并不完全一样。钢印是用铜质材料制作的，在需要粘贴相片的证件上，它一般加盖在相片与证件的骑缝上，以表示证件与相片相吻合。它还用在各种票据的连接部位，表示两者相和，以防止伪造。但钢印不能作为文件、介绍信及其他票据凭证的有效标志，也不能独立使用。

(5) 领导人手章。这是由领导人亲笔书写，而后照其真迹按比例放大或缩小刻制的印章。这种章也叫领导人签名章。领导人手章和个人私章性质不同，它属于机关或单位的公务章和专用章一类。它代表一个机关或单位的领导者身份，是行使职权的标志，具有权威作用。它的适用范围很广，通常用于任命、调遣、罢免干部等重大事项。有些凭证不但要有机关或单位的印章，而且要由领导人加盖手章或签署，这样才能生效。如合同、协议书、毕业证书、聘请书、财务预决算，都需要加盖领导人的手章。因此，手章还具有凭证作用。

(6) 个人名章。这类印章为一般干部姓名的印章，如秘书人员、文书校对人员的名章，会计人员、出纳人员的名章等。个人名章的作用是代替手写签名，加盖在文件或凭据上以示负责。例如在报表、财务预决算、银行支票、合同等文本或票据上，都要加盖这类印章。

(7) 校对章。专门用于校对、勘误文件或表格中个别错误之处，一般刻成“××单位校对章”的格式。校对章的作用主要是区别真伪，证明此处修改为文件所发单位本意，非哪个人随意修改，以证明其修改具有法律效力。

(8) 戳记。这种印章主要是为了方便工作、提高工作效率而刻制的。如文件的收文章，文件密级中用的“机密”、“绝密”等戳记。这种印章可以减少工作人员的工作量，也可以使工作规范化。

(二) 印章的管理使用

1. 印章的刻制

印章的刻制和颁发是一件极为严肃的事情，《中华人民共和国刑法》第 280 条第 1 款和第 2 款规定：伪造、变造、买卖或者盗窃、抢夺、毁灭国家机关的公文、证件、印章的，处 3 年以下有期徒刑、拘役、管制或剥夺政治权利；情节严重的，处 3 年以上 10 年以下有期徒刑。伪造公司、企业、事业单位、人民团体的印章的，处 3 年以下有期徒刑、拘役、管制或者剥夺政治权利。可见，任何机关、团体和企业、事业单位的印章，都不准擅自刻制、颁发。刻制印章，必须严格遵守国家有关文件的规定。

印章的制发一般采用分级负责的原则，下级机关或单位的印章由上级领导机构批准后刻制颁发，其中公章一般应由上级领导机构批准后颁发给所属机构使用。牵涉两个主管部门的，应由两个主管部门同意后才能刻制。某机关在某单位附设办事机构，并委托其负责具体的业务工作，那么印章的刻制应征得两方领导机关同意。比如某省科委授权某大学具有科研成果鉴定权，需刻制“某某大学科研成果鉴定章”，那就要报该校领导同意，双方会同认可后才可刻制。手章和名章则应经本级机关或单位领导人批准同意，指定专人承办刻制。

刻制本机关单位印章时，承办部门必须持上级机关有关公文，按规定尺寸到指定的公安机关办理核准手续之后方可到指定单位刻制；任何机关未经批准一律不得自行联系刻章，更不得在私人摊贩处刻制印章。

2. 印章的颁发

（1）颁发前的检查。印章从承制工厂或刻章店摘取时，要认真仔细地验收检查。主要检查印章的质量是否符合要求，有无使用过的痕迹。如发现质量不合要求，应责成承刻单位按规定重新刻制。如发现印章已有使用过的痕迹或印章的版面上粘有红色印泥，应立即报告当地公安部门备案查处。因为红色印泥是印章启用的标志，只有印章使用机构才可以用红色的印泥盖印。

（2）颁发印章。颁发正式印章的手续如下：

颁发印章必须有正式行文。通常向使用机构发布启用公章的通知和启事。

使用印章的机构在领取印章时，应派两名工作责任心强的人员持单位介绍信领取，不可派临时工领取。颁发机关要认真验证介绍信，防止冒领。

颁领双方当面验收印章。在验明、确认印章之后，要严格履行登记、交接、签发手续。双方认为手续完备妥当后，由颁发机关将印章密封并加盖密封标志，并交给领取人带回，以保证归途的安全。

印章领取人在接回印章后，要及时向本单位领导汇报，待领导验证后，根据领导的指示交给印章管理人员验收管理。

3. 印章的启用

启用新印章，应由制发或批准刻制机关颁发启用通知，并于文到之后方能正式启用，如由新印章取代旧印章，启用新印章后，旧印章同时作废。

印章启用时，使用机构应将印模和启用日期一并报送颁发机构备案，并要立卷归档，永久保存。这是因为，假如今后需辨别一张证明或票据时，印章的启用日期和印模能起辨别真假的作用。

4. 印章的保管

（1）确定专人负责管理。印章是代表机关或单位的信物，盖了印就表示经过了机关或单位领导许可。因此，印章必须由政治上可靠，工作上责任心强，有事业心，懂得党的路线、方针、政策，了解本单位情况的人员来负责管理，这样就可以从组织上保证印章的正确使用。

（2）放置在安全可靠的地方。世界各国的刑法都把偷窃、伪造单位印章列为犯罪的行为。因此，印章应列为各级机关或单位的保密范围，防止被盗。平时，必须放置在办公室的保险柜或铁柜中，做到随用随开，用毕随时锁上保险，不得图省事敞开保险柜或任意放置在办公桌上以及其他不安全的地方。节假日在放印章的地方应加锁或加封条。如有值班，应做好值班交接工作。管理人员临时外出时，应把钥匙交给办公室或部门领导人，或指定临时代管人员代管。

（3）注意保养。印章管理人员要及时保养清洗印章，以确保印章耐用、清晰。

（4）领导人的手章可由本人自行保管，亦可由负责人委托的代理人保管，使用要求与上述规则相同。

5. 用印的原则和要求

（1）首先填写用印申请单，由各用印部门负责人审查签字，经机关领导人批准后方可用印。一切用印都应通过专职人员审查，绝不允许随便委托他人代取代用。

（2）在盖印前，必须检查有无机关或单位领导人批准用印的签字，对用印的文件内容与出示证明用途应认真阅览，不要不看内容就盲目盖印，以免出现差错。同时，还要认真检查存查的材料是否齐全。对各类奖惩、决定、毕业证书、学位证书等，均要检查有无附有批文或领导人的批复，并要按文件和批复核对人数、姓名，并做好登记，立卷归档，以便核查。

（3）盖印要端正、清晰。任何文件和信函的盖印，必须位置恰当。如果盖出来的印文不清晰、不端正，就会影响印章的作用，甚至还会引起人们怀疑。盖印时，其位置通常在文件和信函末尾，年、月、日的中间。为确保印文的印记清晰，使用的印油要均匀，颜色要正红，用力要适度，使盖出的印章端正、庄重、清晰。

（4）加盖钢印注意事项：

照片要求近照、免冠、正面、清楚，不戴深色眼镜，头部一般要求在 1.2 平方厘米以上；

钢印不得加盖在照片人的头部，更不得盖在脸上，以免凸凹作用使面部发生细微变化，影响辨认效果；

钢印应加盖在脖子和衣领以下与证件交接部位；

加盖钢印后，照片必须印有字迹或图案，不能仅有钢印原印迹，以免仿造或自行更换照片；

钢印印迹尽量正置，以示加印机关的权威性和严肃性。

（5）要严格履行登记手续，建立详细的用印登记本。每次用印，都必须进行详细登记，即使是为了证明某人为本单位的职工，或在包裹单、汇款单上加盖单位印章，也要严格履行登记手续，以备发生意外时查核。登记项目通常包括：用印编号、用印日期、用印单位、经办人姓名、内容、批准人姓名、签署的意见、发往何处、监印人姓名及留存材料等（见表3—4）。加盖印章，必须严格办理印章使用程序。

表3—4 **印章使用登记表**

盖章日期	文件名称	印章类别	盖章次数	批准部门	批准人	盖章人	备注

（6）领导人个人名章，需经其本人或委托授权人签字同意后方可加盖。

（7）一般事务性的公文、介绍信、便函，可用机关办公室印章。

（8）部门印章使用范围，只限于上下对口业务之间的查询、解答、催办、介绍和一般性的事务联系，一般情况下不得对外。

6. 印章的停用

机关印章在该机关名称变更、机构撤销、合并或因其他原因不复存在时，停止使用。停用印章要发文通知有关单位，并在通知中说明停用的原因，标明停用印章的印模和停用时间。停用的作废印章要及时送交原颁发机关处理，不得在原机关留存。

7. 印章的存档和销毁

机关原印章停用或封存后，应对所涉及的下属单位、部门的印章进行清理、清查，并将清查结果报告同级领导人或上级机关，视具体情况慎重处理。

机构变动或其他原因而停止使用印章时，应严格按上级规定将印章及时上交颁发机关封存，或按上级机关指示在领导或两个以上人员的监督下销毁处理。销毁方法有两种：一种是自行销毁，另一种是送刻章部门回炉销毁。销毁时都必须报单位负责人批准。

销毁的废旧印章都要留下印模保存起来，以备日后查考。

二、介绍信的管理

（一）介绍信的基本知识

1. 介绍信的作用

介绍信是机关、团体、企事业单位因对外联系工作、商洽事务而由派出人员所持有的凭证性信函。在身份证制度不完备的情况下，它往往也是个人的身份证明。介绍信管理是办公室的一项重要事务工作。介绍信与用印紧密相连。机关介绍信通常由印章管理人员负责掌管。

2. 介绍信的种类

带有机关或单位名称的介绍信，一般按固定格式印刷，装订成册。介绍信有信文和存根两部分。信文交持有人携带，存根留本机关或单位存查。

机关使用的介绍信一般分为党委介绍信、行政介绍信、专用介绍信（如购买飞机票）三种。所有的介绍信都要严格管理，严格控制。

（二）介绍信的管理使用

1. 介绍信的填写要求

（1）介绍信内容要明确具体，不能含糊笼统。介绍去参加会议的，应写明参加什么会议。介绍去联系工作、商洽问题的应写明联系什么工作，商洽什么问题。不要笼统地写"开会"、"联系工作"等。

（2）要填写有效限期。介绍信上一般都有"有效期：×年×月×日止"字样。但是，有的单位往往不填，成了无限期有效的介绍信，这类情况应避免，宁可有效期较长，但不能不写明有效期。

（3）办公室工作人员要对开出的介绍信负责。若介绍信由别人填写，办公室工作人员要做核对，看内容是否明确具体，有没有超出其工作范围，信文与存根记载是否一致等。经检查核对无误后再加盖单位公章。

（4）介绍信开出后未用，应交回保管人员，粘贴在存根上。介绍信持有人将介绍信丢失，应及时报告，涉及重要事项的应及时通知前往办事的单位，防止冒名顶替。对空白介绍信，要严加控制，特殊情况下开出的空白介绍信，用后多余的应归还。

（5）严禁将印章带出机关或在空白介绍信上加盖印章，在印章使用中发生问题，按"谁批准，谁负责"的原则追究责任，严肃处理。

2. 介绍信的印制和保管

正式介绍信通常为专门印制并有编号，如联系一般事务也有以单位信笺代替者。介绍信一般和公章由同一人保管并使用，与公章须同等重视，不可缺页或丢失。

3. 介绍信的开具

（1）开介绍信要经过一定的批准手续。审批手续因联系公务内容的不同，分别由有关领导人或部门负责人批准。高层机关的介绍信，往往分给各部门使用（仍需机关公章），秘书部门在分发空白介绍信本时要有严格的登记手续，并随时对各部门使用机关介绍信的情况进行检查。

（2）一般来讲，使用单位的介绍信，须经本机关或单位的领导人或办公室负责人批准。对于不涉及本机关或单位重要事务的一般性事项，授权印章管理人员负责掌管。开具介绍信应有编号和骑缝章，存根要与介绍信的内容一致。

（3）严禁开具空白介绍信，同时，严格控制盖有印章的空白凭信、介绍信外流。因为这种空白凭信脱离了监印人员的监督，其使用范围、用途不一定符合机关领导人的意图，故一般来讲是不能开具的。但在实际工作中，往往有些确系工作需要，并得到了领导人同意，这种特殊情况就需履行领导人亲笔签署意见的手续，并尽可能在介绍信上填上事前能够填写的项目，如办事人的姓名、所要办的事项及期限，只留下抬头由经办人员填写，这样就使空白介绍信限制在一定的范围内。对于什么都不填的空白介绍信，更要严格控制，一般工作人员不能开具，当领导人本人需要时可由主管领导批准，开给若干份，但尽量少开。同时在开具介绍信时要注明具体用途，不可简单地写上“联系工作”等字。

4. 介绍信的使用

（1）凡领用介绍信者须经主管批准，秘书不得擅自开具发放。开具介绍信时应由秘书自己填写领用人姓名、身份、去往何单位、联系何业务、领用日期、有效期限等项，正本和存根必须一致。于落款处及骑缝章上应加盖两次公章。秘书不得委托他人或让领用人自己填写盖章，尤其不得将空白介绍信或单位信笺加盖公章后交给领用人。否则，出了事故，秘书要负责任。

（2）使用介绍信要有明确的规定，即什么事由谁批，超出规定范围的，应先请示而后办。对于介绍信的批准人应在存根上做记载。有批条的，应将批条粘贴在存根上。

（3）对于一些下属部门较多的单位，办公室工作人员为下级机关换开领导机关介绍信时，应检查下级机关介绍信有没有超出职责范围。要把好关，必要时，应交单位负责人审批，并把下级机关的介绍信粘贴在存根上，以备查考。在一般情况下，不直接为下级机关人员开领导机关介绍信。

三、建立完善的印信管理制度

既然印信管理在实际工作中具有重要的作用，其使用也有十分严格的程序要求，所以，制定严格的印信管理制度是十分必要的，对于保证印信在实际工作中的规范使用，保障单位或者公司的合法利益和工作的正常运转，都具有十分重要的意义。

在这里，我们选用了某公司制定的印章和介绍信的管理制度作为案例进行分析，同学们可以对这一制度进行讨论，看该制度中存在哪些合理的地方和哪些不够完善的地方，以供在实际工作中制定印信管理制度参考。

案例 3—2

××公司印信管理规定

为加强对公司印章、介绍信的管理，规范印章、介绍信的使用程序，特制定本规定。

一、本规定的适用范围为公司全体员工

二、印章的使用和管理

1. 公司公章、合同专用章由总经理指定专人管理，财务专用章、银行留有印鉴的私章由财务部专人分别保管。

2. 印章管理人应妥善保管印章，未经批准，不能把印章交给他人管理使用。

3. 公司印章的使用应谨慎、规范并按规定程序经申请报批后由印章管理人统一加盖。任何人不能擅自使用印章。

4. 印章管理人在使用印章前必须认真检查审批程序，对于不合法或不符合审批手续的用印，印章管理人有权提出异议或拒绝让其使用。如遇特殊情况，印章管理人应经请示批准后方可加盖印章。

5. 印章管理人对于借款、贷款、付款、签订重大经济合同、担保、立项、成立新公司、人事任免等重大事项，须经公司法定代表人或其授权代表人审批签字后，方可加盖印章。

6. 印章原则上不准携带出公司，如确有工作需要借用公章，应填写《公章借用登记表》，经总经理批准签字后方可借出使用，使用人在使用期间应对公章负全权责任，使用后应及时归还印章管理人。

7. 对于擅自使用印章或以欺骗手段使用印章的，应根据情节轻重给予行政处分直至追究刑事责任。

三、介绍信的使用和管理

1. 公司介绍信由总经理指定专人集中保管。

2. 需开具单位介绍信者，报经部门主管审批后交由介绍信管理人统一填写并加盖公章后交给使用者。

3. 介绍信保管人在开具介绍信时应严格审查，对于不符合规定或手续不齐全的，可拒绝办理并要求其补办相关手续后再予以办理。

4. 如情况变化，介绍信领用人应立即向部门主管报告，通知介绍信管理人并及时采取相应措施。

5. 原则上不允许在空白介绍信上加盖公章，如确有工作需要，须经总经理签字批准并办理领用登记手续，未使用的空白介绍信应交回介绍信管理人及时销毁。如发现加盖公章的空白介绍信丢失，领用人应立即向部门主管报告，通知介绍信管理人并及时采取相应措施。

6. 介绍信存根应妥善保管，由介绍信管理人按保密要求归档。

7. 对于以欺诈手段使用介绍信的应根据情节轻重给予行政处分直至追究刑事责任。

四、其他

1. 本规定解释权和修改权归行政部。

2. 本规定自颁布之日起实施。

第三节　值班管理

值班工作是我们常常会遇到的一项工作，在生活中我们很多时候都要与值班人员打交道，如黄金周旅游期间我们可能会遇到市场上的一些不公平，那样我们可以与相关的黄金周旅游办公室联系进行投诉；我们去机关等一些单位办事情的时候，可能首先要在值班室进行访客登记；节假日去某公司办事情，接待我们的可能就是值班的秘书……那么，作为一名秘书，要做好值班工作，除了自身必须具备一些优秀的素质以外，还应该正确认识值班工作，做到能够合理地安排值班工作，恰如其分地处理在值班工作中遇到的一些事件。

在这一节中我们将要学习值班工作的一些基本知识，包括值班工作的职责、制度要求、对值班人员的工作要求等，了解值班工作中接待来访客人和处理突发事件的一些程序，掌握编制值班工作表，合理安排值班工作的技能要求。

一、值班工作概述

值班，是指各类企事业单位，在一段时间内，由专人担负处理全部工作的方式和制度。作为办公室的一项重要事务，值班工作具有明显的岗位责任性质。

（一）值班工作的特点以及意义

1. 值班工作的特点

值班工作有两个显著的特性：

（1）连续性。在各重要单位，值班工作的职责范围可宽可窄，值班人员可以轮流，但值班工作不能间断。

（2）应急性。在值班工作中，值班人员可能有时会临时接收、传达上级的指示，可能处理内部的突发事情，要完成领导临时交办的事项，这些工作的具体内容，一般都是事先不知道的。

2. 值班工作的意义

任何一个单位，无论其性质与规模如何，几乎每时每刻都要与社会各个方面发生联系，人员来往有之，电信传递有之，只有这样，才能保证本机关业务活动的正常运转。由于受到交通、电信运行的限制，受到意外性、临时性事件以及天气变化等其他因素的影响，这些工作和联系往往不能和正常的作息时间同步进行，特别是有些紧急情况需要及时联系、及时处理，如上级向下级传达紧急指示，布置紧急任务，或是通报一些突发性情况以引起广泛的注意和戒备等。上述事件无论发生在白天还是黑夜，都要及时处理，因此，机关在非办公时间即平日下班之后以及节假日，通常要安排专人值守，处理各种临时事务，各企事业单位也会根据实际的工作需要，安排不同形式的值班工作。实践活动证明，值班工作在单位以及企业等活动中具有十分重大的意义。

（1）值班工作是组成一个单位工作网络的重要细胞，是一个单位的枢纽工作，起着沟通上下、联系内外、协调左右的作用，起着保证上级重要指示及时传达，保证本单位发生的重大紧急事情能够及时反映、及时处理，保证工作顺利进行的作用。非工作时间和节假日，值班工作的这种作用表现得尤为明显。

（2）由于值班工作要经常应急处理一些重要工作，在一定意义或者一定程度上来说，值班工作代表了本单位的工作，值班人员是本单位的总代表。值班工作的好坏，将直接反映和影响上下级之间、平级机关之间、领导和群众之间的关系，直接反映着本单位的精神风貌。

（二）值班工作的职责和内容

1. 值班工作的职责

值班工作的职责是根据本单位的工作性质和任务而确定的。通常有以下几个方面：

（1）通讯联络。包括接听并记录电话，接受并登记紧急文件，收受并转送电报等。值班室应保证各种通讯器材畅通无阻，应备有各部门领导人和交通、公安、消防、急救等常用电话号码表，应密切保持与机关、单位负责人的联系；掌握领导人活动和去向，保证在遇到特殊情况的时候能够及时地通知他们，但是未经领导人的同意，不应该将领导的活动和去向告之无关人员。

（2）承办各种交办的事项。包括以下方面：一是承办上级通知事宜。接到上级重要指示、通知后及时向相关领导报告，并根据领导批示和处理情况，按要求向上级报告。二是承办下级电话请示、报告的事宜。对下级来的一般性电话请示、报告，可根据有关精神给予明确的答复。比较重要的要向领导报告，并根据领导的指示进行相关处理或者转有关部门处理。三是承办领导交办的事宜。包括传达领导对某一问题的指示、意见，下达临时性的会议通知，向上级机关或者外单位询问有关事项等。

（3）负责公务接洽和来访接待工作。包括要为外地来访者安排好食宿，并通知有关单位做好接待工作；本地公务来访或询问事情，要视情况予以答复；找领导人解决问题的，要根据问题的性质，作出适当处理，不要随意安排会见。在接待中不可敷衍推诿。在接待来访人员之后，如属工作范围内的，应填写好接待记录。

作为办公时间以外和节假日接待工作的补充，比较大的值班室为完成此项工作必须配以司机、车辆，以及招待所、食堂等开展值班工作。一般公司的临时值班工作会给值班人员相应的补充待遇，如值班的餐饮费等。

（4）处理突发事件。如果遇到发生事故、火灾、盗窃或暴雨、地震等突发事件，值班人员应该做到遇事不慌，处变不惊，能够沉着、冷静、机智、果断地加以处理，譬如立即向领导报告，就近组织人力抢救抢险，或依靠邻近机关、单位、部队，或保护事故现场，或紧急转移机要文件和贵重物资等。

（5）安全保卫。这和机关、单位保安人员的任务不同。保安人员的任务事关整个机关、单位里里外外的防火、防盗，而值班室主要是负责夜间和节假日机关内部机密文件资料和器材的保护。当然，这两方面的人员和任务是密不可分的。节假日和非工作时间要做好或者协助做好安全保卫、保密、紧急文书处理、印信管理工作。

（6）编排总值班表。值班是值班室的工作，也是整个机关上下共同参与的工作。值班表每月编排一次。在机关里，凡法定节日如元旦、春节等都必须有一名机关领导人或者中层以上领导人参加值班。总值班表排定后，经主管领导审定要上报上级机关备案，并通知值班人员本人。

2. 值班工作的主要内容

值班工作是保证组织及时获得准确的信息，进行正确决策，以及出于安全防范的需要而开展的经常性工作。各个组织值班工作内容具有不同的特点。总的来说，值班人员应该做好以下记录工作：

（1）记好值班电话记录。主要包括来电时间、来电单位、来电人员姓名、来电内容等。电话记录一定要简明、清楚，对人名、地名、数字要认真核对，必要时还应该使用录音电话录音。值班电话记录主要用途是向领导准确报告、汇报情况，便于领导批示、留存备查等。应该用专用本册进行记录，并采用固定的格式记录。

（2）记好值班接待记录。值班时还会遇到一些来访的客人，对于来访的客人的详细情况、来访事由等也应该记录在册，以备向有关领导或有关部门转达或交办事情时的依据。主要记录来访人员的姓名、单位、来访事由、联系方法等内容。

对于以上两方面的工作，可以填写值班登记表（见表 3—5）的方式进行。

表 3—5　　公司值班登记表

值班部门		值班人数		值班负责人		值班情况	
值班人员名单							
当班时间	___月___日___时___分至___月___日 ___时___ 分						
接班时间	__月__日__时__分	上班责任人签名		当班责任人签名			
交接情况							
当班执勤记录							
来访接待及处理							
来电内容及处理							
人员进出记录							
物品出入记录							
安全消防记录							
其他说明							

交班时间	__月__日__时__分	当班责任人签名		下班责任人签名	
交接情况					
备注					

（3）记好值班日志。主要对外来的信函、电报、反映情况、外来的电话等，进行认真登记，使接班人员保持工作的连续性。值班日志是将值班过程中接收的任务及完成情况、收到的各方面的信息及处理情况、备忘事项等，在有固定格式的本册上记载下来，以便与其他值班人员交流和事后查考。值班日志应该包括值班时间、值班人员、事项内容、处理情况等（见表3—6）。

表3—6　　值班日志

年　月　日　星期	值班人：
事项： 1. 2. 3.	备注：

（4）做好信息传递。各机关单位的值班室每天都要接到大量的电话、电报和信函。有来自上级领导机关的指示，对某项工作的布置，对某一问题的查询及会议通知，有来自平行单位的协商事项，有来自下层单位的请示、报告或查询某项指示或文件等。值班人员接到这些信息后，应立即做好记录。根据内容的紧急程度，送有关领导阅读处理，及时将重要或需紧急处理的信息向有关人员通报。领导交办后，值班人员应立即通知有关部门或人员处理。

（三）值班工作的组织形式与要求

1. 值班工作的组织形式

值班的组织形式根据工作需要和人员情况而定。大体上有三种形式：

（1）设有专门的值班机构，通常称值班室或总值班室，配备专职值班人员，负责本机关或者本单位的全部值班工作。党政机关及重要部门、中级机关和大中型企业往往设立专门的值班室，有专职的值班人员，室内除办公用品之外，还放置床铺，以供每日24小时工作之用。值班室工作为办公室工作的一部分，人员、任务都由秘书长或办公室主任领导、安排。高级机关和某些要害部门（如防洪防汛指挥部、铁路局等）则设立权限更大、任务更为繁重的总值班室。总值班室实为独立的事务工作机构，通常由机关、单位的副职负责，专事联络、通讯、接待和领导临时交办事务，从无间断之时。

（2）首长电话值班室。这是近几年来各地政府机关开设的专线电话，由秘书值班接听、记录、汇报并处理，其目的是转变机关工作作风，加强领导干部与人民群众之间的联系，直接接受群众通过电话的申诉、意见、建议、批评、举报等。秘书人员应区别情况，呈报首长，或转到有关部门，或由秘书负责处理。大量事实已经证明，首长电话值班工作已取得相当的成效，获得社会的普遍好评。

（3）工作人员轮流值班，主要做好节假日的值班工作。普通机关和企事业单位大多采用这种形式。大多数基层机关和中小型企事业单位采用办公室值班形式，即在每日下班以后留下一至数名人员夜间值班，直至第二天上班，在节假日也安排人员值班，以维持机关、单位不停地运转，各项工作不至于中断或延误。值班人员一般由秘书和其他行政人员轮流担任。值班地点通常就在日间的办公室内，备有办公桌椅、电话机、文件柜、床铺等。

（4）专兼职值班相结合的形式，即白天有专人值班，晚上由工作人员轮流值班，平时由专人值班，节假日由工作人员轮流值班。

2. 值班工作的要求

对值班人员的工作要求包括：

（1）确立服务思想。即为领导服务，为上级服务，为内部各单位、各部门和下级服务。一句话，全心全意为人民服务。

（2）树立严谨、热情、周到的工作作风和时效观念。对每项工作一定要严肃认真，头脑一定要清楚，不能轻率处理每一件事，不能放过收到的信息中的每一个疑点，不能越权行事。

（3）增强组织纪律观念，做好保密工作，严格遵守各项规章制度。

（4）值班人员有一个良好的工作作风，努力做到：搞清楚发生问题的具体情况，对没有把握的问题，处理要慎重；待人要热情；办事要考虑周密；传递信息要及时、准确。

（5）有较高的理论政策水平和一定的业务能力。值班工作涉及本机关或者本单位的方方面面，要求值班人员应该熟悉本单位的业务工作，具有较宽的知识面。

（6）要有健康的身体和良好的精神状态以及较强的应急反应能力。

3. 值班资料的要求

值班资料是做好值班工作的必需，值班人员或者值班机构应该备有以下几方面的资料：

（1）电话簿。包括上下级机关单位、本单位的常用电话，领导同志及秘书办公室、宿舍电话，有关车站、机场、码头、招待所、新闻单位等的电话。积累的电话表应该经常核对、整理，有变动的要立即更改过来，以免耽误大事。

（2）值班工作所涉及的机关、单位，特别是上下级单位的机构设置、职责分工、办公地址、领导分工等情况。

（3）常用的工具书、列车时刻表、航班表、船期表等。

（4）本单位当前中心工作的计划安排、领导批示、开展程度、存在问题等有关资料。

（5）有关的文件资料。

二、做好值班工作

（一）建立完善的值班管理制度

值班工作具有明显的岗位责任性质，必须建立严格的制度。值班制度是要求值班人员共同遵守的规程或行为准则，是保证做好值班工作必不可少的措施。值班制度应该根据本机关、本单位的工作性质和具体情况制定，一般有这些方面的内容：值班人员的职责和权限，各项值班工作的程序，值班人员应该遵守的规定，交接班时间和办法，为保证做好值班工作而作出的其他方面的规定和办法。

有些大型企业设有专门的值班室，并有完善的值班管理制度，具体如下所述。

1. 信息处理制度

信息处理制度包括对各种渠道传递过来的信息的基本处理程序，如下级单位用电话报送一条信息，值班工作人员应当如何记录、登记，哪一类信息应报哪一级领导。

2. 岗位责任制度

岗位责任制度规定值班工作人员必须坚守岗位，无论发生什么事情，也不能擅离职守。

3. 安全、保密制度

值班人员应该严格执行安全、保密制度。因为值班工作常常会接触到许多机密性文件和事务，所以应当制定严格的保密制度，包括外来人员的接待范围，各种信息材料的保管方式，不同密级的信息材料的传递方式等。在值班时应该集中精力，保持警惕，与安全保卫人员密切联系，共同负责整个机关、单位的安全保卫工作。除值班室外，其他关闭的办公室不得擅自进入，上锁的柜橱抽屉不得开启。不得把家属带入值班室，也不得接受私人来访，更不可在值班室内打牌、喝酒等。值班室的电话号码表也属于保密范围，不得外传。

值班室是社会组织的“门户”，值班室所存的资料有不少是保密性的。随着我国对外开放、对内搞活政策的实行，各单位对外交往日益增多。对此，值班人员要遵守有关规定，不能随意透漏信息，资料应妥善保管，禁止外人随便翻阅，做好严格的保密工作。

4. 交接班制度

交接班是值班人员沟通情况、汇报工作、保持值班工作连续性的工作。由于值班工作是由秘书和其他行政人员轮流进行，有些事在一个班次内办理不完，则要交给日间上班的部门处理，因此，值班人员必须认真做好值班记录，并严格执行交接班制度。在每个班内来访的客人、打进的电话、接收的文件和电报，以及发生的事故等，值班人员都要将内容、情况、处理方法记录在案；需要下一班做的事情或注意的问题也应写明。接班人员应提前20分钟左右到达，双方进行认真的交接。交接的内容有来客登记表、电话记录、文件及登记册，原有的设备、器材、资料以及钥匙等。交接时双方应查明实物与记录是否相符，确认无误后，交接人员方可离开。

交接班通常有两种方式，一种是集体交接班，即值班机构的工作人员在一起交接班。交班人员汇报值班时间内发生了哪些事情、领导有什么批示、办理到何种程度、需要接班人员做些什么工作等，参加人员也可把各自的工作简要讲一下，需要接班人员做的工作一定要交代清楚。这种交班方式一般在高级党政机关或者召开大型会议时使用，也称做交班会。另一种是相接的值班人员单独交接班，接班人员明白接班之后必须做些什么工作，交班的目的就达到了。

5. 请假制度

由于值班工作多在夜间和节假日，人员安排往往紧缩到最低限度，值班人员必须严格执行请假制度。当班人员如有病或有事，应提前向主管请假，以便安排替代。接班人员如果迟到，上一班人员应继续坚守岗位，并电话请示主管，不得擅自离岗。

（二）编制值班表

值班表是将某一时间段中已经确定的上班人员姓名清晰地记载和标明的表格，是提醒人们按照值班表的要求值班，以保证组织整体工作连续和完成的表格。

1. 值班表的用处

值班表常用在下列地方：

（1）值班室。

（2）平日需要有人值班的办公室。

（3）节假日值班办公室。

（4）为某项任务的值班办公室。例如为在国际饭店举行的大型客户座谈会的接待工作值班表，还需要标明值班地点和值班的具体任务。

值班表编制完成后应与相应值班人员协商并报主管领导审定以后执行。

2. 值班表的项目

编制值班表通常包括以下项目：

（1）列出值班时间期限和具体值班时间。

（2）按照要求填入值班人员姓名。

（3）标明值班的地点。

（4）标明负责人姓名或带班人姓名。

（5）有时须用简明的文字标明值班的工作内容。

（6）标明人员缺勤的备用方案或替班人员姓名。

值班表可参照表3—7编排。

表 3—7　　××集团公司元旦放假值班表

值班日期	值班人	值班地点	所属集团机关	值班电话	带班领导	带班领导联系方式
1 日—7 日	陈　永	行政部	集团机关	8364352	王凯全	8364390
1 日—7 日	侯续昆	办公室	第一后勤公司	8364521	王凯全	8364580 8364985
1 日—7 日	姜在生	办公室	供热	8364553	王凯全	8364663
1 日—7 日	郭宝树	办公室	水电	8364589	路建美	8364762
1 日—7 日	张卫东	办公室	物业	8364753	路建美	8368337
1 日—7 日	李淮生	办公室	一幼儿园	8364985	路建美	8367070
1 日—7 日	赵元东	办公室	家委会	8364771	路建美	8367070
1 日—7 日	李建新	办公室	第二后勤公司	8364112	路建美	8382164
1 日—7 日	张吉文	办公室	供热	8364759	路建美	8382157
1 日—7 日	张　济	配电室	水电	8364026	路建美	8382334
1 日—7 日	万法山	办公室	物业	8364013	金　耀	8382543
1 日—7 日	刘光宙	办公室	二幼儿园	8364571	金　耀	8382496
1 日—7 日	殷录民	办公室	家委会	8364246	金　耀	8382496
1 日—7 日	张俊亭	办公室	第三后勤公司	8364118	李荣芳	8392272
1 日—7 日	李　鹏	办公室	供热	8364252	李荣芳	8392449

（三）合理处理值班过程中的问题

1. 接待来访客人

值班工作中会遇到一些来访的客人，可能是预约好的，也有可能是突然到访的，值班秘书应该进行妥善的接待。首先，值班人员应该以良好的公司形象迎接来访者，致意问候；其次，值班人员应该礼貌地问清楚来访者的身份、来访事由、是否为预约客人。在了解清楚相关的信息以后，值班人员就应该根据实际情况，有区别地接待到访的客人，始终应该做到礼貌、热情、谨慎，注意维护公司的形象。

（1）对待已经预约的来访者。对事先有预约的客人，秘书在问清楚之后，就应该进行接待，引导预约客人去见相关的领导人或者负责人，或者为客人办理预约事宜。

（2）对待不速之客。先要弄清楚来客的姓名、所在的公司、有什么事情。清楚来意后，值班秘书根据自己的业务知识进行判断，然后作出相应的处理。如果当时客人要见的人在公司，可以先进行通报，在得到许可后再进行引见；如果当时没有办法为客人解决问题，应该礼貌地告知客人，并做好相应的记录，为客人再进行联系或者预约。

在接待的过程中，秘书应该始终保持警惕，坚持工作中的保密原则，不能透露的信息坚决不能透露出去，对于客人的“涉密”问题，应该礼貌委婉地拒绝。

（3）对待不受欢迎的客人。在来访的客人中，有的是上门推销，有的是强行募捐，有的干脆就是无理取闹。对于这些人，秘书也要待之以礼，显示出自己的涵养和风度。

要及时摸清来者的意图，并进行适当的处理。

下面的案例就介绍了一些在值班工作中视不同情况有区别地接待来访客人的技巧。

案例 3—3

今天轮到秘书小 A 值班，上午 10 点左右，经理有事外出，小 A 来到经理室看守电话。

“漂亮的小姐，你好！经理不在吗？”

不知道什么时候，一个看上去有些不三不四的男人来到了经理办公室，摇头晃脑地凑到小 A 的跟前。

现在，小 A 应该怎样回答呢？

正确的答案以及理由：

如果这位来访者事先有约，那么，小 A 当然应该接待他：“您就是某某先生吧，欢迎欢迎！这边请。”说着，将他带到已经准备好的接待室。可是，现在这位来访者既没有预约，也没有进行自我介绍，而且态度还是这么轻佻，那么小 A 是不是可以这样回答他：“不在，经理出去了。”如果这样回答他的话，就是小 A 的失职了。秘书都应该牢记这样一条原则：在接待那些来历不明的客人时，绝对不能说自己的领导“在”或者“不在”。因此，小 A 应该这样反问对方：“对不起，请问先生您贵姓？”只有在确认了对方的身份之后，才能采取相应的接待方式。

对于小 A 的提问，对方也许会避而不答：“听说你们的经理刚才出去了，是吗？”

如果真的是这样，小 A 也只有装做没有听见：“对不起，请问您贵姓？”

客人在你问了第二遍之后，不可能还不做自我介绍。这样，他也许会掏出名片：“我是某某。”于是，小 A 这时就能够根据名片来确认他的身份，如果他的确是为某项业务而来的，而且事关重大，那么小 A 应该立即把他带到接待室，给他泡茶，并通知有关的部长或科长来接待他。

在这样的情况下，小 A 应该注意，这些工作必须一气呵成，不能让对方再有机会继续问经理是不是在公司，这样，既没有告诉对方经理是否出去了，又让对方感到秘书大方而且热情。

遇到这样的来访者，应该记住：精诚所至，金石为开。

2. 处理突发事件和临时任务

在值班工作中，极有可能会遇到一些突发事件，或者接到领导或者上司打来的电话，要去办理一些临时交办的事情，能否处理好这些突发事件或者办好这些临时交办的任务，是对秘书综合素质的一个极大考验。但是，处理这些突发事件还是有一些程序可循的。

（1）接受任务。在接到临时交办的事情或者遭遇突发事件时，秘书首先应该保持冷静，弄清楚事情的来龙去脉。对任务和突发事件的内容，包括时间、地点、找什么人、办什么事情、完成任务的时限和要求都应该问清楚，做到心中有数。不清楚的一定要问清楚。

（2）具体办理。接到临时交办的任务以后，应根据领导或者上司的意图，冷静分析，全面考虑，发挥主观能动性，积极努力完成任务。同时还应该注意潜在的问题，分清缓急，全面安排，妥善处理。譬如在同时遇到多件事项的时候，可以将多件事项按照轻重缓急分为几类，依次逐项办理。

遇到突发事件后，如果事情需要马上作出安排和判断的话，秘书应该果断地根据自己的业务知识进行判断和作出安排，然后再迅速地向有关领导进行汇报。

（3）办毕汇报。首先应该选择合适的汇报方式，如书面汇报、口头汇报。书面汇报比较全面、准确，口头汇报比较灵活、生动，在有准备的前提下应该把两种形式有机地结合起来，以更加准确、全面地向领导汇报清楚。其次，要把握汇报的重点。如果事情紧急或者非常重要，应该先选择事情的重点简明扼要地进行汇报，等事情处理完毕后再向领导进行具体的报告。

对于值班秘书如何正确处理突发事情，下面这个真实的故事可以使我们得到一些启示。

案例 3—4

1983 年 6 月的一天深夜，武汉市人民政府的值班秘书突然接到市属交通部门打来的紧急电话，告知：市装卸公司搬运站在装卸农药过程中，将一包甲基 E605 农药掉进汉江。E605 是一种剧毒农药，人畜饮用含有这种药物的水就会中毒，严重的会有生命危险。值班秘书立即采取了这样一些对策：

电话通知市属交通部门有关单位，马上组织力量进行打捞，并迅速上报打捞结果；

电话通知市防疫站马上派人火速赶往出事地点，采样化验；

电话通知汉阳区政府，请他们密切注意事态发展情况，要求他们赶快告知汉江岸的国棉水厂停止供水，同时与市、区防疫站迅速取得联系，随时准备通知居民停止饮用可能含毒的自来水；

将上述突发事件及处理措施报告市政府领导人及中共武汉市委值班室。

采取以上措施后，终于化险为夷，避免了饮用自来水中毒的严重后果。

从这个案例我们可以看出，值班秘书在处理突发事件时，首先应该保持冷静的心态，对突发事件的大致情况有个基本的了解，这样才能及时地作出合理的处理决策。其次，应该迅速、果断地作出判断，分清处理事情程序的轻重主次，不必拘泥于平常的办事程序。在这一事件中，本来秘书遇到这样的事件时应该马上向上级领导汇报，但是因为关系到人民的生命安全，一旦无法及时联系到领导，将会带来十分严重的后果。所以，在这种危急关头，该秘书“临时越位”代为作出决策是必要的，也是合理的。而且，该秘书处理完毕后马上向有关领导进行详细的汇报，也有助于领导进行进一步的决策。

第四节　小额现金管理

一、现金管理中的会计知识

（一）现金的收入和支出

一般地，具体的现金收支程序要根据每个单位业务的性质来制定，但是，在不同的现金管理活动中仍然有一些共同的基本规则。

1. 现金的种类

大多数人认为现金仅仅指硬币和钞票。然而，从会计的观点来看，现金还包括支票、汇票和银行存款等。

支票是银行的存款人签发给收款人办理结算或委托开户银行将款项支付给收款人的票据，分为现金支票和转账支票两种。现金支票可以从银行提取现金，也可以转账；转账支票只能转账，不能提取现金。

支票结算具有方便、灵活的特点，是同城结算中使用较多的一种结算方式，适用于单位、个体经济户和个人在同一城市或一定的区域范围内的商品交易和劳务供应及其他款项的结算。

采用支票结算方式，签发人必须在银行账户余额内按照规定向收款人签发支票，已签发的现金支票遗失后，可向银行申请挂失，已签发的转账支票遗失后，银行不受理挂失，可帮助收款人协助防范。支票一律记名，金额起点为 100 元，有效期为 5 天。对签发空头支票或印章与预留印鉴不符的支票，银行除退票外并按票面金额处以 5%但不低于 1 000 元的罚款。

2. 现金收入和支出

如今，收银机已经得到了普遍的使用。有些收银机用纸带记录销售和销售税金的资料。有些收银机和电子计算机连在一起，自动地提供现金总额和销货类别。为此，应当训练出纳人员正确使用收银机和正确地找零钱。必须设计每天从收银机收取现金的程序。通过信件收取的现金通常采用支票或者汇票的方式，偶尔也包括现钞和硬币。负责启封这些信件的人员要编制收款清单，用作存入银行存款和登记会计分录的依据。不管现金是放进收银机还是通过信件收到，所有经管现金的人员都应该记在现金收入日记账上，这种收入日记账可以是手写的账本，也可以是用于会计计算机的表格，或者是电子计算机上的磁带或者磁盘。

除了很小的金额外，支出都是使用支票的。和现金收入一样，那些有权批准支出业务的人不应该在支票上签字。任何支票都应当具有说明支付原因的发票或者其他凭证。现金支出的记录反映在现金支出日记账上。这种日记账还可以称为“现金支出分录簿”或者“支票登记簿”。

3. 现金超缺

收银机的繁忙工作，经常会使出纳员在找零时出错。每天活动终了时，经过与收银机纸带上的进款相比而发生的现金短缺数，就作为费用处理。如果发生超出，则列作收益。

4. 现金制和应计制

许多小单位采用现金制来作为会计记录。也就是说，只有支付现金或者收到现金时，才作为费用和收益入账。大中型单位则采用应计制。也就是说，凡是在某一时期内发生的，都应该作为该期的费用和收益，而不管现金何时支付或者收到。

5. 零用现金

由于用支票来支付小额费用难以实行，单位设立了零用现金来支付这种小额费用，如车费、邮资和少量的办公用品。为了设立零用现金，要开出一张支票并取得现金。这笔现金应当存放在上锁的办公室抽屉或保险柜中，由指定的人员（如秘书）保管和支出。

零用现金的金额根据单位的规模和小额支出发生的次数多少来确定。

零用现金的支出要在注明日期、收据编号、金额和支出用途的零用现金收据上登记。它还包括收款人的签字。收据要保存在零用现金保险箱内，这样就使现金的总额加上收据的金额总是与最初的款项相当。当收到一张账单（发票）时，就要把它附在零用现金收据的后面。

此外，如果零用现金金额不足时，可以开出一张支票取得现金，使零用现金保持最初的数额。

零用现金收据（见表 3—8）应当交给会计部门，据以登入会计记录。

表 3—8　　零用现金收据

日期：20××年 6 月 10 日	编号：15
付给：王胜利	
理由：车费 1 000 元	
借方账户：差旅费	
收款人：王胜利	

（二）旅行资金

秘书必须明确，要使上司有足够的资金用于国内外旅行。所以事先要做好准备工作，访问银行和办事机关，取得代替现金的票据（如果去国外旅行，就应该是各种面额的外币）和各种文件。

1. 信用卡和旅行支票

信用卡可以从银行取得，上面开列支款人的姓名和最高支款金额数。这笔金额要从单位存在银行的存款账户中扣除。当旅行者在国外需要现金时，可以持信用卡去指定的银行支取，所支金额要记在信用卡上。一张信用卡通常包括一笔很大的金额。此外，旅行者可以在各家银行和一些旅行社购买金额较小的旅行支票。支票使用者必须在购买时在支票上签字，支取旅行支票时，必须由使用者在支票上再次签字。

2. 快汇和外币

快汇汇票由秘书购入，可以交给或寄给指定的旅行者。与持有普通支票一样，旅行者可以凭借这种汇票收取现金，或者转让给他人。此外，银行还出售外币，供旅行者作为到达国外时的最初现款。

3. 费用记录和付款凭单制

为了计算所得税，单位要从营业收入中减去营业费用，因此，旅行者应当保存好费用记录。会计部门备有合适的费用记录表格，要求旅行者仔细填写，至返回时交给会计部门据以在账本中做成适当的记录。尽管所有单位都需要现金会计制度，但在大单位中，舞弊的机会还很多。付款凭单制就是用来消灭未经批准擅自支出的可能性的。按照付款凭单，只要负债一发生，就要编制付款凭单。所有支票都要由编号的付款凭单作为依据。这种编号的付款凭单上列有负债的详细情况和以后的支出情况。

（三）现金管理方法

现金管理方法如下：

（1）现金库存限额由公司财会部门向基本存款户开设银行申请获批的限额执行。

（2）必须按规定手续填写，付款凭证经审批后收付款项，严禁白条抵库。

（3）每日记账，日清月结，账面余额要与库存金额相符。

（4）现金收入不得坐支，应该及时送存银行，当现金不足时，再另行提取。

（5）现金使用范围：发放工资及劳动报酬，支付备用金、差旅费等费用，1 000 元以下的零星开支。

（6）出纳员负责现金保管，执行现金管理办法。

二、管理零用现金

（一）零用现金的设立

由于用支票来支付小额费用难以实行，一些企业办公室中常设立一笔零用现金，或称做备用金，以支付本市交通费、邮资、接待用的茶点费、停车费和添置少量的办公用品。它通常是由企业领导和财务负责人批准后由秘书保管和支出的现金，也是一笔周转使用的现金。它的数额根据企业的规模和平时小额支出的次数多少来确定，秘书取得现金后，应将现金锁在保险箱内，并负起保管和支付备用的责任。

（二）零用现金的管理程序

零用现金的管理程序如下：

（1）秘书必须建立一本零用现金账簿，清楚注明收到现金的日期、收据编号、金额；支出现金的日期、用途；零用现金凭单编号、金额、余额等。有的还应该在账目上进行分析，了解花销的情况和去向。

（2）内部工作人员需要使用和领取零用现金时，应填写“零用现金凭单”（见表3—9），提交花销的项目和用途、日期、金额。

表3—9 **零用现金凭单** 编号：

项目和用途		金额	
申请人签名		日期	
审批人签名		日期	
账页编号支付		日期	

（3）秘书要认真核对零用现金凭单，经授权人审批签字后，方可将现金支付给需用者。

（4）秘书要认真核对领取者提交的发票等证据上的用途、内容、金额是否与零用现金凭单上填写的完全一致，然后将发票等证据附在零用现金凭单后面。

（5）每当支出一笔现金，秘书均须及时在零用现金账簿上记录。

（6）当支出大的费用到一定数额后或月末，秘书再到财务部门报销并将现金返还到零用现金箱中进行周转。

（三）注意事项

管理零用现金应注意的事项如下：

（1）秘书人员应该具有良好的职业道德操守和良好的思想道德品质。在管理办公室的零用现金时，不应该自己或者协助他人建立办公室的“小金库”，而是应该严格遵守办公程序和财务制度，依照国家法律以及相应的财会管理制度进行现金管理。

（2）秘书保管备用金，应把办公室的开支记录下来，以便了解办公开支的情况，也可以作为资料存查。秘书应该养成良好的随手记录的习惯，以免因为忘记了某一些开支而导致现金出现缺口，造成不必要的损失。

（3）秘书在管理办公室零用现金的过程中，应该严格按照规章制度办事。在向有需要的申请者支付零用现金、用手中的零用现金报销一些开支时，应该严格按照相应的程序，做到该有的文件和单据完整齐全，再给予支付或者报销。而绝对不能由于个人关系比较亲近而省去相应的手续，这样的行为于自己、于别人、于公司都是没有益处的，应当尽量避免。

（4）现金管理涉及公司的部分收支问题，应该制定严格的制度来加以保证。所制定的制度应该是依照国家颁布的有关现金管理的规章制度和管理办法，结合公司的实际情况来加以制定，以更好地贯彻落实。

案例 3—5

天地公司现金管理办法

第一章　总　则

第一条　为规范公司现金使用管理，加强财务监督，根据国家财经法规和公司业务特征，特制定本办法。

第二章　使用范围

第二条　使用现金范围：

1. 员工工资、奖金、津贴及劳保福利费用；

2. 出差人员差旅费；

3. 采购办公用品或其他物品，金额在使用支票结算起点____元以下的；

4. 业务活动的零星支出备用金；

5. 确需现金支付的其他支出。

第三章　库存现金标准

第三条　库存现金限额原则上以满足公司____天（如 3 天～5 天）日常零星开支为标准。

第四条　因特殊业务需要应支付备用金，按营业额核定标准，不包括在库存现金限额内。

第四章　现金收入和支出

第五条　不论何种来源收入的现金，原则上应于当日送存开户银行。

第六条　支付现金应该从库存现金中支付或从银行提取；不得从现金收入直接支付，坐支现金。

第七条　严格审查采购物品化整为零，在结算起点以下的现金支付。

第八条　在特殊情况下规定应转账结算，而不得不用现金结算的，经公司领导同意方可办理。

第五章　现金账目

第九条　财务部建立、健全现金账目，逐笔记载现金收付，账目日清月结，账款相符。

第十条　不准用不符合财务制度的凭证充抵库存现金，不准谎报用途套取现金，不准将公司收入的现金以个人名义存入银行，不准保留账外公账、私设小金库。

第六章　处　罚

第十一条　对违反本办法造成公司损失的，视其情节轻重，给予处罚和经济赔偿。

第十二条　凡超出规定范围、限额使用现金，用不符合制度的凭证充抵库存现金，未经批准坐支现金，私设小金库，编造用途套取现金，公款私存的，除给予有关财务处分外，分别给予违纪金额10%～30%的罚款。

第十三条　所有罚款一律上缴公司财务部。

第七章　附　则

第十四条　本办法由财务部解释、修订，经总经理批准颁行。

我们可以对该案例介绍的现金管理办法进行分析，并参照其制定一个本公司的现金管理制度。

三、商务费用报销

（一）商务费用报销的对象

在企业等单位的日常办公活动中，商务活动也占了很大的一部分。在这些公司的商务活动中所产生的一些开支，如出差费用、调研费用等，都是由公司的财务来进行支付的。但是有些情况下个人会先进行垫付，在回到公司后再找公司的秘书或者由秘书代为办理报销手续，从公司的财务中拿回个人先行垫付的资金。

而且，由于秘书管理的零用现金的金额是有限的，而很多商务费用的金额都会比较大，这样秘书就无法用手中的零用现金来进行报销业务。因此，很多商务费用的报销都是由秘书代为去向公司的财务部门办理报销业务。秘书代办的报销业务如下：

（1）企业工作人员国内外出差的费用，经常由秘书办理或协助办理。这笔金额要从企业存在银行的存款账户中扣除。因此，秘书要事先做好准备，熟悉办理信用卡、旅行支票、快汇等的方法。

当工作人员回到企业后，秘书有时还须代上司整理出差费用记录，转交会计人员报销有关费用。

（2）上司到外地开会的交通费。

（3）工作人员外出办公所需要的资金，可以提前向财务部门提出申请以领取。这样存在两种情况，一种情况是将获得批准的费用申请报告或费用申请表提交财务部门，领取支票或现金借款；另一种情况是先由申请人垫付，完成商务工作后再提交相关的凭据，由公司财务部门提供报销。

（二）商务费用报销的工作程序

当有些公务费用不能从零用现金中支付时，就需要秘书直接到财务部门申请费用和报销结算。

通常的工作步骤是：

（1）申请人提交费用申请报告或填写费用申请表，详细说明需要经费的人员、时间、用途、金额等情况，并亲自签字。

（2）该报告或该表必须经过组织确定的授权人审核同意，并签字批准。

（3）在进行商务工作中，无论是使用支票，还是使用现金，都要向对方获取相应的发票，其内容中填写的时间、项目、费用等应与使用者实际用途相符。

（4）商务工作结束，申请者应将发票附在“出差报销单”后面，并亲自签字提交出纳部门，由出纳部门把先前领取的现金数额和支出情况进行结算。如果是先由申请人垫付的，在提交票据和报销凭单（见表 3—10）后，方可返还现金。

表 3—10　　报销凭单

<table>
<tr><td>姓名</td><td></td><td>职务</td><td></td><td colspan="2">出差事由</td><td colspan="3"></td><td>出差地点</td><td colspan="3"></td></tr>
<tr><td>年月</td><td>起讫地点</td><td>行程时间</td><td>机票费</td><td>车船费</td><td>途中及夜间火车补贴</td><td>旅馆费</td><td>住宿费补贴</td><td>行李费</td><td>出差住勤费</td><td>其他费用</td><td>合计金额</td><td>票据张数</td></tr>
<tr><td></td><td></td><td></td><td></td><td></td><td></td><td></td><td></td><td></td><td></td><td></td><td></td><td></td></tr>
<tr><td></td><td></td><td></td><td></td><td></td><td></td><td></td><td></td><td></td><td></td><td></td><td></td><td></td></tr>
<tr><td></td><td></td><td></td><td></td><td></td><td></td><td></td><td></td><td></td><td></td><td></td><td></td><td></td></tr>
<tr><td rowspan="3">合计金额</td><td colspan="8" rowspan="3">人民币　万　仟　佰　拾　元　角　分</td><td>预支金额</td><td colspan="3"></td></tr>
<tr><td>应缴回金额</td><td colspan="3"></td></tr>
<tr><td>应补付金额</td><td colspan="3"></td></tr>
</table>

主管________合计________出纳________报销人________

（5）如果实施商务工作时，计划的费用不够，需要超出时，应提前向有关领导报告，在得到许可和批准后，超出的部分才可报销。

本章小结

电话通讯是办公室日常办公事务的重要组成部分。不同的电话系统具有不同的功能，充分了解办公室电话机和电话系统的功能特点，有助于更加方便有效地利用电话联系办公业务。良好的电话形象对于公司的形象也有着十分重要的作用，这就需要掌握电话通讯的礼仪要求，正确接打电话、处理电话留言和通话过程中出现的问题。

值班工作是平时办公活动的延伸，能否做好值班工作，处理好值班过程中出现的问题是对秘书综合素质的考验。印章和介绍信管理直接关系到单位的利益，在保密和使用方面要严格按照规章制度办事，避免给单位造成经济损失。

秘书管理一定量的零用现金，是为了提高日常办公工作的效率，要做好现金管理工作，秘书必须具备一些基础的财会知识，了解国家作出的相关规定，并在实际工作中严格按照管理程序办事，才能有效地完成这项工作。

总之，办公室里的一些琐碎的事务，同样包含着非常丰富的知识和技巧，要做好这些琐事，秘书人员同样要付出很多的努力。

关键概念

电话系统　值班表　印信管理　零用现金管理

思考与练习

课堂讨论题

1. 你知道多少种电话系统？每种电话系统之间有什么不同之处？试比较几种不同的电话系统，指出其中每种类型的最佳用途，并列举出它们各自的运行费用情况。

2. 分组讨论一个公司应该如何有效地控制全公司的通话费用，列举出一个有效的方案。

3. 针对武汉市政府那位秘书对突发事件的处理，谈谈你的感想。请列举出你所认为的能够胜任值班工作的秘书人员必须具备的素质。

4. 一个公司应该如何进行话费控制？讨论过后请列举出一个比较具体的方案。

复习思考题

1. 秘书应该如何处理打给上司的电话？

2. 简述值班工作的内容，并且说明它的制度要求有哪些。

3. 简述报销商务费用的具体步骤。

4. 练习填写出差报销表。

5. 简述正确的管理使用印章的方法。

6. 如何看待盖有公章的空白介绍信的使用？

工作实务题

[材料信息]

某年 10 月 1 日夜晚，当全国人民正沉浸在国庆的喜悦气氛之中时，南方某市人民政府值班室的电话铃急促地响起来了。值班秘书接到报告：当天下午 4 时 30 分，一艘个体户经营的水泥船在省农资公司的一个农资仓库码头装运三百多桶砒霜，5 时 30 分左右，因搬运工不小心，其中一桶 100kg 重的砒霜掉到河里。当时搬运工并没有理会，而是继续装船，直到 6 时 20 分才报告水上派出所。该所立即报告水上安全监督站，当该站派出的监督员赶到出事现场时，船已不知去向，于是又派出船追赶，并通知市海上安全监督局。由于该市一个水厂就在同一水域抽水，剧毒品掉落河中，极有可能污染河水，直接威胁食用该河水的数百万人生命安全，情况十万火急！这个危急事件，最终由于市政府领导及有关方面负责人及时采取措施而化险为夷，事故得到妥善处理。而对于值班秘书来说，未尝不是一场严峻的考验。

[思考问题]

1. 假如你是值班秘书，你将会怎样做？

2. 应当采取哪些措施使有关信息迅速准确地传递到有关部门那里?

3. 从这一案例中可知，一个秘书应该具备何种素质才能应对复杂情况和对危急事件采取果断措施?

案例评点

案例一

一天，宏胜公司的秘书接到一个电话，是要找市场部的王经理的。但是当时王经理不在公司。接电话的秘书小杨当时回答道:“对不起，王经理现在不在公司，正在忙着准备本月 28 号的新产品发布会，这几天都不会在公司。”

几天后，宏胜公司的竞争对手春蕾公司在本月 27 号召开了同一类型的新产品发布会，抢占了市场。

评点

秘书小杨回答来电中的失误在于，她在接电话的时候忽略了在应接电话过程中的保密要求，将本企业的商业秘密“28 号的新产品发布会”不假思索地就告诉了不明情况的对方。而在这个案例中，对方显然正是来自于小杨所在公司新产品开发的头号竞争对手。从电话中意外地得到这个重要的情报，对方当然不会轻易放过机会，这样，宏胜公司才会被对方提前抢占市场，蒙受了重大的损失。

可见，保密不仅要体现在日常的办公事务中，在秘书处理办公室通讯的过程中同样应该牢牢记住这一原则。现代社会竞争激烈，不能说的公司或者单位机密，绝对不能轻易地透露出去，这样才能充分保证本公司或者单位的合法权益。秘书在接电话时，应该首先问清楚对方的身份、来电目的，然后再结合具体情况进行处理。

需要指出的一点是，保密不是绝对的，应该视实际情况而把握分寸，在接打电话时，该说的一定要表述清楚，不该说的则一定要守口如瓶。

案例二

星星旅行社是一家很年轻但是很有活力的公司，尤其是刚刚升任行政秘书的苏小姐，精明能干，是老板的一个好帮手。但是，在对一次意外事故的处理问题上，苏小姐却受到了老板的批评。

事情是这样的:星星旅行社的一辆从风景区开出的旅游车在路上出了车祸，刚巧在办公室值班的苏小姐接到了这个十分紧急的电话。放下电话，苏小姐心急如焚，因为这是一次比较严重的车祸。她想到第一时间找到老板，但却意外地发现老板的手机遗忘在了办公室里，无奈之下，她只好独自坐车去了车祸地点。

到了现场以后，苏小姐采取了一些措施来处理这一意外，如找到出事车辆的司机了解车祸发生的情况、协助救险人员救治伤员、清点受伤的游客人数、安慰受伤的游客并安抚他们的紧张情绪等。由于当时受伤的游客比较多，也聚集了很多新闻记者，当时有记者这样采访她："请问星星旅行社打算如何处理这个事故呢？"

当时苏小姐心情比较激动，因为她得知旅游区不肯承担这次车祸的部分保险责任，所以她脱口而出："我们星星旅行社会承担对所有受伤游客的医药费。但是，我认为风景区也应当承担部分的责任，因为我们的车是在风景区里出的车祸，而且我们进入风景区时购买的门票也都包含有保险费的。可是我很遗憾地得知风景区不打算承担这个责任……"

这时，坐在电视机前收看现场报道的老板皱起了眉头。

因为苏小姐的激动言论触动了业界默认的一些规则，星星旅行社遭到了一些老客户的为难。而苏小姐也因此受到了老板的批评，让她觉得很委屈。

评点

苏小姐在对旅行社的这一意外事故的处理过程中，表现出了一名秘书在值班时遇到紧急情况后应该具有的冷静与果断。例如，她接到电话报告后，马上努力与总经理进行联系；在找不到老板的情况下，她亲自前往出事现场进行处理；在事故现场，她果断地采取一些措施来对现场的情况进行紧急处理等。

但是，她的处理方式的失误之处在于没有把握好"临时决策者"这一角色的分寸。在老板不在现场的情况下，苏小姐就是星星旅行社在现场的代表，或者说负责人，来负责处理现场的一些问题。正因为如此，苏小姐在发表意见、处理意外时才更应该把握分寸，因为这时她是老板的"代言人"，在别人眼中她的处理方法以及她发表的言论观点就是星星旅行社，就是该旅行社老板的处理意见和观点。她面对记者提问时，没有控制好情绪，公开地表达对风景区方面的不满。虽然她的指责在一定程度上是正确的，也是在维护公司和游客的合法权益，但是她选择的场合不合适。她在现场应该做的是采取一些具体的措施来化解现场的混乱和平息游客们的情绪，对于记者的提问，她完全没有必要流露出她的不满情绪，因为具体的处理方案那是之后的事情，是需要和老板商量后再作出决策的，这已经不属于苏小姐在现场的职责范围了。

所以，在面对记者的提问时，苏小姐应该注意协调自己的角色和维护公司形象两者的关系。例如，她可以这样来回答记者的提问："我们星星旅行社是一个负责的公司，在现场我们已经用我们的实际行动表达了我们对于这一事故的处理态度，我们想对游客们说，我们是负责的、务实的，是会尽力维护大家利益的。请大家安心地接受治疗，请大家放心，我们星星旅行社一定会给大家一个满意的答复，提出一个让大家满意的处理方案。"至于苏小姐对风景区方面做法的观点，可以在回来后与老板商量的时候向老板提出建议。

案例三

有一天，经理问秘书："计划科有多少人？"

"包括科长，连女同胞在内共八人。"秘书回答。

"说心里话，我没想到计划科开发的××产品销路这么好，能为公司赚那么多钱。"

两鬓开始发白的经理脸上露着微笑，显得更加慈祥，“我想在这个星期三下午的六点钟请客，感谢计划科的各位，请你帮我安排一下。”

“费用是……”

“按每人200元预算。这次你也出了不少力，一起参加吧。10个人2 000元，你看怎么样?”

请问：接下来，秘书应该怎么做？具体地说，秘书该如何确定处理步骤？如何通知计划科？如何做好宴会准备工作？怎么处理宴会后的事情？假设经理在宴会进行得差不多时要提前退席（这也是常情），宴会总开销大概是1 300元，秘书又要陪同经理回家，那么剩余700元秘书该如何处理?

评点

确定处理步骤，先通知计划科，然后安排宴会。这样做，第一，有利于客人做好准备，不至于仓促赴宴；第二，有利于根据客人拟赴宴情况合理安排宴会。

通知计划科的方式很多，譬如，一个一个的电话通知；先电话通知科长，然后由科长去通知其他人；以经理名义发邀请函给每个人；到计划科表明经理的谢意，同时当面邀请他们。最好的方式是，秘书应该马上到计划科去向大家表示祝贺。当然，电话通知计划科也未尝不可，但秘书当面把经理的意思告诉大家，能产生一种亲切的气氛，收到更理想的效果。发书面邀请函则太正式、太隆重，不宜采用。

宴会准备工作主要包括三个方面的内容：第一，地点的选择。安静优雅即可。第二，菜肴的预订。一般情况下，可以“自作主张”，也可以提前口头征求客人意见，并考虑经理的习惯，初步拟订菜肴，然后请经理过目。（试试反过来怎样?）第三，座次安排。一般情况下，随意自然，气氛融洽即可。正式场合则有主宾之分。

剩余的700元，给在座的各位或各位客人的“家里人”买纪念品是否合适？如果第二天有人拿着纪念品向其他科室的人炫耀：“这是经理为了××产品而奖励我们的!”那么，会产生什么效果呢？可以肯定的是，有些人（如销售科）不会服气：“开发××产品我们也出了力，为什么奖励就没有我们的份!”倘若真的出现这种情况，经理请客就是弄巧成拙，反而起了副作用。

剩余的700元，由科长负责处理。在宴会快结束的时候，秘书把科长悄悄叫到外面的走廊上，向他交代：“我要先送经理回家，这里就拜托你了。现在按预算还剩700元，请你用这些钱再请大家一次，明天把收条送到秘书科来。”对于计划科科长来说，能够得到经理的亲自宴请，实在是难得的特殊；但是，对于年轻的职员来说，与经理同席，手脚毕竟有些放不开，因此，如果这是一个精明的科长的话，在这种情况下，哪怕是全部由自己掏腰包请大家也乐意。

节余金额如数上缴经理？或者，你有没有更好的处理办法?

第四章

办公用品管理

案例导入

作为秘书，应该能够在熟练办理办公设备和办公用品进出手续的基础上，成为办公设备和办公用品库房的管家。宏胜公司某分部的办公室秘书钟青凌通过自身的努力，再加上个人的天赋和性格中的细心等优点，对办公设备和办公用品了如指掌，样样精通。她把办公设备和办公用品的进货卡、出货卡和库存卡都填写得一清二楚，三卡一致，被同事们亲热地称为办公室的“小管家”。

现在，秘书钟青凌要调到公司总部行政办公室去做总经理的行政秘书了，但是她还是很细心地整理好了留下的各种记录，很认真耐心地给她的接任者小王讲述了她管理办公用品的方法和一些应该注意的问题。

“作为办公室的一名秘书，管理着办公室的一些大小具体事宜，其中办公用品的管理就是一个虽然琐碎但是很重要的环节，一旦出了差错，就会影响到同事们日常办公活动的顺利开展。

首先，你应该弄清楚需要你进行管理的办公设备和办公用品有哪些，必要的时候你需要做好一个记录，这样当你有什么疑问或者遗忘时就可以拿出来看看，避免一些不必要的错误。看，这里是我整理的办公室常用的办公用品和易耗品的清单，你可以参考一下。

管理办公用品是一个很具体的工作，它不是单纯地保管和发放用品，而是涉及一系列环节。你要严格按照公司的规章制度来进行管理，掌握一些管理办法，不然就会弄得很混乱，甚至造成损失。比如在发放办公用品时你要记录发放用品的种类、发放人、领取人等。这是我做的办公用品发放记录，你也可以看看。

公司还会储备一些办公用品以备使用，这样你就需要严格控制库存，掌握库存变化的情况，做好记录，在适当的时候及时补充库存，及时发放用具。你管理库存的时候必须做到办公设备和办公用品的进货卡、出货卡和库存卡三卡清清楚楚，保存完好。

办公用品如果快要用完了，就需要及时地补充库存。你可以依据你做的库存记录及时准确地采购必需的用品。在进行采购的时候，你要慎重地选择供货商，如他们提供的价格、提供货物的质量、能不能按时交货等都应该考虑清楚，因为你采购的是公司每天都要用的东西，一旦质量等方面出了差错，就会影响公司的整个正常运转了。还有关键的一点就是，公司的办公资源是有限的，我们应该尽好管家的职责，该节约的一定要节约。”

把一些常用的记录和表格交给小王后，钟青凌握着她的手，说道：“小王啊，我们的一些工作虽然琐碎，但是很关键，祝你在以后的工作中也能成为一个出色的管家。”

简　析

从钟青凌对秘书小王的交代的整个过程中，我们不难发现日常的办公用品管理的背后也包含了很多具体的管理知识和管理要求，它绝对不是一些人想象的那样，仅仅是保管好办公用品，并把这些办公用品发放出去就能够解决问题的。比如，如果不了解办公室常用的办公设备、办公用品和消耗品的种类，管理对象不明确，秘书对办公用品的管理就只能是一团乱麻；如果没有做好发放办公用品过程中的记录，那么就可能会出现有的人拿到了多份用品，而有的人还没有领到，最后只会引起同事们工作的混乱，以及秘书自己的麻烦；如果在办公用品的库存管理中没有正确办理入库、保管、出库的手续，那么秘书就没有办法准确地掌握库存的变化情况，可能就会出现同事来领取一些急需的用品时，秘书突然发现仓库中已经没有可用的物品；如果秘书采购的货品质量不好、送货时间延误、价钱不合适，那么就会影响到同事们的工作效率，甚至给公司的资源造成很大的浪费……可见，现代社会对于秘书的要求已经越来越高，除了日常的办公事务，秘书也应该掌握足够的办公用品的管理知识，以及一些库存管理、采购的要求和办法，这些对于一名合格、优秀的秘书而言都是非常必要的知识。

在这一章中，我们将要学习管理这些物品所需要的知识。包括学习办公用品和易耗品的库存管理的基本要求和一些保管常识，掌握进行库存管理，办理库存设备和耗材的进货和保管，采购办公资源的一些基本技能。

第一节　常用办公设备管理

一、常用的办公设备和办公用品

（一）识别办公用品及易耗品

1. 常用的办公用品及易耗品的种类

办公室内常用的办公用品和易耗品主要有以下几类：

（1）纸簿：A4、B5 等办公复印纸；带单位抬头用纸；普通白纸；复写纸；便条纸；留言条；标签纸；牛皮纸；专用复写纸；大、中、小及开窗信封；横格笔记本；速记本；专用本册（如现金收据本）。

（2）笔尺：铅笔、圆珠笔、钢笔、彩色笔、白板笔、橡皮、各种尺子、修正液。

（3）装订用品：大头针、曲别针、剪刀、打孔机、订书机、橡皮筋、胶带、起钉器。

（4）归档用品：各种文件夹、档案袋、收件日期戳。

（5）办公设备专用易耗品：打字机用色袋、修正液等；复印机用墨盒等；计算机用磁盘、磁盘盒等。

2. 常见的办公用品

办公室中常见的办公用品具体有以下几种：

（1）A4 和 B5 或 A3 和 B4 文件纸。用于打印机或各类文件。

（2）备忘录或便条。内部交流时使用，可用于计算机或打字机。

（3）信封。在办公室中应常备各种尺寸的信封（见图 4—1），用于邮寄不同的资料。有的信封是自粘贴的，有的需要用胶水粘贴。

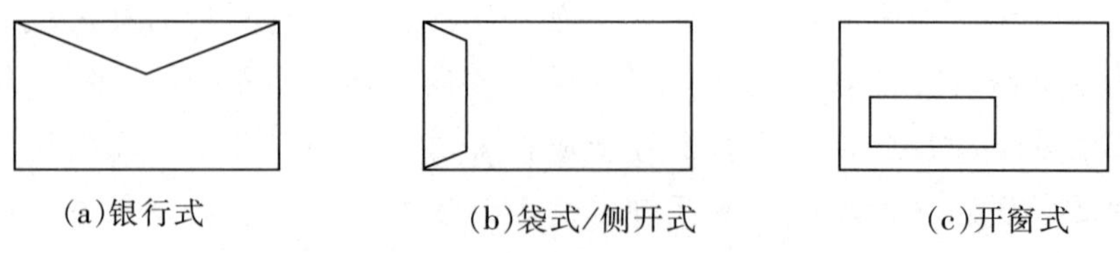

图 4—1　办公室常用的信封类型

（4）标签。用于打印姓名和地址，并粘贴在信封、文件、索引卡片等上面。

（5）复写纸。用于打字机上复制文档，或夹在适当的表格中间用手填写。

（6）装订机和订书钉。用于订住相关的纸页。

(7) 修正液、纸带和纸。修正手写或打印的错误。

(8) 打印机墨盒。应保持连续供应，以确保如果用完一个可以替换。像这样的物品有保质期，因此不应大量购买。

(9) 留言便笺。打印的留言便笺用在多数办公室中，作为工作人员获取留言的正式途径。自粘贴留言便笺可方便地记事和提醒，并能粘贴在电话旁边或文件封面。

(10) 各类文件夹和塑料袋。用于存放各种文档。

(11) 铅笔和圆珠笔。这些应在办公用品柜中保持充分供应。圆珠笔应有各种颜色。

(12) 胶带、细绳和牛皮纸。胶带经常用于粘接内有保密信息或支票的信封。细绳和牛皮纸需要用来包扎包裹。

(13) 剪刀。包扎包裹时用来剪断胶带等。

(14) 打孔机。在整理文件之前给单独几页或多页文档打孔。打孔机能打六个孔，可以使用于不同类型的活页夹。

(15) 日期戳。在收件夹上加盖日期戳。文件传递给不同工作成员时经常需要加盖日期戳。

(16) 曲别针、大头针、小夹子。用来夹持不同厚度的文档。

(17) 橡皮圈。用于捆扎保护纸页、文件等。一个办公室往往需要各种尺寸的橡皮圈用于不同的地方。

(18) 笔记本、速记本。用于工作人员做笔记，速记员做笔录。

(19) 磁盘和磁盘盒。必须一直在办公室中供应磁盘以存储新的信息和备份文件。磁盘盒是用来保护磁盘不受损坏所必需的用具。

(二) 办公室常见的办公设备及其操作维护

1. 复印机

复印机是利用光导材料的光敏性和静电电荷库仑力作用的原理对原件图像进行复印的，因此复印的过程又被称为“电摄影”。复印机已成为办公机构用以复制文件资料的常用办公设备。

(1) 复印机的功能特点。

1) 复印机的复印速度快、复印质量好。一般复印机每分钟可复印十余张至数十张，高速复印机每分钟可达一百多张，可即时制取同原稿图文一致的高质量复印品。

2) 操作简便，自动化程度高。复印机能在电子系统的控制下自动完成各道工序，有的还装有显示机件故障的自诊报警装置。

3) 适用范围广。复印机不仅可以 1∶1 复印，还可以放大或缩小；不仅可以进行黑白复印，还可以进行多色套印和全彩色复印。

4) 复印图像耐久性好，可以长久保存。

（2）复印机的种类。

● 按复印速度分类，可分为低速（15 页/分）、中速（15 页～30 页/分）和高速（30 页/分）三种。

● 按复印色调分类，可分为单色、多色和全彩色三种。

● 按复印机用途分类，可分为办公文件用、工程图纸用、缩微胶片用和特殊原稿用等不同用途的复印机。

● 按光导材料分类，可分为硒（硒合金）、硫化镉、氧化锌、有机光导体、复合光导体等多种类型的静电复印机。

● 按静电潜像形成方式的不同，可分为卡尔逊法、NP 法、持久内极化法等几种类型。

● 按复印纸和复印方法的不同，又可分为涂层纸法和普通纸法两大类。涂层纸法又叫直接法，普通纸法又叫间接法或转印法。

（3）复印机的安放。复印机的安放要求包括以下几点：

● 安装在通风良好的室内，复印机本体必须接地；

● 电源电压保持在 220V＋10％范围内，电流容量大于 15A 的插座单独供电；

● 保证满足机器对环境的温度和湿度要求；

● 避火源、避尘、避氨气、避阳光直射；

● 复印机四脚着地，保持水平状态，离墙至少十厘米，留足操作空间；

● 严格按照安装步骤安放，必要时请有关维修人员安装并试机。

（4）复印机的维护。复印机的维护要注意以下几点：

● 经常性保养：在复印机的复印份数达到一定数量或一次复印量较大（如 1 千份～2 千份）时，应对复印机中易污染的部件进行清洁保养。主要包括清除感光版、电极丝、屏蔽罩、镜头、反射镜、搓纸轮、输纸辊、稿台玻璃等易污染部位的污垢和灰尘，对其进行吹拂或擦拭。

● 定期检查和维护：在复印机经过长期使用后，应对其机件进行全面检查和维护，主要是做好机件的全面清洁、润滑、调整以及更换易损件和失效的零部件等工作。每次检查维修工作都需做好记录，填写登记表，以备后查。

● 定期更换与补充耗材：包括感光版的更换、墨粉的补充、显影剂的更换、毛刷的更换、刮板的更换、复印纸的补充等。

对于复印机出现的一些常用的故障，可以参照表 4—1 所示的方法来解决。

表 4—1　　复印机常见故障及解决方法一览表

问题	可能引起的原因	解决方法
进机困难	纸张尺寸的稳定性和公差影响纸张顺利进入机内	使用 20 磅的纸能获得最佳效果，轻质纸更难控制
纸张卡缩	纸张厚薄不对	请查看使用纸张说明书，以决定选用最合适的纸张种类。如果发生卡缩现象，也可向制造该设备的公司营业部门请教解决方法
复印质量	在透明的原版纸上复制副本	只能用不透明的原版纸
机器失灵	任何一种机器的故障所致	打电话通知制造公司的特约修理部

2. 打印机

打印机是计算机重要的输出设备，它将计算机运算的结果输出印刷到纸上可以长期保留下来。打印机系统包括打印机本身、打印机适配器和打印驱动程序。

（1）打印机的种类。

- 按照不同的工作原理，打印机分为击打式和非击打式。
- 商业办公室中常用的四种打印机是点阵打印机、菊花轮打印机、喷墨打印机和激光打印机。
- 根据不同规格和类型的打印纸有各种不同的打印机，如单张纸打印机和履带式输纸打印机。
- 不同种类的打印机的质量、速度和字型数也各不相同。例如，有些打印机以快速、低质量的方式打印或以慢速、接近铅字质量的方式打印。

（2）打印机的功能和特点。

- 点阵打印机具有多功能和速度慢的特点，相对来说这种机器的质量是较低的。
- 菊花轮打印机使用软盘或活字轮，一般可以提供最佳的打印效果，但它相对来说速度较慢，并且不能打印图表。
- 喷墨式打印机可以打印出高质量的文字和图表。
- 激光打印机属于最贵的打印机，它具有非常清晰的效果，由于激光打印机具有多种功能，能够提供多种字型，所以它们经常用于复杂的文字处理和平台印刷。

（3）喷墨打印机的一般维护。

因为喷墨打印机现在在办公室中运用得比较普遍，这里仅就这一类型打印机的维护进行简单的介绍。

- 确保打印机有一个稳固的工作平台，不要在打印机顶端放置任何物品。打印机在打印时必须关闭前盖，以防止灰尘进入机内或其他坚硬物品阻碍打印机小车的运动。
- 确保周围环境的清洁。工作环境灰尘太多，容易导致小车导轴润滑不良，使打印头在打印过程中的移动受阻，引起打印位置不准确或撞击机械框架造成损伤及死机。
- 墨盒未使用完时，最好不要取下，以免造成墨水浪费或打印机对墨水的计量错误。

● 换墨盒时一定要按照操作手册中的步骤进行，特别注意要在电源打开的状态下进行上述操作，墨盒在长期不使用时应置于室温下避免日光直射。

3. 传真机

传真就是利用有线电路或无线电路对各种图文原稿进行远距离真迹传送的通信技术。近年来随着电话、电视、电子照相技术的发展，各种新式记录技术的应用以及电话网的形成，使传真技术从低速向高速从模拟化向数字化迅速转变，使传真机向着更加小型化、高速化、多功能化的方向发展。特别是用于文件传递的数字图像通信设备——三类机的出现，为办公信息的传递与交换提供了良好的通信工具。

（1）传真机的功能特点。

● 和电话比较：电话通信需要通话双方到达现场，一方不在，通话便不能进行。而且不管被叫方正在处理什么紧急事务，电话一响，往往都得去接。另外，电话对于复杂的数量较大的信息的传递很难做到准确无误。这些不足之处，正好可以由和电话接在同一条用户线上的传真机补充和代替。

● 和电报、电传比较：电报、电传传送的信息是字符型的“电文”，而传真机传递的信息则是图像型的“真迹”。凡在纸面上的任何文字、图像、线条、手迹等均可原样传递到对方，只要在分辨率允许的范围内即可。

● 传真机适用于传递短文件，一般不超过三千字。另外，传真机虽然可以传递签名、手令、印章等真迹，但传真文件不易长期保存，不能作为存档使用。领导的重要批件应使用专门纸张。

● 一般传真机都有定时发送功能，可以按预定时间将文稿自动发送出去。

（2）传真机的种类。

● 按传送的色调分，有黑白传真机、中间色调传真机和彩色传真机；

● 按用途分，有文件传真（黑白）机、相片传真机（中间色调）、报纸传真机和气象传真机；

● 按占用话路的多少，有单路传真机和多路（12 路、60 路）传真机；

● 按传送速度的不同，有一类机、二类机、三类机、四类机。

（3）传真机的一般操作。

发送时，首先将发送原稿放入传真机内，并根据原稿情况选择发送参数（扫描线密度、对比度），然后拨通对方电话，听到回答信号后，表明对方已经开机准备接收，这时便可按下启动键开始发送，放下话筒。待发送结束后，传真机自动恢复到待机状态。接收方接到发送方的电话，通话后便可放下话筒按下启动键，开始接收，直到接收完毕。

（4）传真机的维护。

● 不要把下列几种稿件输入传真机，否则会造成堵塞：有皱纹或折缝的稿件，严重卷曲的稿件，破裂的稿件，炭纸或者背面有炭的稿件，有涂层的稿件，很薄的稿件等。遇到这样的稿件要先复印原件，再用复印件发送。输入稿件之前，把稿件上的夹子、订书钉或者其他类似的物体去除，而且稿件上的墨水、糨糊必须完全干燥。如果稿件超出一定的尺寸，在发送前要先用复印机放大或者缩小。

- 传真机应放置在清洁而阴凉的地方，避免潮湿和高温，不可随便拆卸，不能将传真机当复印机使用。传真机应经常保养、定期维修，时刻保持线路通畅。

4. 计算机系统

(1) 计算机系统的办公效用。

计算机的办公效用，主要体现在各种管理工作中，它通过数字、文字、图表、声音和画面等来完成对各种信息资料的储存和处理。比如它可以为人们安排工作日程；也可以进行成本、物资、财务、人事等管理；还可以对商业贸易活动等进行综合分析。

计算机所做的这一切都不需要人的介入，它能够高速地按照计算程序进行运算，进行复杂的信息处理工作。例如在做销售分类账目登记时，计算机可以将发票的总额与客户的信用限额进行比较；在控制库存量上，计算机可以将库存情况与预先决定好的库存下限做比较，引起人们对那些需要订货的商品的注意。计算机其他典型的使用范围包括制定工资表，购进货物细目账，生产计划、成本和预算控制，货销过户情况登记记载，市场情况研究以及提供统计数字以便进行管理控制。

目前，企业以应用计算机为重点的办公自动化有下面三个特点：

- 集成化，开发出包括文字、声音、图像、数据等信息型的办公信息处理以及通讯的综合系统；
- 智能化，将办公信息的收集、形成、管理、处理等工作与人工智能结合起来，成为面向高层领导及管理的智能化的辅助决策、计划、控制、管理的办公自动化系统；
- 将办公自动化（Office Automation，OA）与管理信息系统（Management Information System，MIS）结合起来，组成统一的更大范围的管理系统。

(2) 计算机的一般维护与保养。

- 计算机整机需要用软布经常拂拭，但不要用湿布擦拭。
- 软盘尽量不要外借，不要使用别人的资料以免染上计算机病毒。如果必须和别人共用磁盘，尤其是与办公室或公司外面的人共用磁盘，那么在你的机器上一定要安装防病毒软件。
- 在主机工作前，一定要把硬盘驱动器稳固好，否则当主机进行读/写操作时，一旦发生振动，会损坏盘片数据；在工作时或关机后，主轴电机尚未停机之前，严禁搬运硬盘，以免磁头擦伤盘片表面的磁层。

5. 电话机

电话机的保养是十分重要的，实践证明，一般电话机在正常使用下，至少有一年的寿命，善于保养者甚至可以用到 10 年。

（1）避免潮湿与沾水，是电话保养的“第一课”。

（2）经常保持话筒清洁，避免边吃东西边接电话，以免滋生蟑螂、蚂蚁等蛀蚀话机。

（3）平时举止行为应稳重，忌心浮气躁，不要拉扯或摔电话。

（4）如果能经常用干布擦拭或用汽车亮光蜡保养，更可长久保持电话机外观亮丽光滑。在清洁无绳电话机时，应用微湿的细布轻擦机身，不可使用酒精、清洁剂等化学物品去擦，以免损坏机壳表面。

（5）无绳电话机不要安装在潮湿或烟雾大的地方，如厨房、浴室内，以免造成话机内电子元件发霉或锈蚀。话机宜放在通风、干燥、没有阳光直接照射的地方。

（三）办公设备和办公用品使用的若干注意事项

办公设备和办公用品使用的注意事项如下：

（1）保证办公设备的安全是极为重要的，《中华人民共和国宪法》和《中华人民共和国劳动法》都有明确的相关条文，政府及各个组织也制定了一系列相关规定。为了维护好办公设备，营造安全的工作环境，每一名秘书都要树立良好的安全意识。

（2）办公设备使用完毕后，要处理好使用完毕的物品，这样既是为了保证办公设备放置环境的清洁，也是公司工作保密的需要。每位秘书都应该做好这样的工作，并且督促工作人员也严格按照公司的相关保密要求处理好一些遗留文件。例如，在打印一些机密文件的时候，如果出现错误，不要把废弃的打印纸张随便搁置，或者随便撕几下便扔入垃圾桶，而是应该利用碎纸机进行处理；使用完复印机后要注意把留在复印机里面的原件及时取走，不要遗留在机器里面。

二、办公用品的发放与节约措施

作为秘书，在办公室中经常要做的一件事务性工作就是分发办公用品以保证各办公室工作的正常进行。但是这一看似简单的工作，并非只是将办公用品分发到工作人员手中而已，其中还包含着很多原则和技巧。掌握这些原则和技巧，对于保证工作效率、节约工作资源具有十分重要的意义。

（一）办公用品的发放

发放物品时必须具备下列手续：

第一，指定人员发放。

办公用品不可随便交给别人代为发放，或者由员工们随意领取办公用品，因为如果不进行适当的控制，势必会引起混乱，甚至出现意想不到的某些用品的短缺。秘书对于办公用品发放的情况应该做到心中有数，并制作需求单（见表4—2）。

表 4—2　　　　　　　　　　　　　　　　**办公用品需求单**

<table>
<tr><td>所需物品</td><td>规格</td><td colspan="2">数量</td><td>备注</td></tr>
<tr><td></td><td></td><td colspan="2"></td><td></td></tr>
<tr><td></td><td></td><td colspan="2"></td><td></td></tr>
<tr><td colspan="2">申请部门：</td><td colspan="2">申请人：</td><td>日期：</td></tr>
<tr><td colspan="2">主管签字：</td><td colspan="3">日期：</td></tr>
</table>

第二，按单位的有关制度规定发放时间。

例如可以把每月的前几天定为发放办公用品的固定时间。这样就需要合理估算相应周期内办公用品的一般使用量，然后进行合理发放。

第三，清点、核实发放的办公用品。

对于分发了什么办公用品、都发给了谁，秘书人员应该留有一张发放清单（见表4—3），这样即使是很长时间以后也能够清楚地知道谁领走了什么东西，什么时候可能用完。另外在物品的包装纸上也可以做一些记号，将一个月里领走的办公用品的数目划掉，在包装上记下新的余数，这样在月底将包装纸上的余数记在备案清单上即可。

表 4—3　　　　　　　　　　　　　　　**办公用品发放备案清单**

时间	姓名	所领物品	数量	签领人

第四，提醒使用部门和人员注意办公用品的节约利用。

第五，紧急申领物品时必须有相应的程序。

这一程序主要包括以下几项内容：

（1）填写用品申领表（见表 4—4），并由授权人签字批准。

表 4—4　　　　　　　　　　　　　　　　**办公用品申领表**

<table>
<tr><td>部门</td><td colspan="2"></td><td>日期</td><td colspan="4">年　　月</td><td>编号</td><td></td><td>类别</td><td></td></tr>
<tr><td colspan="8">申领内容</td><td colspan="3">核发</td><td rowspan="2">备注</td></tr>
<tr><td>月</td><td>日</td><td>品名</td><td>规格</td><td>用途</td><td>单位</td><td>数量</td><td>申领人</td><td>数量</td><td>经办</td><td>主管</td></tr>
<tr><td></td><td></td><td></td><td></td><td></td><td></td><td></td><td></td><td></td><td></td><td></td><td></td></tr>
<tr><td></td><td></td><td></td><td></td><td></td><td></td><td></td><td></td><td></td><td></td><td></td><td></td></tr>
<tr><td></td><td></td><td></td><td></td><td></td><td></td><td></td><td></td><td></td><td></td><td></td><td></td></tr>
<tr><td></td><td></td><td></td><td></td><td></td><td></td><td></td><td></td><td></td><td></td><td></td><td></td></tr>
<tr><td></td><td></td><td></td><td></td><td></td><td></td><td></td><td></td><td></td><td></td><td></td><td></td></tr>
<tr><td></td><td></td><td></td><td></td><td></td><td></td><td></td><td></td><td></td><td></td><td></td><td></td></tr>
</table>

（2）用品申领表包括下列内容：申领表编号、申领部门、物品名称（项目）、数

量、特殊要求、发放人签字、领取人签字、授权批准人签字和日期。

需要明确的一点是，在发放办公用品时，每个细节都应该做到心中有数，记录在册，登记内容应该清清楚楚，以待出现错误时便于查证。

（二）节约办公用品的措施

办公用品发放以后，可以采用监视控制的方法，监视办公用品的使用情况，定期检查，同时控制办公用品的发放数量，严格管理办公用品，防止办公用品流失或者用于非办公项目。同时，要教育工作人员节约利用办公用品。

节约利用办公设备的方法因设备不同而不同，下面分别叙述。

1. 复印机

复印机的节约利用方法如下：

（1）公司经常购买定期维修服务，如果经常要大批量复印，公司可以使用几种复印机管理系统来控制复印开支、调整和记录各个办公室和各项计划的使用情况。复印机控制器监督和控制复印机及其他设备的使用，有的只是简单的一把锁，有的却是完全电脑化的独立系统。

在这样的情况下，有的使用者必须将钥匙插入复印机内方能复制；有的使用者必须把一张小卡片（塑料的或计算机磁卡）放进复印机内后复印机才能正常启动，复制副本；有的则是在一段时间内将一定数量的硬币发放给使用者，使用者只有将一枚硬币投入机内，才能启动机器进行复印。

（2）如果公司没有复印机管理系统，使用相对来说也不多，则可以考虑设计复印登记表。表格上应该划有横线，标有类目、复印日期、复印页数、复印者、复印目的以及其他公司要求写清楚的信息，如使用者的账号，这样便于记账。如果所在公司是家很小的公司，那么使用事先印制好的分栏账簿就可以了。

在这种情况下，申请复印时必须填写有详细要求的申请表，并在复印前由主管人员签字批准。还可以发复印卡以限制部门的使用。较昂贵的复印如彩色复印，一般不能自由使用，可由中心服务区按部门根据需要复制，并由各个部门独立核算成本。

（3）其他方法还有，安排专人负责复印机的管理，所有使用复印机的人必须听从此管理者的安排；复印机工作时，必须记录机器全部复印过程。

2. 传真机

可以指定人员管理传真机的使用，做登记并保留所有的发送记录，其中应该包括日期、发送信息人的姓名和信息接收者等细节。

3. 计算机、打印机和互联网

很多单位已经在工作中提供该类设备，但在使用中要注意以下几点：昂贵的设备要限制使用；彩色打印要集中管理并由各部门独立核算成本；严格监督互联网的使用，限制办公时间内工作人员与工作无关的网上冲浪。

4. 电话和移动电话

尽量减少员工在单位打私人电话；控制国内、国际长途电话的使用；按单位有关规定使用移动电话；定期检查并核对电话账单以控制开销等。

第二节　库存控制

库存控制又称库存管理，是对制造业或服务业生产、经营全过程的各种物品、产成品以及其他资源进行管理和控制，使其储备保持在经济合理的水平上。为了保证办公活动的顺利进行，对于那些常用的办公用品，公司、企业都会采购一定数量的办公用品存储起来，以满足日常办公的需要。这样，对于保存在单位仓库内的办公用品进行合理的库存控制，将有助于优化办公资源，节约办公的人力、物力、财力等各种成本的投入。秘书人员大多都管理着库存的办公用品，对整个单位的办公用品的发放进行合理的控制，这样，对于秘书人员而言，掌握一定库存控制的知识，以及进行高效库存控制的技能，是有利于提高秘书的这项工作的管理质量的。

一、库存管理的基本知识

（一）库存的概念

从企业生产、经营活动的全过程而言，库存是指企业用于生产和服务所使用的，以及用于销售的储备物资。库存的形态主要包括：原材料、辅助材料，在制品，产成品和外购件等四大类。库存既是生产、服务系统合理存在的基础，又为合理组织生产、服务过程所必需。以较低的库存成本，保证较高的供货率，不仅在理论上是成立的，在实践方面也是完全可以达到的。

设置库存的根本目的，是要保证在需要的时间、需要的地点，为需要的物料提供需要的数量。同时，库存控制还能起到以下作用：

(1) 防止出现缺货的情况，提高服务水平，保证日常办公活动顺利进行。

(2) 科学合理的库存控制能够节省开支、降低成本。

(3) 保证生产、销售过程顺利进行。

(4) 提高生产均衡性、调节季节性需求。

（二）库存管理的必要性

库存管理可以在保证企业生产、经营需求的前提下，使库存量经常保持在合理的水平上；通过掌握库存量动态，适时、适量提出订货，避免超储或缺货；减少库存空间占用，降低库存总费用；控制库存资金占用，加速资金周转。

我们必须认真存储办公室里的设备和各种用品，以保证我们的需要，这就要求我们维持一个良好有效的库存系统。由于公司员工可能随时需要办公用品，而办公用品供应的充足与否、及时与否又很大程度地决定了工作效率。如果没有一个合理的库存控制，每次有人用完了纸张和铅笔都要放下手中的工作，急急忙忙跑到外面去购买，你的工作效率就太低了。所以，一个有效的库存系统是极其重要的，它对于提高办公效率、保证工作的完成起着很大的作用。

建立一个良好的办公用品库存管理系统，具有很多的好处，它能够做到以下几点：

（1）精确库存数量并防止被盗。

（2）确保所需物品的充分供应。

（3）将库存物品所占的空间减到最小。

（4）避免物品被破坏或者因过期而作废。

（三）库存控制的相关概念

1. 最大库存量

最大库存量是防止物品超量存储而保存的该项物品的最大数量，库存物品的数量在任何时候都不能超过这个最大量。它能使资金不被过多地浪费在库存物品上，能节约宝贵的库存空间，并使库存物品及时利用，不会因为长期存储而过期作废。

2. 最小库存量

最小库存量是防止物品全部消耗完而保存的该项物品的最小数量，这样能够保证购买者在所有物品用完之前有充分的时间补充库存量。要有一个重新订购线，以提醒购买者进行重新订购。

3. 重新订购线

这是提醒购买者库存需要重新订购的标准，它由以下几个因素决定：

重新订购线＝日用量×物品发放时间＋最小库存量

例如，每天要用去 A4 纸张半令，物品发放时间需要 20 天，最小库存量是 10 令，因此重新订购线就是：1/2×20＋10＝20（令）。

4. 库存成本

库存成本包括物料成本，即购买或生产该物料所花费的费用；订货成本，又称采购成本，用于对外订货，指每次订货或采购所发生的全部费用；作业更换成本，又称工艺、设备调整费；生产准备成本，指在批量生产方式下，加工对象发生变化（即作业更换）时所发生的费用；库存保管成本，又称储存成本，指储存、保管库存物料所发生的费用；缺货成本，指生产、经营过程中因库存不足出现缺货所造成的各项损失。

根据这一定义，可以进行类推来考虑办公用品库存管理的成本。

二、正确进行库存管理

（一）办公设备和办公用品的入库与保管

1. 办公室秘书处理的库存物品

（1）办公室用品和消费品，如纸张、打印机墨盒和钢笔等常用的办公用品。

（2）小型办公室设备，如废纸篓、装订机等。

2. 入库前接收订购的办公设备及办公用品的程序

（1）先用订货单和通知单核对对方交付货物时出具的交货单及货物，发现数量不对，应该立即通知采购部门联系供应商。

（2）接收数量的出入也应该通知采购部门，以按真实数量支付货款。

（3）接收的每一类货物的详情，应该输入到办公用品库存卡的接收项中。

（4）接收后，要及时更新库存余额。

（5）将接收的货物按照办公用品存储规定存放好。

（6）订立物品发放制度，确定物品发放人。

每一种物品都要有一张库存卡，用以登记、接收和发放物品，并随时掌握用品的最大库存量、最小库存量和重新订购线。

3. 办公设备及常用办公用品入库

在收到货物以后，能够熟练、准确地办理办公设备和办公用品的进货手续，保证办公设备和办公用品准确无误地入库、登记、检验、核对，衔接好办公设备和耗材采购、进货、发货和使用的中间环节，建立一套办公用品和耗材的管理程序。

（1）接收订货。接收订货时，库存员应该确保送来的这些货物与所订购的货物，无论是数量上还是型号上都完全一致。并且在货物到来的时候就在上面记下数目，因为很可能到了月底就会忘记。同时，要小心奸商。你一定要将购货订单与实物认真核对，奸商可能趁你订购一大堆物品之机，交给你一些你没有订购的货，如果是这样，你可以拒绝签收，或者在查清楚没有其他人订购之后立即把货退回去。

（2）库存目录。虽然耗材的购买在库存控制卡上有记录，但非耗材如机器、固定设备、各种装置以及家具等要记录在库存目录单上，这个库存目录用于公司财产的审查。一个库存目录应该包含以下信息：

- 库存目录系列序号；
- 财产描述；
- 财产消耗；
- 供应商名称；
- 接收日期；
- 存放位置。

办公室用品和办公用品入库时要首先大致确定比较合理的摆放方式，必须将办公用品和小型办公设备保存在安全的地方，并且进行有序的摆放，以防止物品损坏、浪费或失窃，以及消除事故和火灾隐患。而且当需要的时候又能够很容易找到。

4. 库存保管中应该采取的措施

（1）储藏间或物品柜要上锁，保证安全，以免丢失。储藏需要的面积取决于单位的大小。

（2）各类物品要清楚地贴上标签，标明类别和存放地，以便能够迅速地找到物品。

（3）新物品放置在旧物品的下面或者后面，先来的物品先发出去，这是为了保证物品不会因为过期而不得不销毁。

（4）体积大、分量重的物品应该放置在最下面，以减少从架子上取物时发生事故的危险。

（5）小的物品、常用的物品，如订书钉盒等，应该放在较大物品的前面，以便需要取用的时候能够很快地看到和领取。

（6）储藏间要通风良好，房间应该保持干燥。

（7）储藏办公用品应该有良好的照明条件，以便容易找到物品。

（8）物品的保管、储存要符合本单位的规定要求。

（二）建立库存记录

1. 建立库存记录的必要性

进行库存管理需要随时了解库存的多少等情况，而这些情况都是不断地在变化的，因此，秘书人员在进行库存管理的时候，需要对库存进行详细的记录，这样才能随时掌握库存的变化情况，及时进行进货、发货等管理活动，保证日常工作的需要顺利得到满足。

企业在运营中，所需要的办公用品、消耗品、小型办公室设备应当充足，但又不能占用大面积的库房和积压大量的存货，因此需要建立库存记录。库存记录可以用手工记录在一连串的库存记录卡片上，或者在计算机中使用库存控制软件、电子表格或数据库。无论使用什么系统，都记录同样的信息。

因此，建立库存记录的目的在于：用准确的库存记录来保证大量的资金不会被不必要的库存占用；保证空间不被用来存储不必要的货物；使秘书能够监督个人和部门对物品的使用；始终保持充足的库存，以保证组织的顺利运作和消除由库存短缺而引起的工作迟延；监督任何因偷窃和破坏而造成的办公用品库存的损失；可以运用准确的库存进行科学的估价。

2. 库存控制卡的内容

库存控制卡是跟踪进行准确的库存记录的主要形式。库存控制卡主要包括这样一些内容：

（1）项目。库存项目应该准确描述，包括物品的大小、颜色和数量，如 A4 白文件纸。

(2) 单位。货物订购、存储和发放的单位，如令、盒、包等。

(3) 库存参考号。给每一库存项编号，经常与存放位置相联系，如C4，表示柜子编号C，架板编号4。

(4) 最大库存量。为防止物品超量存储造成公司资源浪费而保存的办公用品的最大数量，库存物品的数量在任何时候都不能超过这个最大量。

(5) 再订货量。当库存余额达到这个水平，必须订购新的货物来使余额达到最大库存量。通过考虑多少物品能保证业务的运行、平均使用量、物品交货的时间长短来确定这个数字。

(6) 最小库存量。为防止物品全部消耗完而保存的该项物品的最小数量。当库存物品的数量降到这个最低限度时，就要及时对物品进行重新订购，不然就会影响日常办公活动的顺利进行。

(7) 日期。必须记录所有行动的日期。

(8) 接收。记录所有接收信息，包括发票号和供应商的名字。在一些记录卡片上，供应商的名字记录在卡片的前头。在这些情况下，物品的库存参考号可能是供应商的目录号。

(9) 发放。记录清楚发放物品的数量，所发放物品的申请号和物品发给的个人和部门。

(10) 余额。在每一次处理后计算物品库存余额。在接收物品时在余额上加上接收的数量，在物品发放后从余额中减去发放的数量。余额应该代表库存物品的实际数量，并用于执行库存检查。发现差异要及时通知和报告给管理人员。

库存的每一项记录应该记录在库存控制卡片上。秘书在每次物品发放或接收时填写这张卡片，并记录该项库存的余额。表4—5为典型的库存控制卡。

表4—5　　库存控制卡

物品：A4标题纸　　最大库存量：50
库存号：100　　重新订购线：20
存放位置：A1　　最小库存量：10
单位：令

日期	接收		发放			剩余库存量	订购			
	数量	发票序号	数量	代码	部门/职员		订购日期	数量	订购单序号	备注日期
1月1日						25	1月5日	30	A123	1月15日
1月2日			3	141	王先生	22				
1月5日			5	159	朱小姐	20				
1月8日			2	163	张先生	18				
1月15日	30	S193				48				

3. 做好进货和出货记录

秘书在收到货物以后，应该立即办理办公设备和耗材的进货登记，保证办公设备和耗材准确无误地入库。做好登记、检验、核对等各项工作。

（1）根据规定固定在特定的时间发放办公物品，秘书除了审核物品申领单以外，还要记好办公用品和易耗品的出货记录。内容包括：物品名称、编号、申领部门、发货人、物品数量、特殊要求、申领人签字、批准人签字、出货日期等。

（2）办公设备和耗材出货时，秘书应该实时地办好出货手续，对发放什么物品、发放给谁、哪些物品还存储在库里等都要做好记录。

（3）办公设备和耗材的库存管理要求保持进货卡、出货卡和库存卡的三卡一致，保证办公设备和耗材库存的有效管理。

（4）要保管好进货、存货和发放办公用品的记录与资料。

（三）库存物品的选购

当一种物品余额达到需要重新订购的程度时，应采取行动订购补充的物品。在小型组织中，库存控制人员可以将准备的订购单直接发送给供应商。在较大的组织中，所有订购将由采购部门进行，库存人员填写采购登记表，详细说明需要订购的货物，并发送给采购部门。

1. 选购依据

办公用品的选购可以根据最大库存量和最小库存量进行选购。当某项物品的库存数量降到最小库存量时，库存员就应该知道需要开始订购这项物品了。物品的订购数量应该以剩余的库存量为基准，同时，订购后的总数不能超过最大库存量。

（1）要经常清点存货，并制作存货记录表（见表4—6）。

表4—6　文具库存记录

（20××年1月1日）

代码	物品	存放位置	单位	最大库存量	重新订购线	最小库存量	剩余库存量
100	A4标题纸	A1	令	50	20	10	25
101	A5标题纸	A2	令	50	20	10	44
102	A3白纸	A3	令	30	10	5	12
103	A4白纸	A4	令	60	20	10	52
104	A5白纸	A5	令	50	20	10	28
105	A3票据纸	A6	令	30	10	5	28
106	A4票据纸	A7	令	60	20	10	54
107	A5票据纸	A8	令	50	20	10	18
108	A4备注纸	A9	令	20	6	4	10
109	A5备注纸	A10	令	20	6	4	14

（2）库存总量应该对照库存卡上的数量，二者要保持一致。例如：1月1日带标题的A4纸库存是25令，这个数字也要填写在库存卡的相应项目中。每一张接收单据、

发放单或订购单也要记录在库存卡上。例如在表4—5中，1月2日王先生领了代码为141的纸3令，这种纸的库存量减少到22令。1月5日，朱小姐领了代码为159的纸5令，这种纸的库存量减少到了20令。最后一次的发放使库存量减少到了重新订购线的标准，因此，代码为163的纸需要再订30令。需要注意的是，订购数量与已有存货数量的总和加起来不能超过最大库存量50。

另外，如果在1月15日收到所订购的物品，要在“订购”这一栏中填入这一日期，而日期、数量、发票序号和新的数量要填到“接收”这一栏。

这个库存清单也可以称作库存目录。如果在清点库存时，发现手头实际的库存数量与库存卡上记录的数字不符，就要对库存卡的数字进行修改。例如：如果在1月15日清点库存时发现，实际的库存数字是46令，而不是记录上的48令，库存记录卡上就应该填写清楚。

2. 订购方式

订购时，除了亲自前往，也可以通过电话或传真订购，以节省人力、提高效率。如果想通过电话订购，可以先把有关内容写下来（商品目录号码、数量、质量等），一般情况下，电话或传真订购可以提高订购物品和交货物品的速度。可以通过信用卡订购，如果公司与销售商有账务往来就更方便了。

如果你需要直接到当地的商店购买公司所需的办公用品，在订购时，应该保留一张购货订单，收到货物时，将实物与订单一一核对。应该密切注意各项物品的库存控制卡，准确掌握物品订购的时间和数量。如果遇到特殊情况，不敢肯定订购的数目或者不知道何时要用新的办公用品，那么最好提前订购，一定要做到“未雨绸缪”，订购的数目也最好超出你认为马上要用的数目。

第三节 办公资源采购和管理

一、选择供应商

秘书除了了解、熟悉办公室办公用品进出手续、库存管理以外，还应能够比较、选择办公设备、办公用品供应商，能够进行库存监督，能够完成办公用品及设备的采购（包括网上采购）。在管理层次上，建立办公室与外界的沟通，通过采购这条渠道开通办公设备、办公用品的补充和更新的通道，满足现代办公对办公条件的需求。

具体选择办公设备和易耗品供应商时可以比较下述因素。

（一）价格和费用

购买办公用品和易耗品首先应该考虑价格，比较不同供应商的要价。要清楚供应商初次给出的价格常会因某些情况而有水分，如批量购买、节日削价或将其指定为唯一的办公用品供货商，这样可降低价格。另外，在购买时还要考虑到购买后还会有费用的支出，如存储所占用空间的费用，存储中的损耗，设备更新后带来的存储用品报废，存储用品过多将占用资金等。因此，购买办公设备和用品时要综合起来衡量所需的资金。

（二）质量和价格

购买办公设备和易耗品时应该仔细检查、比较货品的质量，保证购买后能满足需求，不要购买后才发现与设备不配套。因此，最好选择那些可以更换不合格物品的供应商。购买时还要比较供应商的交货时间，能否在需要时快速交货并按约定准时交货，以减少库存费用和少占用资金。若事实证明供应商能说到做到，有诚信，很可靠，才能签约下订单订货。

（三）服务和位置

购买办公设备和易耗品还要比较供应商为客户所提供的服务是否方便，如哪些可以满足单位所需全部办公用品和易耗品的供应；哪些能电话或传真订购；哪些能订货后最快交货；哪些不用每次付费而定期结算；哪些能退货等。当然，供应商所在的地点也很重要，这将方便联络和交货。

（四）安全和可靠性

购买办公设备和易耗品还要比较供应商在送货整个过程中能否保证货品的安全包装、存放、运输和交货的安全。还需要仔细比较供应商卖货手续及相关发票、单据是否齐全，如检查订货单、交货单、发票的编号、日期、品名、签收等是否一应俱全，还应了解商家规模的大小、经商史上的信誉度，如为客户保密的可靠性等。

二、办公设备和办公用品的库存记录与库存监督

办公室办公设备、办公用品的管理是有关人员尤其是秘书的工作重点之一，虽然有时不需要他们亲自去入库、出库和发放，但却要经常查看库存记录，实施全天候的库存监督，既要保证办公用品的充分供应，又要保证发挥行政经费的最大效应。因此，掌握办公设备和办公用品的库存记录与库存监督是秘书的职责和应具备的能力。

（一）库存控制

秘书不但要做好库存记录的管理，还要对库存物品的数量进行控制，了解库存的余额，对是否需要进货作出选择。库存控制通常是通过大量的实践过程，计算出企业对每种库存物品的需用量，并将其确定在库存卡上。

（1）最大库存量。这是一项物品应该存储的最大数量，这个数字的确定是由存储费用、存储空间及物品的保存期限所决定的。

（2）最小库存量。当库存余额达到最小库存量时，就必须采取紧急行动检查是否

已经订货，并与供应商联系，确定可以接受的交货时间。紧急时有必要向供应商紧急订购，以保证货物在很短的时间内就能交货。

（3）再订货量。这个数字是由物品的平均使用量、物品交货的时间长短来确定的，当库存余额与再订货量接近时，就意味着必须订购新的货物来使货物的余额达到最大库存量，以保证业务的正常运行。

比如，某企业确定 A4 文件纸的最大库存量为 100 令，最小库存量为 15 令，再订货量为 25 令。将这三个数字确定在 A4 文件纸的库存卡上，说明在 A4 文件纸的进货上最多购买不能超过库存的数量为 100 令，而当库存中 A4 文件纸数量达到 25 令时，就要订购新的货物，以保证业务的正常运行。如果库存中 A4 文件纸数量只剩下 15 令时，说明必须采取紧急订购，不能大意，否则会出现供不应求的状况，影响企业的正常运营。

（二）库存监督

秘书可以根据不同目的选择不同的监督类型、时间间隔，并采用各种库存监督行动。在监督中若发现有库存问题，就要缩短监督的时间间隔，保证库存符合企业要求。

（1）检查库存物品申领表和库存卡，从而了解各部门和某个人使用物品的情况，其目的是防止物品的过度使用，这种库存监督可能每两个月一次。

（2）定期检查库存记录卡，了解库存物品的项目和最大库存量、最小库存量和再订货量，其目的是了解公司发展变化后，在使用方式改变的情况下是否需要重新调整这些库存量，也通过监督处理那些过期的和多余的物品。这种监督通常一年检查两次。

（3）检查实际库存，将库存中实际存放的物品余额与卡片上的余额相比较，看是否有出入，其目的是防止浪费和被盗；准确计算库存价值；提出那些从未申请使用的物品；发现和纠正库存记录的不正确填写。这种监督通常有规定的时间间隔，如一年四次。

三、办公设备、办公用品的采购

（一）办公设备的购买或租用

在商务活动中，获得办公设备使用权有两种主要方式：购买或租用。

1. 购买

这是从外面购买设备。组织为该设备付钱，即设备的“投资费”，然后就拥有了该设备。以后设备逐年折旧。例如，一台打印机可能用 250 美元购买。估计它的使用寿命是 5 年，那它每年的折旧费就是 50 美元。

2. 租借或租用

所需设备能够租借或租用，每月或每年支付一定的租金。这在会计上不计做投资费。租借或租用办公设备就需要签订相关合同，对于任何租用或租借合同，应非常仔细地检查下列内容：

（1）修理和维护费用。

（2）消耗品或其他服务。一些租赁公司提供便宜的租用设备，但包括提供高价消耗品或其他服务。

（3）提前终止赔偿。在合同到期之前终止合同，可能是昂贵的。

（4）购买和租用移动电话是需要好好考虑的。许多电话公司提供“免费”电话，但这需要持续2年～3年支付昂贵的移动电话服务费，提前取消合同会造成很大的赔偿费用。组织签署的所有合同应该由它的法律部门检查。

（二）办公用品和消耗品的采购

通常购买办公用品的程序是：

（1）由需要购买办公用品的人填写公司内部的办公用品申购表（见表4—7）并签字，说明需要办公用品的理由和细节，经过部门领导批准后交给采购人员。

表4—7　办公用品申购表

部门		申购人		申购日期	
申购原因：					
用品名称	库存数量	可用时间	本次申购数量		备注

（2）由采购人员向供应商发出购买需求，各供应商会返回对应的报价单或估价单，经过采购人员比较、筛选，填写正式订购单并签字，说明订购办公用品的详细情况，发送给选定的供应商，该订购单需要被授权人，即公司高级主管签字批准，同时要复制一份给会计部门，表示开始购货准备付款。

（3）当收到供应商的办公用品后，要对照供应商的交货单和自己的订购单检查货物，查明货物的数量、质量，证实符合要求后，将签收后的交货单送会计部门。

（4）采购人员要根据收到的办公用品填写入库单，货物入库后，库房人员要签字表示货物进库。

（5）会计部门收到发票后，对照交货单、入库单和订购单。三单的货名、数字应当相符，经财务主管签字批准后，再支付款额或支票。

（三）大型或者批量办公设备的购买

随着企业的发展和规模的扩大，办公条件也会发生改变，如开放式办公室、现代化多媒体会议室和接待区都需要配备一些办公设备，为特定部门选择设备也是秘书工作人员的必备技能之一。

1. 选购办公设备的方法

秘书选购办公设备和耗材应该能独立地从供应商处获取有关办公设备和耗材的详细信息，通过比较他们的长处、特点和差距，从而为本单位选购到最适宜、最经济的办公设备和耗材。

对工作场所目前还未购置过的某种办公设备、大型专用办公设备或者一些办公设备的批量购买，秘书要亲自进行多家供应商的比较，调查的信息要周全、谨慎，这些办公设备的购买一般都会要求有大量的资金投入，一旦调查不周就会导致企业不必要的资金浪费，也会影响到工作的顺利进行。例如可以对设备的性能、功效、价格、付费方式、供货时间、交货方法、售后服务以及供应商的信誉等进行细致的比较，并且充分阐明选择某种设备的理由。

购买前应该考虑清楚，确定要购置的设备耗材是当前或预期所必需的，并且要充分考虑与原有设备的匹配关系；确定要购置的设备和耗材所放置的位置，保证使用设备的安全可靠，并且确实有利于工作流程的进行；对于不同供应商货物的性能、价格、供货地点、支付方式以及售后服务等都要进行充分的比较及选择。

最后，制定详细的采购预算计划，报请上级和财务部门批准。

2. 选购办公设备的注意事项

选购办公设备的注意事项如下：

（1）在自己的职权范围内，依照单位程序订货购置，多征求使用者的反馈意见。

（2）按照采购程序与供方确定购货内容、总费用、交货和售后服务等事宜，并形成整套购买文件。

（3）按照进货验货程序检查所购买的设备和办公用品的型号、质量、数量、价格以及相应的单据是否齐全、完整。

（4）若发现提供的货物或票据不符合要求，要立即与供应商联系。

（5）最后按单位规定与财会部门办理或存放购买货物的相关文件及单据。

3. 办公设备和易耗品的订购方式

办公设备和易耗品的订购方式如下：

（1）电话订购。大多数的日常办公用品都是通过电话从供应商处订购。

（2）传真订购。有些设备和办公易耗品的订购，需要给供应商发传真，详细列出订购的货物名称、数量、类型、送货时间等细节，这样才能让供应商清楚订购需求。供应商在接到传真后，会按要求送货上门。

（3）填写订购单。有些单位有正规的货物订购单，在订购时需要将订购单填写好，邮寄或传真给供应商，这样供应商会根据订购单上面的要求送货上门。

（4）互联网服务。通过访问互联网，利用电子商务来为本单位的采购服务。如通过网上广告了解新的办公设备或者本单位所需要的办公用品的信息，进行价格比较，从网上商店购买，进行电子贸易，运用电子银行、电子货币等多种服务。高级秘书应能够通过网上购物实现办公用品和耗材的采购。但是在网上购物应该慎重，挑选好所购买办公用品和耗材的质量、价格、型号等多项质量指标，再确定购买与否。

本章小结

现代社会中，办公设备是各单位办公室的重要设施，办公用品则是每个工作人员必不可少的工具。不同类型的办公设备为人们的工作提供了诸多的便利，在平时生活中应该注意办公室办公设备的保养和维护，注意使用时的安全措施和保密措施，避免因为一时的疏忽而给公司带来损失和给自己带来不必要的伤害。办公过程中对这些办公用品广泛的利用需求也迫切要求进行高效的物品管理。为了提高工作效率，各单位的日常办公活动需要有一定库存量的办公用品加以支持，这就要求秘书人员加强对办公用品的库存管理，严格按照要求发放办公用品，关注库存量的变化情况，做好包括进货卡、出货卡和库存卡的库存记录，并及时订货采购，补充库存。对于办公设备等办公资源，随着单位的发展也会产生更新、扩大采购的需要，秘书人员应该掌握采购这些办公资源的方法与要求的技能，运用网上采购等新的采购手段进行这些办公资源的补充。

关键概念

库存卡　出货卡　库存控制　最大库存量　最小库存量　再订货量　库存成本

思考与练习

课堂讨论题

1. 选择办公设备和办公用品的供货商时应该考虑哪些因素？

2. 分成几个小组，讨论一下在网上选购办公设备和办公用品的方法以及要注意的问题，并形成一个采购方案。

复习思考题

1. 怎样进行办公设备和办公易耗品的库存记录和监督？

2. 比较办公设备的购买和租用的区别。

3. 简述办公设备和办公用品的进货手续。

4. 简述办公设备和办公用品的库存管理。

5. 常用的办公用品和办公设备有哪些？

工作实务题

1. 情景模拟：采购办公用品

由于业务需要，公司需要采购一批新的办公设备和办公用品，其中包括计算机、打印机以及相应的办公用品。如果你是这个公司负责这次采购的秘书，你会怎么办？请写一份详细的采购计划，并说明你实施这项采购任务的办法。

2. 天地公司的秘书田苗手中有一张库存控制卡（见表4—8）。请你仔细察看这张库存控制卡，回答下列问题：

（1）自2月18号发放物品之后，库存控制卡上的剩余库存是（　　）包。

A. 12　　B. 56　　C. 30　　D. 40

（2）当2月18日需要重新订购C6信封时，订购员应该订购（　　）包。

A. 30　　B. 12　　C. 40　　D. 28

表4—8　库存控制卡

代码：115 存放位置：B4 单位：包			物品：C6信封 最大库存量：40 重新订购线：12 最小库存量：8	
日期	序号	接收	发放	剩余
1月1日	16			38
1月5日	23		8	
1月17日	46		20	
1月24日	48	30		
2月2日	53		14	
2月9日	74		10	
2月18日	80		4	

3. 办公室主任让你参加一个业务设备展览，并考察一下最新的机器和工作系统，为即将开展的办公环境改造提供一些参考意见。请就你的参观情况写一份报告，列举三到四项最近发展起来的项目，并对此作出简单的介绍。

案例评点

案例一

华容集团秘书小张在董事会后把废弃的选票用碎纸机处理掉，在她操作的过程中，胸前的长丝巾卷入碎纸机，毁掉了一条丝巾，虽然她立即关闭了电源，但是不遵守设备安全操作规程操作的后果是极为危险的。

当天下班前，行政经理以此事为例向所有员工再次强调一定要遵守设备安全操作规程。他说，如果今天卷进去的不是丝巾而是披散的长发，那是多么让人后怕的事情啊！

案例二

总经理让秘书小王去复印一份天地公司新开发产品的广告文案，以备去总公司开董事会时解释广告创意之用，以争取拿下天地公司的代理权。小王拿着广告文案来到复印室。她很快就复印好了总经理要的那部分内容，正在整理复印好的文件时，外面有人叫她，说总经理正在找她，匆忙之中，她拿起复印好的文件就匆忙走出了复印室，却把那份还在保密中的广告文案留在了复印机里……

三天后，小王得知公司失去了天地公司的那份合约，而几乎同时，她在大街小巷看到了铺天盖地的由另一家公司设计的该产品的宣传广告，奇怪的是，这一广告和他们公司的创意惊人地相似……

评点

小张因为没有遵守操作规则，不仅毁掉了一条丝巾，还给自己的人身安全带来了危险；小王匆忙之中忘了带走广告文案，结果导致了广告创意的泄密，使公司失去了已经稳操胜券的大客户。在这两个案例中，我们可以看到，由于秘书人员的疏忽大意，在日常工作中不重视安全操作和保密，结果给自己和公司带来危险和重大的损失。所以，秘书人员在日常的工作中不能忽视这些看似很细小的事情，而应该在使用办公设备和办公用品的过程中随时注意树立安全意识和保密意识。

第五章

办公效率及时间管理

案例导入

现代社会的经济发展迅速，公司之间的竞争也在加剧。作为对公司的发展负有重大责任的上司，每天都要处理千头万绪的事务。秘书在这千头万绪的事务中能起到什么作用呢？下面是一个小例子，希望对读者有所启发。

经理按铃叫来秘书，想知道上午有什么必须向他汇报的事情。邹小姐是今天新来的秘书，她性格开朗，办事风风火火。一进门，她就大声问："什么事？老总？"

"请把上午重要来电讲一下，邹小姐。"

"噢，蓝星公司经理来电，说他刚从美国访问回来，只是告诉您一下。还让您问张副经理好。"

"嗯？"经理翻了一下眼皮，又问："还有吗？"

"您太太中午来过电话。"

"什么事？"

"让您回电话，两点以前，别忘了。"

"没有啦？"

"没有了。"邹小姐看看记录。

"约黄星公司看房的时间定下来了没有？"

"啊呀，糟糕，忘了联络了。"

"马上去联系！"经理挥挥手，又忙着处理其他事务了。邹小姐一溜小跑，迅速去打那个险些耽误的联络电话。

周末工作会上，经理要求人事部门重新聘个称职的秘书。邹小姐很委屈而且莫名其妙：“我怎么了?”

简 析

邹小姐的问题“我怎么了”，你能回答吗？像前面所说的，上司的事情多而杂，秘书很大的职责就是采取各种形式把这些多而杂的问题和事情安排好，每天、每月甚至每季度、每年都应该有计划安排表，还应该综合运用日志、台历、备忘录、计算机化台式日志等办公室辅助手段，这样才能把事情安排得有条不紊，上司才能把更多的精力投入到如何做事上，而不是为今天先做什么、后做什么、做哪些事情而烦恼分神。邹小姐连一天的工作都安排接洽不好，难怪要被经理辞退。

第一节 时间管理一般方法

在信息庞杂、速度加快的职场环境中，我们必须在愈来愈少的时间内，完成愈来愈多的事情。你的一天只有 1 440 分钟，你能完成多少工作？“我从早忙到晚，但是没有一件事情是完成的。我这么拼命，结果却是白忙一场，没有什么成果，感觉自己一直被工作追着跑。我到底在忙些什么呢?”你的忙乱不是因为工作太多，而是因为没有重点、目标不清楚，所以才让工作变得愈来愈复杂，时间愈来愈不够用。

那么，如何管理我们的时间，使它发挥最大效益呢?

一、问清楚工作的目标与要求，可避免重复作业和减少错误的机会

通常的情况是，你不知道自己应该做什么：这个目标对你的工作会有什么样的影响？这个目标对你的意义是什么？当你理清了所有的问题后，再开始工作。

你必须理清的问题主要包括：

(1) 现在的工作必须作出哪些改变？目标清楚不是要对方跟你解释公司的目标或策略，而是要弄清楚这个目标对你的意义是什么，公司的目标与你个人目标之间的关联是什么。如果老板重新设定公司未来一年的营运策略与目标，你可以问：“我的工作目标应该作出哪些调整？是否有必要改变现在的工作方式?”举例来说，如果公司预计提升 10%的营业额，那么行销部门必须达成什么样的部门目标或是个别业务员必须达到什么样的业绩，才能完成公司整体的目标。

(2) 可否建议要从哪个地方开始？你要知道的不是工作细节的问题，而是要确定

大致的方向与优先级。例如，应该先确认好哪些事项，才能开始进行后续的作业；哪些事情应该排在最后，以避免其他流程的变动而必须一再地重做；各项流程之间应如何协调与整合等。

（3）应该注意哪些事情，避免影响目标的达成？可以寻求主管的建议，在过程中有可能犯下哪些错误或是疏失，应该如何避免；根据过去的经验，曾经发生过哪些意料之外的情形，必须预先做准备。这样可以大幅减少不必要的错误尝试，当然更能会增加成功的机会。

（4）有哪些可用的工具与资源？你应该先了解公司有哪些既有的资源可以应用，可以寻求哪些支持，这样才能更有效地规划自己的时间以及工作进度。

二、懂得拒绝别人，不让额外的要求扰乱自己的工作进度

对于许多人来说，拒绝别人的要求似乎是一件难上加难的事情，总是担心：

（1）会不会因此丢了工作？

（2）我和同事之间的友谊是否就此结束？

（3）老板有可能接受吗？

拒绝的技巧是非常重要的沟通能力。只有你最清楚自己的工作情况，你必须对自己负责，管理自己的时间与工作，不应让别人的额外要求使自己陷入忙乱的局面。在你决定该不该答应对方的要求时，应该先问问自己："我想要做什么？或是不想做什么？什么对我才是最好的？"你必须考虑，如果答应了对方的要求是否会影响既有的工作进度，而且是否会因为你的拖延而影响到其他人？而如果你答应了，是否真的可以达到对方要求的目标？

一旦有了决定之后，该怎么拒绝呢？如果是比较熟识的同事、朋友，或是完全不相识的人，最好是直截了当地说："抱歉，帮不上忙。"或是"现在真的很忙，抽不出时间。"不要多费唇舌，也不需要解释一堆的理由，只要简单的一两句话就可以。而且必须在当下直接回绝，不要拖延一两天才说出你的决定。不要考虑太多。

如果是面对客户或是不熟识的其他部门同事，就应该采取间接委婉的方法。你要考虑的问题是：要如何响应才能维持更好的关系，建立未来合作的基础？

首先，你要说明无法答应的原因，并表示你的歉意。然后，帮助对方找到另一个更好的解决方法，考虑有没有可能找到其他人帮忙。让对方觉得你不是在推卸责任，而是真的想帮助他解决问题。这时候的回答不再是"是"与"否"的问题，而是沟通与对话的过程。你不是拒绝对方，而是与对方沟通解决的方法。沟通的过程也同样让对方了解你实际的工作情况，而不会无缘无故地一再找你，请求你的帮助。

三、主动提醒上司排定优先级，可大幅减轻工作负担

"手边的任务都已经完成不了，又丢给我一堆的工作，实在是没道理。"但是，有没有可能问题是出在你自己身上？你有没有适当地反映真实情况？如果你不说出来，上司就会以为你有时间做这么多的事情。况且，他可能早就不记得之前已经交代你太多的工作。上司其实是需要被提醒的。

你当然不可能同时完成这么多的工作，为什么不主动地帮助上司排出工作的优先级？你不是不做，但是凡事有先有后。你可以事先衡量哪些工作可以为公司带来最大的效益，必须优先处理；然后列出有哪些工作正在进行，需要哪些支持才能在期限内完成。

当你做好以上的准备时，再开始与上司面对面讨论，你可以问："未来几天或几星期内必须先达成哪三个目标？"或是直接告诉他："我已经先排定未来几天应该要优先完成的工作项目，想听听您的建议。"总而言之，把短期内应该先完成而且你有能力完成的工作项目确定下来，这样不仅可以减少自己的工作负担，更可以提醒上司，让他了解你的实际工作量。

最后提醒一点，讨论的过程中必须时时站在主管的立场思考，体谅他所面临的压力。你该做的是协助主管解决问题，而不是把问题推给主管。当然，更不应该自己承受问题。

四、报告时要有自己的观点，只需少量的信息即可让上司感到满意

多数人在向主管或上司报告时，总是担心信息不够多，"万一上司问起来，答不出来，该怎么办？"根据商业心理顾问公司（Psychology for Business）的心理学家约翰·维佛（John Weaver）所进行的研究显示，有10%～15%的人在面对上司时会有恐惧的心理，而且如果向上司报告时手中的资料不够多，感到恐惧的人数比例又会更多。

其实，这种担忧是多余的。太多的信息会变得没有重点，如果又缺乏解释，对于上司一点帮助也没有。"内容精简、切中要点，最重要的是能够帮助我快速地作决策。"这是维佛访问多位资深主管对于演示文稿内容的要求时所得到的一致结论。

你要做的是利用重要的信息或数据提出解释，一定要有自己的观点，而不是模棱两可的描述。如果你是上司的话，你会作出什么样的决定：新产品上市的最佳时机是什么时候？该不该跟随竞争对手降价，还是要逆势操作？

此外，向上司报告时，要能精准地掌控时间，你要有心理准备，在报告的过程中必定会被打断，上司可能得先接个电话，或是提出一些问题，必须花时间说明与讨论。所以，如果你有30分钟的时间，只要准备10分钟的报告内容，不仅可以避免超出时

间，而且可以替上司节省更多的时间，更能显现出你的工作效率。

如果报告的主题是关于长期的规划，要记住：过去以及未来的 90 天是最重要的。如果你要制作 10 页的演示文稿，报告未来一年的年度规划，未来 90 天的计划应该占 9 页的内容，需要详细的说明，至于其余的部分只要 1 页就可以。

如果你希望得到上司的支持，报告必须清楚、直接，而且是简明扼要。不要让上司觉得你只是想偷懒，把责任推给上司。举例来说，如果你希望上司支持你的提案，就应该逐条列举已经完成的工作项目，而后提出未来 30～60 天之内需要上司协助的事项。例如，他可能要参加哪些会议，参加会议的人员有哪些，他需要公开向所有员工宣布哪些事项，等等。

五、演示文稿时增加互动的机会，可缩短演示内容与报告时间

PowerPoint 的发明，让我们有了更方便的沟通工具，但事实上也占据了不少的工作时间。每年每一个人制作的演示文稿数目在不断增加，制作演示文稿所花费的时间也是有增无减。有研究调查表明，最高的纪录是 25 分钟的议程总共有 108 页的 PowerPoint。然而，有多少人能记得 108 页的内容？

一份好的演示文稿，必须能产生影响力，改变对方的决定。在制作演示文稿时，我们可能时常忘了听众的存在。真正成功的演示文稿在于清楚而正确地传达信息，创造沟通与对话的机会，进而让对方因为你的演示文稿内容而改变思维、决策或行动。因此，重点不在于演示文稿，而是沟通的品质。你不只是“报告”，而是要引发双向的对话，试图影响对方。

在做任何的演示文稿之前，你必须思考以下三点：

（1）你希望听众听完演示文稿之后记得哪些重点？

（2）听众会有什么样的感受？

（3）你希望他们听完演示文稿之后有什么样的决定？

接下来就是实际的制作问题了。最好的开始方式，就是把听众想知道的重点转换为问题，这样不仅可以立即吸引听众的注意力，更可以大幅减轻你的工作负担。演示文稿的过程不应只有你一个人在说话，你可以提出问题，让观众和你有互动的机会。这样一来，50 分钟的议程你只需要准备 30 分钟的演示文稿内容，其余的时间应该是与听众互动的时间。

举例来说，在解释产品策略时，不是滔滔不绝地解释策略的第一点、第二点、第三点……而是提出问题：我们的产品对你们有什么好处？可以为你的部门带来哪些改变？

每一次的演示文稿都必须有一页的内容摘要，不是要列出报告的重点，而是简要叙述这份报告所要传达的最重要的信息。此外，一页一个重点，这样才能让他们印象

深刻，而且真正地去思考你所说的内容。过多的信息，只会让听众感觉无聊，甚至记不得你说了些什么，等于是一次失败的演示文稿。

六、有效过滤邮件，让自己的注意力集中在最重要的信息上

电子邮件以及实时通讯技术是一种幸福，同样也是一种诅咒。因为它，你可以看到全世界；也因为它，你被杂乱、没有焦点、不必要的信息给淹没了。你要做的是，知道何时该关闭你的虚拟沟通之门。

高德纳咨询公司认为，现代人不可避免地陷入了所谓的“无所不在的连结（pervasive connectivity)”的迷思，你让所有人在任何时间都可以接触到你。不仅是电子邮件，还包括手机、实时简讯等。

这些科技让我们可以实时地沟通，我们也自然而然地觉得必须随时让人找得到、必须响应每一件事情、必须立即完成每一件事情。所有人都因为这种不切实际的期待而工作过量、过度消耗自己。

垃圾邮件的泛滥或许是原因之一，但更重要的是，我们不知道如何利用客观的标准快速有效地过滤以及编辑大量的信息，以致花费太多时间在不重要的信件上，而真正需要你注意的却被遗漏了。

正确的过滤流程是：

第一步，先看信件主旨和寄件人，如果没有让你觉得非看不可的理由，就可以直接删除，这样至少可以删除50%的邮件。

第二步，迅速浏览其余的每一封信件内容，除非信件内容是有关近期内（例如两星期内）你必须完成的工作，否则就可以直接删除，这样你又可以再删除25%的信件。

前两个步骤所花费的时间不应超过10分钟。现在你的信箱应该只剩下25%的信件，但是并不表示你必须全部保留剩下这25%的信件。

第三步，你必须判断这封信件：

（1）是否与你现在的工作内容有关?

（2）是否提到你必须完成哪些事?

（3）是否说明应达成什么样的目标?

（4）是否列出可使用的资源?

如果不符合以上的条件，就可以直接删除或是回复给寄件人，请求对方尽快回复以上的问题。

经过以上三个步骤，你应该可以成功地删除90%的信件。

七、邮件内容尽量精简，节省写信的时间并增加对方响应的机会

最容易阅读、理解与回复的信件，最吸引人的注意，你的电子邮件使用习惯是这

样的吗？

每一个人的时间与注意力是有限的，电子邮件的内容越精简越好，不仅可以节省自己的时间，更能吸引收件人的注意，增加对方响应的几率，否则你的电子邮件就会在对方 90％的删除名单之中。

你必须利用最小的空间、最少的文字，传递最多、最重要的信息，而且必须更容易阅读，节省对方的时间。

该怎么做呢？信件的文字必须限制在 3×5 英寸的空间范围内，大约是一张照片的大小。为什么是这样的范围？因为对于接收信息的人来说，这样的空间可以让他们在2～3秒钟的时间内迅速浏览全部的内容，不需要滚动画面。

你该如何利用这有限的空间写电子邮件的内容？

（1）每一封电子邮件的内容在 8～12 句的范围内。

（2）超过 20 个字就应换行。

（3）如果超过 3 行必须空行。

八、当没有沟通的可能时，不要浪费时间去寻求改变

主管对于你的意见通常会有以下五种可能的回答：

（1）完全同意："我完全同意你的看法，也会全力支持你。"

（2）同意："我并不是完全同意，但是我相信你的判断。"

（3）不置可否："我不同意你的看法，原因是……不过很谢谢你的意见。"

（4）不同意："就照我的方法做。"

（5）完全不同意："我绝不允许有这样的想法，更不允许其他人有这样的想法。"

在沟通的过程中，如果你发现主管的回答多半是前三种情况，就表示这个主管是可以沟通的，愿意接受别人的想法。如果多半属于最后两种情况，就代表他是不容易沟通的人，总是听不进别人的意见，冲动作出决策，不愿意反省，只为了个人的利益或权力……不论你提出什么样的想法或意见，每一次都是吃闭门羹。

如果真的遇到这样的主管，完全没有沟通的可能时，你就不必再浪费时间或精力做无谓的沟通或尝试改变。这时你必须作出选择，你是否能够接受这样的工作环境，凡事只依照主管的意见做事，或是你比较喜欢有自己发挥的空间。这是选择的问题，无关乎好与坏。

这时，你可以有以下的做法：

（1）微笑点头。你已经决定不会将所有的精力投入在这家公司，只当这是一份工作，做好分内的事情就可以。这份工作不是你生活中非常重要的一部分，你宁愿花更多的时间在家庭或是自己的兴趣上。

（2）寻求其他发声管道。你仍然相信这家公司，也认为这是不错的工作环境，只

是遇到了不好的主管。所以你还希望再做一些努力：公司内是否有其他的管道可以让你的想法或建议被公司其他的人或更高层的主管听到，如全体员工大会等。

（3）准备转换跑道。你已经知道问题是无法解决的，也许是这家公司不愿意解决，或是缺乏健全的制度与管道，这时你应该当机立断，转换新的环境。

九、只要取得信任，不需要反复沟通，同样可争取到你要的资源

在经营成本的压力下，要向公司争取更多的资源，可不是一件简单的事情。尤其是碰到钱的问题，事情似乎就变得复杂许多。虽然经过无数次的讨论或精确的计算，成功的机会却是少之又少。

然而，多半时候，争取预算成功与否并非仅是关于钱的问题，它更是人际关系与信任的问题。如果上司信任你可以真正解决问题，为公司创造利益，你自然而然可以得到你要的预算。但是如果他对你没有足够的信任，即使公司有再多的盈余或者只是争取一小笔的预算，都很困难。

不要只看到钱的问题，如果你一直陷入数字游戏当中，情况对你永远是不利的。公司必须面对严酷的经济压力，永远是希望可以用更少的钱创造更多的利益。

上司对你的信任来自于你解决问题的能力，所以你必须从不同的角度去思考：什么是让你的上司感到最头痛的问题？是无法依照原定计划完成；还是无法掌控情况，对于未来感到不确定；或者是希望员工能够做得更多，减少更多的成本？

当你在争取预算时，必须先想清楚上司可能担心的问题，以作为你的说服理由，这是最有效的。例如，“如果再增加两个人，只需要六个星期，就可以按照预定计划完成。”

而且，不要只强调你的单位或者部门的需求，你争取预算是为了帮助上司解决问题，达成目标。所以，你的重点在于上司所担心的问题，而不是预算数字。

当你第一次提出要求时，最重要的是让上司了解你的提案，讨论时间愈短愈好，最好不要超过 15 分钟。千万不要在第一次提案的时候就直接提出需要多少的预算，这样通常不会有太高的成功几率。你的目标应该是有第二次讨论的机会。如果上司愿意再次讨论预算的问题，通常成功机会可高达八成以上。

十、专注工作本身而不是绩效评价，才能真正有好的表现

绩效评价本身立意良好，我们每一个人都应该随时知道自己的工作绩效如何。但是多数组织的情况是，绩效评价被过度操作，有各种不同的名目，还有复杂的计算。主管根本没有足够的时间做深入的评价，最后只是沦为数字游戏而已。

公司真正的目标是扩大控制、减少成本，绩效评价的制度让公司有合法的借口可

以开除不称职的员工。员工为了保住工作，只想着怎么样才会让自己的成绩突出一些。

事实上，你根本不必把精力花费在这些数字游戏上，不要因为公司今天要评价外语能力，你就开始自费上课恶补；某一天公司决定加入提案企划能力的考核项目，你又开始烦恼该怎么办。这样只会让你疲于奔命，结果却适得其反。

要有好的绩效，你的出发点是工作本身而非绩效评价。你只要想到以下的问题：该怎么把这件事情做好？你必须加强自己哪方面的能力？当你顺利完成目标、有了具体的成果，自然会有好的评价结果。

所以，你要做的只有以下两件事情：

（1）至少每个月询问你的主管："我做得如何?"尽量提出具体的问题，如"上司对于我所排定的进度是否有什么意见?""我想会议流程非常顺畅，你认为还有哪些地方需要改进?"你应该随时和主管沟通自己的工作表现，这样你可以事先知道自己的缺点在哪里，以便及时作出改正，同时也可以了解主管的期望。

（2）至少每个月询问："原先的工作安排有没有必要调整?"也许你的目标是在年初，甚至是前一年年底所定下的，然而外在的环境有所改变，先前所设定的目标势必要作出调整，故应随时确认最优先的目标是哪些。

当你做到以上两件事情，便可以随时了解自己的工作绩效，以及确认自己是在处理应优先完成的事项，自然可以达成具体的成果与绩效。

时间管理，既是一门科学，也是一门艺术。面对时间，我们的态度是：花点时间工作，那是成功的代价；花点时间思考，那是力量的来源；花点时间读书，那是智慧的基础；花点时间游玩，那是青春常驻的秘诀；花点时间与人结交，那是通往幸福之路；花点时间追逐梦想，那能使你摸到天上的星星；花点时间恋爱，那是神仙的特权；花点时间去周围看看，人生苦短不能只顾自己；花点时间欢笑，那是灵魂的音乐！

第二节 日常工作时间安排

在美国有一项调查指出，大部分成功的公司老板每天要不停地工作 12 小时左右，有少部分甚至达到 15 小时之多。他们没有太多个人的时间，即使有也被许许多多的工作分割得支离破碎，很难有连续的空闲时间；而且这种忙碌的情况，会随着公司的扩展而越来越严重。比如星期日对一般人而言是一个休息的日子，大家都可以放下工作暂时轻松一下，可是这些上司们却没有这种福气，他们仍得为下周的工作安排绞尽脑汁。因此，如何充分利用时间成了公司上司要上的最重要的一课。

上司专心在办公室工作的时候，最不愿意受到外人打扰，秘书的责任之一，就是保护上司不受外界琐碎事务的干扰，可以安心工作；而且在日常的工作中，上司可能要出席会议、会见客人、接洽生意、考察或者发表演讲、参加聚餐等活动，公务十分繁忙。作为上司的得力助手，秘书的作用在这个时候应得到最大限度的发挥。秘书应该很好地为上司安排工作日程，有效地为其管理时间，将这些活动安排妥当。比如说能合理地安排会议会谈的日程，能妥善地为上司安排旅程，能有效地安排一天的工作日程，使上司提高工作效率，在有限的时间内井井有条、有序地工作。

一、日程安排须知

请看表 5—1 所示的日程安排。

表 5—1　　日程安排

日程安排
8 月 26 日，拉古那斯教授偕同夫人 Montse 女士乘 MU5130 航班于 20：55 到达济南机场，我校派车去接，并安排到新校留圆宾馆居住。
8 月 27 日安排拉古那斯教授及夫人去泰山旅游。
8 月 28 日上午 8：00～11：00 在电子系二楼大会议室，教授与大家见面并进行第一次讲学；下午 2：30～5：30 在同一地点进行第二次讲学。
8 月 29 日上午 8：00～11：00 在电子系二楼大会议室，教授进行第三次讲学；下午2：30～5：30在同一地点进行学术讨论并与大家告别。
8 月 30 日安排教授及夫人去市里参观、购物；当晚 19：10 教授及夫人乘 MU5129 航班返回北京。
8 月 31 日上午 9：40 教授及夫人乘 AF0129 航班回国。

从表 5—1 可以看出，对如此繁杂的活动进行日程安排不是一件简单的事情，其中也有许多技巧。时间既要安排得紧凑、严密，同时又要有一定的弹性。在安排日程的时候，必须注意下述几点。

（一）顺序的先后与时间的分配

掌握上司的工作脉络及其与公司内、外各组织的关联，经常考虑应该先做哪项工作并向上司请示报告。请示时要认真，不要只报告聚会或会见的开始时间而漏了所需时间。

（二）进行预约的方法

预约是以书面或口头（电话）方式来进行的。如果是通过对方秘书得到的预约，要请对方秘书向其上司报告和请示，且不要忘记确认是否接受。有的预约不是通过秘书而是通过上司直接决定的，这时，秘书也要马上与上司取得联系，以便进行必要的准备工作。

（三）合理地安排日程，时间上留有充分的余地

安排上司的工作日程，在时间上一定要留有余地。有许多秘书都犯过这样的错误：

为了争分夺秒，上司刚开完董事会，就安排与A先生会谈等。其实，这样看似时间排得很紧，似乎人的潜力得到了最大限度的发挥，然而事实证明，这并不能提高工作效率。因为如果上司刚刚开完董事会，思想还不能一下子转过弯来，加之没有休息，比较疲劳，以这样的状态与A先生会谈，是不会取得最佳的效果的。而且如果董事会要延长时间的话，就会白白浪费A先生的时间。所以，在制定日程表的过程中，最大的困难就是时间的测算。董事会要开多久，与A先生的会谈需要几个小时等，这两项活动之间要留多少时间，以应付突然事件的发生等都要计划好。如果是公司内部的会议及其他活动，时间的测算也许要容易一点，与公司外部客人的会谈则不好说了。比如说签合同，如果事先知道对方会提出什么条件和要求，事情也许好办一点；如果事先不知道的话，还需要讨价还价，合同签下来到底需要多少时间，就更加难以预测了。因此秘书在安排日程表的时候，最好在每项工作原定的时间后，再加上10～15分钟的机动时间。

（四）内外兼顾

随着公司的发展和业务的壮大，上司会越来越多地与外界打交道，但作为一个上司，他必须内外兼顾。因此，在给上司安排工作日程表的时候，一定要留出专门的时间让领导来了解本公司生产经营状况，及时处理内部事务中的各种矛盾和问题等公司内部业务，从而来把握本公司的发展。如果从上午8点半就开始开董事会，10点与A商社的B董事长会谈，下午1点半去拜访C公司的D经理，如此等等，上司一天到晚忙于这些活动，没有时间了解各科室的情况，对请示报告也不能及时批阅，对必须由他解决的矛盾也不能及时解决，则会影响本公司的发展。因此在给上司安排日程表的时候，一定要留出适当的时间，让上司来了解公司的基本情况。这样才能使上司的外部活动与处理内部事务共同服务于公司的发展。

（五）提高效率

上司要到几家公司拜访，是先到A公司还是先到B公司？是由A公司到C公司还是由B公司到C公司？对于这些问题，秘书要事先统筹考虑，找出最佳行车路线，减少路上耽误的时间。当然，如果C公司提前邀请，那么，在时间安排上要尽可能优先。

上司经常要乘车外出，因此秘书对乘车时间和交通状况要比较清楚。比如上班、下班时交通拥挤的情况，顺行和逆行的情况，周末和平时的情况等，对于这些情况要心中有数，才能比较准确地算出上司外出办事在路上所需要的时间。类似这样的要根据具体情况来安排具体事务的例子在实际生活中有很多，如果要做到成功地运用，就需要平时多加留意一些生活细节。

（六）适当保密

上司的工作日程安排，一般都是制成一览表的形式，因为它简单明了。日程表给上司本人一份，给秘书科长和其他综合负责人一份，再就是给有关科室和汽车司机复印几份。

不过，给业务科室和司机的日程表，内容不能太详细——比如上司某月某日出差，在前一天的上午与A商社的B常务理事会谈——只有秘书自己和上司本人手中的日程表才允许这么详细，因为日程表送得越多，泄密的可能性就越大。比如业务科室的人在与客人洽谈业务时，无意之中让对方看到了上司的详细日程表，后果就会不堪设想了，所以，给这部分人的日程表，只要与他们业务有关的部分详细一点就行了。

因此，在制定日程表时要使用一些表示特定工作内容的符号，但是，这些符号所代表内容在公司内部要统一，不仅负责制定日程表的秘书要明白，而且要让其他秘书也能看得懂。另外，日程表旁边最好还要留一定的空白，以便随时能用铅笔添加和删除。

（七）事先同意

在安排上司的日程时，无论是一般的工作还是重要的工作，都要事先征得上司本人的同意。因为上司在审核日程表的过程中，往往会根据自己的经验来考虑采取什么方法处理，是否要安排专门的时间，而这些也正是秘书所要掌握的。但是，也不能完全听任上司的主观意思去做，把计划丢在一边，如果是这样，秘书就有可能不知道下一步应该干什么，使日程表变成了一张废纸。

几乎所有的秘书都是这样的：在本月末安排下个月的工作；周末安排下一周的工作；在前一天下午或者当天早晨的第一件事就是安排当天各项工作的时间与具体步骤，并与有关各方面打好招呼，以保证各项工作按计划顺利进行。

二、日程安排的形式

上司的日程安排可以分为年度计划、当月计划以及每天计划等形式。计划是安排越细越好还是越粗越好？这主要根据上司的实际需要而定。一般来说，由于客观的变化和许多不可预料因素的影响，中长期计划是宜粗不宜细的。现在大多是这样，年前制定年度计划，年度计划主要是将来年的工作大致描个轮廓，比如为了实现某项重要目标而要抓哪几项工作，或按规定要开哪几个例行的大会，根据年度计划的设想，安排当月的计划。而本周的计划就是实施，比如星期一上午与某某商社董事长会谈，星期二下午召集哪些人开研究会等。不仅如此，还要根据实际情况的变化随时调整、充实计划，使之更具体、更详细。

下面的内容是对上面所列的几种工作计划表的简略说明，可以和秘书的工作实践相对照。

（一）年计划表

公司在一年中的例行活动，上司所属企业在一年中的例行活动，商界在一年中的例行活动，以及根据公司年度工作计划，可以确认的必须参加的活动，就事先列入表中。

（二）月计划表

从全年计划表抄下日程安排，填写出差和聚会等预定事项，要抓住当月的重大的活动。

（三）周计划表

正确地填写会议、约会等预定活动，包括时间等安排。在周末要向领导报告下周计划表，并得以确认。周计划表的安排要考虑到领导的忙碌程度以及其他因素，如果上司本周身体不好，或临时事项太多，则可以将一个月内必须完成的已知事项，安排在其他周完成。

（四）日程表

上司在一天中要做许多工作，为使其事先掌握自己所要从事的重要活动，必须提供给上司日程表。在前一日下午或者当天清晨，根据周计划表，抄制当日日程表，并得到上司确认（如果不制作日程表，根据周计划表安排工作时，也必须于前一日或当日清晨得到确认）。

此外按照不同的分类标准，还有出差计划表、旅行计划表等。无论采取哪一种计划表，或哪几种计划表相配合使用，均应该根据上司的身体状况、忙碌程度、公司经营情况、业务进展情况等作出选择和统筹安排。

一般来说，刚刚参加工作的秘书不可能把上司的工作日程表安排得那么周到，至少得 2～3 年才行。所以如果你是一位新入行的秘书，应该很虚心地向资深前辈学习和请教，同时自己也应该多加留意，掌握计划表安排的技巧和方法，与有关科室密切配合，才能将这项工作做好。

三、日程计划表的编制

（一）编制步骤

重大的商务活动，一般都在一年计划表或一季计划表中及时地做妥善安排，由高级管理人员商讨研究后，定下重大活动项目，交秘书制作成文。所以说秘书在日程安排方面的经常性工作就是日志、一周计划表和一月计划表。一周计划表编制步骤如下：

（1）于本周的前几天，将工作预定表分发给每个高级管理人员，请他们将自己下一周内的预定事项写清楚。

（2）周末，要将每位高级管理人员的预定表收集上来加以整理。如果有的高级管理人员无暇填表，则秘书就要直接以口头询问的方式，得到回答后，帮他填表。

（3）仔细阅读每位高级管理人员的预定表，并与月计划表、备忘录进行核查，若发现有矛盾，立即向本人询问，以便及时调整。

（4）将预定表编制成下周计划表，复印成副本，将正本送给每位高级管理人员本人。

月计划表和周计划表制作步骤相同。下一个月的计划表一定要在本月内制作完成。一天的日程安排，按时间先后记载，秘书要有敏锐的分清主次的判断力，将重要工作安排在一天中最佳时间内。

（二）注意事项

编制日程计划表的注意事项如下：

（1）不论是年、月和周哪一种计划表，都须归纳为一页，以便于查阅。画出表示时间的线段，一看便可以掌握开始时间、所需时间等。这种线段考虑了上司的工作时间，标明了某项活动的必要时间。

（2）计划表设有日期、时间、地点、预定事项、备注等几项内容。

（3）不要把上司所交代的预定事项全部列入计划，而要以上司能否按计划行事为基础编制计划表。

（4）对于处理完毕的工作，从计划表上删除，这样可以清楚计划落实完成的情况。

（5）秘书应该谦虚豁达，谨慎地处理计划表中的变更事项，避免引起有关人员的误解。

（6）周计划表和日志卡片用毕后归档。

秘书要编制相当精确的计划并不容易，但必须尽心尽力编好。为上司安排好各项工作，关键的一点是，秘书要熟悉和了解自己企业的情况，在平时要多多注意与计划有关的事项，不断积累工作经验，这有助于编制精确实用的计划。

四、商务旅行日程计划表的编制

掌握对公司发展有益的信息，寻找更好的营销伙伴，使企业在国际市场上保持不断进取的地位，是上司的商务旅行中极为重要的工作，秘书要为上司的商务旅行提供一流的、优质的服务，除为上司筛选相关住处资料及做好其他准备工作外，很重要的一项工作就是制定一份合理的旅行行程、工作计划表，使上司在有限的时间内，有条不紊地、高效率地完成预定任务。

（一）商务旅行计划表的内容

一份清清楚楚的商务旅行行程、工作计划表主要包括六项内容：日期、时间、地点、交通工具、具体事项和备注。

（1）日期：指某月、某日、星期几。

（2）时间：一是指旅行出发、返回时间，包括因商务活动需要到两个或两个以上的国家或地区的抵离时间和中转时间；二是指旅行过程中各项活动或工作时间；三是指旅行期间就餐、休息的时间。

（3）地点：一是指旅行抵达的目的地（包括中转的地点），目的地的名称既可以详写，即哪个国家、哪个地区、哪个公司，也可以略写，即直接写到达的公司名称；

二是指旅行过程中开展的各项活动或工作的地点；三是指食宿地点。

（4）交通工具：一是指出发、返回的交通工具；二是指商务活动中使用的交通工具。

（5）具体事项：一是指商务活动内容，如访问、洽谈、会议、宴请、娱乐活动等；二是指私人事务活动。

（6）备注：记载提醒经理注意的事项，诸如抵达目的地需要中转时中转站的名称、休息时间、飞机起飞的时间，或需要中转时转机机场的名称、时间，或某国家为旅客提供的特殊服务等，或开展活动与就餐时要注意携带哪些有关文件和契约，应该遵守对方民族习惯的注意事项等。

（二）旅行行程工作计划表的编制注意事项

要编制一份切实可行的旅行行程工作计划表，必须注意以下几点：

（1）要明确上司旅行的意图、目的地、旅行时间、到达目的地后的商务活动计划。

（2）了解上司对交通工具及食宿的要求，熟悉公司对出差的有关规定。

（3）向公司所在国家的有关服务机构或向旅行目的地享有盛誉的旅游机构索取有关资料，了解当地的乃至其全国各交通（航空、航海、铁路、公路）工具运行情况，旅行路线，旅馆环境情况，目的地的货币、外汇管理规则，经商特点及有关护照、签证、健康规定等常识，需要中转时，尽量选择衔接时间在2～4小时的班机，将因中转而导致的时间浪费情况减少到最低程度。

（4）制定行程计划时，要尽量直接利用定期航班的航线来设计旅行路线。

（5）安排计划时，在时间一栏中，必须说明时差的变化，买机票（车票、船票）时也要注意时差。

（6）拟订几个旅行方案，与上司共同讨论，最后选定最佳方案，旅行行程工作计划表一式三份，上司及其家属各一份，最后留一份存档。

秘书应熟悉世界各地时间计算的方法（见表5—2），国际上统一以英国格林尼治时间（Greenwich Mean Time，GMT）为标准时间（Standard Clock Time），这样两半球就分为东八区和西八区。东八区的时间比GMT快，西八区的时间比GMT慢。旅行行程工作计划表制作要清楚（见表5—3），离开和到达的时间都应以当地时间为准。

表5—2　世界各地时间计算表

GMT	中国＋8	法国＋1	澳大利亚＋10	加拿大（西海岸）－8	美国－5（纽约）
1:00	9:00	2:00	11:00	前一日17:00	前一日20:00
8:00	16:00	9:00	18:00	0:00	3:00
17:00	次日1:00	18:00	次日3:00	9:00	12:00
21:00	次日5:00	22:00	次日7:00	13:00	16:00

表 5—3　　旅行行程工作计划表

<table>
<tr><td colspan="2">旅行日程
王可庆总经理行程安排
广州——纽约
7 月 6 日～8 日</td></tr>
<tr><td>时间</td><td>事项</td></tr>
<tr><td>7 月 6 日　星期一
上午 9:15
下午 13:30
下午 19:15
下午 20:00</td><td>
乘中国民航 302 次班机离开广州
乘 CA981 次班机由北京去纽约
抵达纽约（李丽达小姐接机），下榻谢尔曼（SHERMAN）大酒店
拉尔夫・雷蒙先生在大酒店与您共进晚餐</td></tr>
<tr><td>7 月 7 日　星期二
上午 9:30
中午 11:30
下午 18:30
下午 18:30
下午 19:30</td><td>
与拉尔夫・雷蒙先生在公司会议室会谈（需用的 2 号文件在公文包里）
与拉尔夫・雷蒙先生共进午餐
与拉尔夫・雷蒙先生继续会谈（需用的 3 号文件在公文包里）
在酒店里用晚餐
拜访李盛国先生（由李丽达小姐陪同，礼品在手提箱内）</td></tr>
<tr><td>6 月 8 日　星期三
上午 9:00
中午 12:15</td><td>
乘 CA982 次航班离开纽约回北京
抵达北京（由赵曼小姐接机）</td></tr>
</table>

五、日程计划的变更、调整

案例 5—1

总经理帕森下午 2:00 要和业务部共同讨论如何开展某商品在郊区的销售工作，这项销售工作的成败和公司是否能达到今年年度的销售预算有很大关联；接着，下午 4:00 又要和一位客户商洽一笔重要的交易，他希望花一个小时的时间和这个客户商讨，5:00 结束。但是恰巧当天上午，办公室又收到某一政府单位临时开会的通知书，上面写着开会的时间是下午 3:00，必须由帕森亲自参加，而且通知书上没有写清楚会议结束的具体时间。要是你是帕森先生的秘书，你该怎么办呢？

因为下午 2:00 开始的讨论会，到 3:00 一定无法结束，而 3:00 开始的会议，又不知到什么时候才能结束，所以 4:00 与客户的约会可能会受到影响。总之，这份临时的开会通知，使帕森整个下午的工作程序都被搅乱了。这个时候，你应该为你的上司出主意了：3:00 开始的会议必须准时参加，不能推辞，也不能变更；4:00 的约会，涉及一笔到手的生意，最好能在当天谈完，不宜改在第二天，以免夜长梦多；2:00的讨论，参加的人员都是公司内部的职员，可以将时间延后一点，不致影响太大。

因此你可以将帕森下午的时间安排进行如下的改变：2:00 和客户商谈生

意，3:00 参加政府机关的会议，4:30 或 5:00 召开讨论会。这么一来，这三件事都能如愿做到，不会影响任何一件事。只要经过上司同意，即可着手与这位客户联络，变更约会时间，并且通知业务部人员，将讨论会延后到4:30或 5:00 开始。

由以上案例可见，日程表安排好以后，不可能一成不变，因为事情的发展有很多时候是出乎意料的，因此一个好的日程表，要能适应各种情况的出现。

有时候，因为一个会议改期，会引起一连串的多米诺骨牌式的效应：上午的会议改在下午，下午与 A 部门主管的会谈改在第二天——这只是内部的调整，还不是特别麻烦。如果原计划变动，以及因计划变动而涉及公司外部的人员时，比如与 B 公司董事长的约见，到 C 公司的拜访等，作为一名秘书，不能自行决断，而是要立即向上司报告计划变更的情况，说明计划变动可能带来的影响，与上司商量处理办法后，及时与对方联系，尽可能诚实，把实情告诉对方，以得到他们的谅解，同时与对方商量重新约会的时间，时间确定后，再向上司报告，然后列入计划表中。计划变更时应避免发生漏写或者记错的情况。

六、规划器

（一）规划器的种类

长期规划器可以是手工的，也可以是电子的。

电子形式的规划器可以在计算机上也可以在计算机化的个人管理器上。电子规划器容许日期和目的都被列入进度表。这种进度表这样建立起来以后可以在一段时间内（比如一天、一周）提醒用户值得注意的日期、时限等。

手工规划器通常是以挂图的形式出现。像年历挂图，但也有很多是 3 个月、1 个月、16 个月、学年或欧洲年份规划器。在挂图上面应该有充足的空间来写入信息。在现实工作中，可能还需要同时使用几种不同的挂图以使信息的写入清晰无误，比如，用于员工假期的休假规划器和一个 3 个月的用于当前项目的规划器。同时还要选择合适的图形格式，使用彩笔和彩色胶带以及用于表示“今天”的标志符都可以使信息更加突出和醒目。要将挂图放在一个比较便利的位置上，以使它们便于得到及时更新，员工也可以清楚看见它们。要保证它们粘贴牢固、不断更新、定期检查。

许多办公室也使用白色的写字板来记录短期的工作时限，方法是将时限或相关信息从挂图抄至白色写字板，以使工作显得更加紧促。

（二）规划器的目的

规划器上的信息可以提供三个时间段的信息：过去的、现在的和将来的。任何一天的信息都会和过去发生的、现在正在发生的和以后将要发生的事情相联系。

过去的信息作为过去活动的记录是非常重要的，比如说员工的假期、达到目标的情况、完成的事项。

现在的信息用于指导现在的活动。

将来的信息作为一种前瞻性的工具是非常有用的，并且可以通过它们预测和组织某些资源的要求。这样的资源有：

（1）人——预期的人员需求。

（2）时间——需要提前完成的工作时间和完成任务的充分时间。

（3）设备——计划中设备的使用以及任何租用或购买的需求。

七、工作计划和时序安排

（一）对工作的认真计划是工作高效和有效的关键因素之一

它可以最大限度地减少工作拖到最后一分钟而造成的惊慌失措。例行工作可以用例行工作计划表进行计划，如表5—4所示。表中列出了日常、一周和一个月所要完成的例行事务。

表5—4　　例行工作计划

日常任务	一周任务	一月任务
拆封和分发邮件 处理一般性询问 预订培训课程 准备培训材料 准备发出邮件 处理语音邮件	每周总结员工反馈情况 检查和分发办公室文具 每周组织员工会议 每周完成培训反馈 督查一个星期的评估问卷 检查和记录员工支出申请 更新费用电子数据表	准备员工疾病和休假情况单送交总部 完成办公室健康和安全清单 完成现金记录并送交财务处 按月将费用清单送交总部

（二）将要执行的任务制成清单也是非常有用的

这些任务应该区分次序，并且一旦完成立即从清单上划去。日常工作清单如表5—5所示。

表5—5　　日常工作清单

任务	优先级	完成情况
给琼斯先生打电话（432879）归还约翰的参考书	☆☆	
确认艾克雷酒店的房间预订情况	☆☆☆	
为某某研讨会准备代表团	☆☆☆	
进行照相复印机的维护，给迈克先生打电话（764233）	☆	

注：☆——例行

☆☆——优先

☆☆☆——紧急

（三）特殊项目或者活动计划表

可以通过制定特殊项目或活动计划表来计划和监督其完成情况（见表5—6），下面是其指导原则：

（1）列出所有需要完成的任务，并将它们排列在时间框里。

（2）建立时间框。设立结束日期并将活动放在确定的时间区里。

（3）有逻辑地对这些活动进行时间排序。有些活动在完成上是有顺序的，比如在订酒店的时候必须首先问询它们的情况。

（4）设立时间界点。正在进行中的期限时间能够得到控制且能确保项目正在朝目标前进。

（5）现实。允许对于问询进行回答所需要的时间。

（6）确认任务职责。对于每一项特定任务确定责任人和部门。

（7）允许偶然事件的发生。要有容许事情发生错误的时间，比如说照相复印机出现故障。

（8）列出资源的出处。所要求的时间、人员、设备和文具。

（9）包括某种形式的监督。要有质量检测并将已完成的任务划去，表中还应该有定期的会议。

表 5—6　　特殊项目或活动计划表

西莱克斯研讨会时间安排表		
第一个星期	第二个星期	第三个星期
7 月 3 日到 9 日预订研讨会房间（由保罗完成）	7 月 10 日到 16 日准备培训材料（由保罗和简尼斯完成）	7 月 17 日到 23 日校对培训材料反馈表（由保罗完成）
西莱克斯研讨会具体工作安排表		
第一个星期	第二个星期	第三个星期
从培训员（保罗）处收集培训材料	检查培训材料（由保罗完成）	星期三最后检查房间、设备
预订饮料（由保罗完成）	照相复印机培训材料（由保罗完成）	签到表（由保罗完成）
检查到达西莱克斯酒店的代表团数目（由保罗完成）	准备签到表、反馈表、参加人员表等（由保罗完成）	星期四安排会见客人等（由保罗完成）
准备培训计划并最后定稿（由保罗、简尼斯和哈密德三人共同完成）	通知接待员（由保罗完成）	

组织会议是秘书人员要掌握的重要组织技能之一，在安排过程中，秘书的一项很重要的工作就是编制出一份比较周密和完整的会议日程安排，这个日程安排是会议进行各阶段活动和与会人员安排个人时间的依据，因此在编排中要保证各项内容准确无误。具体的会议日程安排如表 5—7 所示。

表 5—7　　会议日程安排

国际管理协会技术训练讨论会 1月24日		
日程安排：		
上午 8:00	到达布兰森公司	
上午 8:15	早餐	A 餐厅
上午 9:00	专题讨论会	教育中心二楼多功能厅
上午 10:00	参观（自愿）	
上午 11:00	返回	
专题讨论议事日程：		
上午 9:00	欢迎仪式	皮特曼 （学部经理）
上午 9:05	介绍经营发展及技术训练情况	普尔曼 （公用事业部经理）
上午 9:20	销售训练	波特尔 （销售训练管理人）
上午 9:35	服务训练	诺伊斯 （服务训练管理人）
上午 9:50	讨论	（全体参加）

第三节　管理日志

作为一名秘书，不可能单凭自己的力量记住办公室日常工作所需要做的大量细节工作，包括上司要参加的活动和约会，以及对于将来工作的安排。所以应该在工作日志中做一切记载，不仅记下上司安排的活动和约会，还要记下为以后各项活动所要做的工作。通常需要坚持同时填写两本日志——一本是上司的，另一本是自己的。应该保证有关上司的所有事项都记载在上司的日志上，同时也记在自己的日志上。日志系统还可以分为两种——手工日志和电子日志。一个公司可能使用其中的一种类型，或者是两种类型混合使用。

一、手工日志

手工日志系统使用一系列的日志来记录约会等事务。日志有多种形式和大小，比如说一天一页，一个星期的记录在一页上等。日志大约是一年更换一次，日志上任何一般性的信息都必须在一年末的时候转换到新的日志上。

（一）使用手工日志的注意事项

在日志上记录事情的时候，应该注意下列问题：

（1）写字永远要用钢笔，尚未联系妥当的约会可以先用铅笔记载，待约定之后再用钢笔描一遍。

（2）记载时间、联系人姓名、地点以及其他有关内容，要尽可能简单而全面。

（3）记载社交活动，要注明招待会或酒会的时间，如 18：30 动身赴 19：00 的酒会，以及穿着方面的任何应特别注意的事项。

（4）一天的活动安排，应按时间先后记载。

（5）每天开始，要先为当天的所有活动做好必要的准备工作，如为会议和约会准备好文件和档案材料。

（6）每天工作结束，要仔细检查每个日志，看所有项目是否都已处理，所有约会是否都已赴约。

表 5—8 是秘书日志中一天活动的记载情况。

表 5—8 **工作日志**

20××年 8 月 2 日（星期五）

时间	地点	活动内容
9:00	办公室	工作人员会议日程
9:30	会议室	工作人员会议
10:45	办公室	为艾丁逊夫妇预订 8 月 4 日（星期日）中午 12:00 从伯明翰到伦敦休斯敦车站的火车票
11:00	办公室	打字机维修工维修打字机
11:30	办公室	约会：安东尼先生会见艾丁逊先生
12:00	银行	取小额现金——25 英镑
14:30	办公室	工作人员会议记录
15:00	牙科诊所	艾丁逊先生的约诊
17:00	布洛克酒店	18:00 招待会开始，提醒艾丁逊先生

（二）手工日志的特点

1. 优点

手工日志的优点如下：

（1）使用起来非常简单和容易。

（2）在任何地方都能够独立使用并且不依赖于任何电子设备。

2. 缺点

手工日志的缺点如下：

（1）只能一次供一个使用者使用。

（2）所记载的信息不如计算机系统中的信息那样容易搜索和分类。

（3）信息存储的空间有限。

（4）所存储的信息安全性和保密性受到很大挑战。

二、电子日志

（一）电子日志的种类

电子日志系统是利用计算机技术来记录约会和其他事项，目前，主要有三种电子日志系统。

1. 掌中宝型电子日志

这种小型的电子日志可以被设计成包含日志日期和其他有用信息，比如联系细节的电子日志系统。它们可以独立使用，或者可以连到计算机上成为较大系统的一部分。它们可能还有其他的附属功能，比如它们可以被连到电话系统上以收发电子邮件、传真等。它们具有小巧玲珑、便于携带的优点。

2. 便携式计算机日志

这种日志的日志管理软件、联系信息和标准程序，比如电子制表软件和文字处理程序都可以被存储到一个小型便携式计算机上。这种计算机可以和更大的系统相连以利用网络来发传真和电子邮件等。应用便携式计算机的优势在于可以将它带到约会地点，并且可以在约会来回的途中完成工作。在约会中讨论的问题也可以存储在计算机上，比如可以将讨论中的关于预算的电子数据表存储在上面。

3. 台式计算机日志

台式工作日志可以输入计算机，需要时，通过显示器和打印出的材料阅读日志内容。用键盘输入每项活动的日期、时间和简要活动内容，若是某项约会取消或更改日期，可以将储入的“记忆”擦去，需要的话，可以重新将其输入另一日期。假如上司不愿在某天或某天中的某个时间有活动，可以编制程序让计算机拒绝为该天全天或某段时间安排活动。若某一约见在一年中安排有几次，且间隔时间相同，那么，可以一次将有关日期输入计算机，计算机会自动地把该约会分别储存入你输入的每个日期里，同样，每年一次的活动，如结婚纪念日等，可以自动地把它分别输入以后的年度里。每日的活动项目，可以安排在一天工作开始时查看，而且，为方便计划以后的活动安排，查看一个月的活动项目也是可能的。所有近期的活动安排、提示录以及“不便安排活动”的日期，最多到30天以内的，都可以显示出来。

台式计算机通常被连接到网络系统中，这样就使一定范围内的人从网上利用信息成为可能。这时需要密码以确保只有那些经授权的人才可以利用这些信息。拥有许多用户的日志可以被利用、检查和更新。日志管理软件也可以输入一份员工清单或者合适的可以利用的日期和时间。一个日期被选择后将被记录在日志中。员工也可以通过电子邮件发来的信息得知会议的日期。

一些互联网服务提供商会提供日志程序，这种程序可以和你的其他电子日志同步，比如和你台式机上的日志保持一致。这就意味着一个经理人可以在世界的任何一个地方利用日志并检查管理员已经添加的任何新的约会。

（二）电子日志系统的特点

1. 优点

电子日志系统的优点如下：

（1）有可以利用的广泛的附加功能。

（2）网络系统上的日志可以许多人同时利用。

（3）可以存储大量的信息，且存储利用非常便利。

（4）信息可以备份以防丢失。

（5）密码可以保护信息的安全性。

2. 缺点

电子日志系统的缺点如下：

（1）需要一定的知识以使它们有效运转。

（2）需要利用相关设备。

（3）设备费用昂贵。

（4）便携式计算机和台式机必须有其他的安全措施以防丢失。

第四节　约会安排

约会就是为了顺利地与他人会见，事先将会见的时间、所需时间、洽谈内容告知对方，并作出约定的行为。因为约定会见有利于上司和来客双方更好地安排各自的工作，并有效地利用时间，所以约会工作是秘书的经常性的工作之一，如何把这项工作做得更好，是秘书应该经常思考的问题之一。

一、有效地安排约会

约会看上去是比较简单的一项工作，可是要想把约会工作做好，这里面还是有很多技巧和注意事项的，下面列出的内容会帮助秘书们将这项工作做得更出色。

（1）一天中的某一段时间，上司很可能希望留作处理日常事务，秘书应该在心中记着这一点。

（2）在外出约会之间，要留有充足的路上所需的时间。

（3）会议所用的时间很可能会超过预计的时间，鉴于这种情况，需要时应该向要求来拜会的客人说明这种困难；如果是非常重要的人物来访，上司为了赴约可能中途退出会议。

（4）一般说来，约会是通过电话联系的，在打电话的同一天，应该写一封信证实电话联系内容，该信件须留一份副本，作为该谈话的永久性档案，事情办理情况应以便条形式写给上司留存备查。

（5）如果来电话者要求安排约见，且日期、时间都已谈妥，则应记下来电话者的姓名、地址和电话号码，以备将来因故改变日期或时间，需要在与来电者联系时使用。

（6）给饭店写信，应写给“经理”，饭店的地址和有关情况应注意查考参考书。

（7）当联系社交活动时，因为社交活动包括上司的夫人参加，所以无论该活动是白天还是晚上举行，都要先问清每项活动上司夫人是否方便参加，然后再代表她接受邀请。

（8）如果上司夫人是个商人或者职业女士，有时她会要求丈夫出席与她的活动圈子有关的各种社交活动。因而，在联系上司自己的社交活动时，要经常注意与上司的夫人合作，这种合作需要做到何种程度，极大地取决于上司对他的夫人和他夫人的社交活动的个人选择。

（9）如果你的上司外出，不要在他回来的当天安排约会。

（10）如果你为上司安排了一个外面的约会，在他离开办公室之前，再打电话确定一下。

（11）在星期一早晨、星期五下午以及假日前后的那些日子里，少安排约会。

（12）注意千万不要在周末或假日安排约会，要记住对方的假日可能和你们的公司不同。

（13）安排约会时，一定要解释约会的内容是得到上司同意的。

（14）对约会的时间提出建议时，不要随便提那些不确定的时间，如“你喜欢什么时候和尼古拉先生见面?”

（15）如果你知道约会可能推迟，你要解释并打电话给有关人，再确定一下日期和时间。

（16）如果为你的同事安排约会，给他一张提示条，写上日期、时间及办公室的房间号。

（17）记下和你有约会的人的电话号码，以便万一约会取消或变更可以另行通知对方。

二、约会的方式

约会可以采用以下几种方式：

（1）如果上司告诉秘书，他安排了一个约会，秘书必须把它记在自己和上司的日程表上。

（2）如果秘书通过电话亲自安排约会，那么这件事必须得到上司的确认，然后再把它记入双方的日程表上。

（3）如果有人写信查询约会的具体时间，一旦时间确定，秘书必须通知询问的人并且把它记入上司和个人的日程表上。

（4）当上司和某人讨论时，他也许会让秘书安排下一次与那人约会的时间，秘书在安排好后，必须确保那人收到书面或口头的通知，并记在上司和个人的日程表上。

（5）秘书或秘书的上司可以通过信件与外地的参观者安排暂定的约会，这些约会必须用铅笔记入双方的日程表，因为它们可能会有变动。

三、约会卡片

上司要外出一整天参加各种社交活动和约会活动时，他可能会要求秘书准备一张约会卡片，供他外出时用，而不必将他的工作日志带在身边，该卡片应大小适中，便于携带，卡片上附有需要届时使用的请帖，或存放来往信函的案卷。约会卡片如表5—9所示。

表5—9　约会卡片

20××年，6月23日，星期三	
10:00	销售工作会议。地点：布兰克镇分公司办事处（南伊大街147号） 附：会议日程
13:00	与布兰克镇分公司上司及威明斯先生（新西兰代理人）共进午餐。地点：玫瑰庄园大酒店
14:30	与律师商谈租赁位于伊萨姆大街的假日别墅事宜。地点：科尔街11号 附：案卷
16:00	去艾姆特机场接约翰·庞德爵士及夫人，客房订在玫瑰庄园大酒店
19:30	去玫瑰庄园大酒店赴晚宴（宴请20:00开始） 服装：正式；附：请帖 为庞德夫人预订的花19:00送到

四、约请他人

上司A想约B公司的研发部主管C就关于联合开发研制某种新产品的问题会谈一次，于是他让秘书代他去邀请对方。秘书在约对方时，以下几点必须让对方明白：

（1）约请谁？

（2）什么时间（秘书在确定时间的时候，要有回旋的余地）？

（3）什么地方？

（4）什么事情？

（5）大约需要多长时间？

（6）需要带什么资料？

约好的第二天，对方的秘书突然来了一个电话："C主管最近要出差，不知会谈的时间能不能提前一点？”为了减少来回折腾，节省时间，经验丰富的秘书由于熟知自己的工作日志和上司的工作日志，可以这样直接答复对方：“改在某日上午 10:30，您看如何？”

为了慎重起见，秘书在会谈的前一天或会谈的当天早晨，还会打电话问一下对方，以防对方有临时变化。千万不要认为这是啰唆之举，而是以防万一的例行程序。

一位经验丰富的秘书，替上司安排约会的时间极为妥善，从不必让上司花脑筋去想。她首先了解上司的工作情况，上司在一天当中将处理的事情都先有个大概的印象，而且将它们的重要性和所需的时间弄清楚。注意：当需要替上司安排约会时，要按约会的性质，将它们安插在适当的工作空档之中，而且尽量将它安排得有弹性。经过这种安排，上司处理这一天所有的工作就会觉得顺利圆满，不致忙碌急促。

五、接受约请

接不接受对方的约请，主要看上司在时间上是否安排得过来。比如：

秘书接到 C 公司的 A 打来的这样一个电话：“我是 A，请问 B 总在吗？我想下个星期的星期二下午 2 点与他见面。”不巧的是上司买好了下个星期二去横滨出差的机票。是什么事？要多长时间？这些对方都没有讲。如果接受，一个小时能来得及吗？即使来得及，上司是否愿意弄得这么紧张？因此这位秘书这样答复 A 先生：“实在对不起，B 总定于下星期二下午 3 点出差，时间可能来不及，等他出差回来后再约个时间，您看如何？”既然这样，对方也许愿意改期，不过，对方也许会说只要半个小时就行。

再如，某公司副总经理 D 的朋友 E 打电话给 D，希望能够拜访他，可惜他不在公司，他的秘书告诉 E：“D 总今天整天都不在，您可以在明天早上 10 点半来公司，他那时可以和您谈。”第二天早上 10 点半，E 到那家公司很顺利地见到副总经理 D。这位秘书办事效率实在使人信服，虽然上司不在，她却能分辨事情的轻重，而主动地替上司约会，如果她不清楚上司的工作时间表，一定没有办法安排这个约会；当然这位秘书一定很受上司器重，否则不敢主动定下约会而没有先得到上司的同意。

本章小结

效率是管理活动的生命。在当今社会，一项活动的开展不仅要达到预期的目标，还应该在最短的时间、用最少的资源，达到最好的效果。办公事务管理的质量和效果是通过其效率来体现的。现代管理者认为，任何门类的管理最终都有一个价值取向的问题，即为什么进行管理。这种管理学的价值取向具体到办公室事务管理领域，就是办公室事务管理效率问题。是否达到较高的效率取决于是否合理有效地安排和利用时间。秘书要很好地完成工作就必须善于利用自己的工作时间并为自己的上司安排好时间。工作是很多的，时间却是有限的。时间是最宝贵的财富，但它又是最有伸缩性的，它可以一瞬即逝，也可以发挥最大的效力。对于生产和商业活动，时间就是潜在的资本。在工业史上，经常有这样的事情：仅仅是一天之差，就可以导致一个企业的巨大成功和另一个企业的倒闭破产。

本章着眼于提高办公效率，论述了如何做好日常工作时间安排，如何利用和管理好日志系统，如何为上司做好约会的安排等。

关键概念

办公效率　时间管理　日程计划表　规划器　约会安排

思考与练习

课堂讨论题

1. 今天早上你走进办公室的时候，刚刚应聘为广告部秘书的琳达小姐正满脸泪痕地等着你，神情十分沮丧。她解释说，由于昨天下午出了几个纰漏，因而不敢见她的主管。昨天午饭后，她回办公室迟到了 20 分钟，结果看见她的部门主管正坐在她的桌旁打电话，并在她桌上成堆的信件、文件中翻找着什么；在他的办公室里还有一位来客，很不耐烦地等在那里。她的主管正生气地对着电话筒说，尽管他现在找不到文件副本，他肯定在两天前已将合同文本寄给对方了。琳达小姐对你承认，她前一天晚上下班回家早，忘记把那个客人的来访载入日志，而在今天的上班路上，又发现那份两天前就应该寄出的合同文本还在她的手提袋里。你现在不得不立即给她出主意来应急：

（1）如何去面见她的经理，并且从今天开始要按时上班；

（2）采取什么措施以避免今后发生类似纰漏。

简单谈一下你给她的忠告的要点。

2. 和你的同学讨论一下以何种方式能确保：

（1）你的上司能够按照已做好的安排如期赴约；

（2）他留待以后某一具体日期再做处理的事项，到时能够处理。

3. 某地级市要举行投资贸易洽谈会，请你和同学讨论一下在这个贸易洽谈会上可能要举行的活动，并以合理的方式安排这些活动。

复习思考题

1. 工作日程安排需要注意哪些方面？

2. 工作计划表的编制过程是怎样的？有哪些需要注意的地方？

3. 请你解释工作日志的用途，并写出一页至少有七项活动安排的典型日志。

4. 你的上司有非常多的业务活动和社交活动，假如由你负责记载他的工作日志，你必须考虑哪些主要因素？

工作实务题

1. 如果你的上司菲利普要去日本东京出差，与B商社的藤原先生商议有关某商品的代理权问题。时间大约是三天，这期间，你的上司除了此事外，还要拜访与你公司有贸易关系的几家公司或商社及看望公司的驻东京人员。请你根据这些条件，查阅有关的资料，制定一份旅行行程的工作计划表。

2. 你外出一天，回到办公室时，发现上司给你下述留言，请按他的要求写出信件。

波迪小姐，我明早不在办公室办公，请写信给凯旋大酒店为布朗夫妇预订一套客房。他们将于下星期的星期五从纽约来此地。将信立即发出。然后准备一封将由我签署的信，信是写给摩尔登工厂的库克先生的，请告诉他布朗先生来此地的消息；库克先生曾提出要在星期六上午接待布朗先生参观他的工厂，告诉他我非常乐意接受这一提议，并询问他们在星期六上午是否能正常试工，如果不能正常开工的话，参观最好改为其他的某个时间，因为布朗先生夫妇只能在此地停留一周。

3. 你是布莱恩先生雇用的私人秘书。布莱恩是纽约某飞机部件股份有限公司主管销售业务的经理。请把下周一的活动安排有关内容分别填写在布莱恩先生和你的工作日志上：每周星期一上午10:30在董事会办公室举行会议，所有经理都参加。你把这段时间空出来去银行取少量现金。中午12:30布莱恩先生与詹姆斯先生（新泽西代理商）在凯撒饭店共进午餐。查找下列案卷：19234号、78942号、43125号，并查一下布莱恩先生的护照延期手续是否办妥。你已为人事部的朱迪小姐安排好于下午3:00前来拜会布莱恩先生。在该天中某一适当时候，你必须空出半个小时的时间以便安排布莱恩先生与你商谈下一次推销工作会议的日程和有关安排事宜，但要记住不能占上午9:00～10:00的时间，因为他想在这段时间里处理他的信件。布莱恩先生和夫人晚上7:30出发去康特公寓出席晚8:00开始的聚餐会。你本人在晚7:00需要参加社交俱乐部举行的一个会。

案例评点

案例一

某网站的CEO20××年8月7日的日程安排如下：

8:00～8:15 在网上简单浏览国内外重大新闻；

9:35～10:35 与副总裁一起听市场部经理汇报“金融街”市场推介情况；

12:10～12:30 与证券部员工吃饭，了解新员工适应工作的情况；

13:00～14:20 同规划总监、技术部讨论网站的特色设计问题；

14:30～15:00 接受《人民日报》记者采访；

16:00～18:00 与国外风险投资基金会谈判；

18:20～19:00 召开高层会议，分析竞争对手情况并制定网站的下一步规划；

19:20～20:00 晚餐；

21:00～23:30 看各部门建议并批复。

评点

俗话说："时间就是金钱，时间就是效率。"科学而有效地规划时间，使其发挥最大价值，是任何一家企业都必须重视的课题。一般情况下，许多企业的时间管理都处于"兵来将挡，水来土掩"的状态。什么时间有事，什么时间处理；哪里有事，哪里处理。被动地受事情支配，而没有主动管理时间。

那么，如何进行有效的时间管理？

首先，有必要了解一下时间管理的发展：第一代时间管理指运用备忘录，将每天做过的事情如实记录，并顺其自然；第二代是对效率手册的运用，指事先安排行程，制定合适的目标和计划并明确责任；第三代指事先规划、制定优先顺序，分出轻重缓急，有详尽的计划表和组织表；第四代指注重单位时间的价值，而非单位时间的效率。

其次，将各项计划工作按照其价值的大小来细分：

重要、紧急的事情——需要抓紧时间完成；

重要但不紧急的事情——需要作为重点工作内容来做，但可以安排在明天或以后；

不重要但很紧急的事情——不必要被这类工作所迷惑，避免把时间和精力花费在此工作上；

不重要也不紧急的事情——在时间安排上暂不考虑。

结合以上案例我们可以看到，该网站的 CEO 对 8 月 7 日的工作内容正是进行了如上的划分，比如，接受《人民日报》记者采访和同国外风险投资基金会谈判属于紧急而重要的工作，需要马上去做，花的时间也合适。可以说，该 CEO 是一个优秀的时间管理实践者。

案例二

一位秘书自身的"会见管理"：

时间：8 月 12 日

事件：与有关单位协商后备人才交流活动有关事宜

对象：××单位副总经理 A、××单位总经理 B、××单位常务副总经理 C

会见情形：

此次交谈由我一一拜访，根据地理位置我首先拜访了 A，会谈自 14 点开始，至 15 点左右结束。首先我就后备人才交流活动事项谈了我的想法，然后 A 就其单位的具体情况与我交换了意见，在近一个小时的交谈后我们达成了共识。

在 15 点 10 分左右来到××单位想拜访 B，但由于事先没有约定，故等了十几分钟 B 才出现。会谈自 15 点 30 分左右开始，几分钟后由于 B 被其他事情缠住，会谈便无法继续进行，只得作罢。这是一次彻底失败的会谈。

在 15 点 45 分左右来到了 C 的办公室，由于事先也没约定，C 也正在处理事情，只好与 C 的副手先沟通了一下。在 16 点左右 C 又要接待来参观的客人，直到 16 点 15 分左右会谈才正式开始。好在会谈进行得较为顺利，我们就这个问题达成了一致的意见。

评点

此次沟通由于未事先与拜访对象取得联系成为最大败笔，所幸三人均在公司，使得会谈得以进行。但由于这点而浪费了大量的时间。另外由于未将此事事先与三人沟通，造成正式交谈时三人均未准备。总之，这次会见是失败的。

第六章

信息资源管理

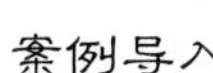

案例导入

某高校学校办公室信息科简介如下：

信息科为学校办公室下设机构，是全校信息收集、整理、上报、下发的中心枢纽，要及时快捷地反映和宣传学校各项工作的进展和成绩，一方面起到交流沟通的作用，做到上情下达、下情上报；另一方面起到参谋助手的作用，为领导的思考和决策提供前瞻性的服务。

主要职能如下：

(1) 及时收集学校近期学科建设、校园建设、教学、科研、学生、后勤服务等方面的工作动态、重要活动及成绩，定期编发《每周信息》；

(2) 及时了解学校领导的重要活动、上级及学校领导的重要批示、各单位工作动态，密切关注各种媒体上关于国内外高等教育的发展趋势、动态等情况的报道，全面掌握广大师生员工关注或反映的情况和问题，并开展调查研究，编发《信息快报》；

(3) 全面了解学校各单位开展的重要工作、活动以及值得推广的经验，参与全校性重要会议，整理相关材料，编发《工作简报》；

(4) 协同党务科了解并收集全校师生的思想动态，及时掌握校内的突发事件，编发《情况反映》；

(5) 负责学校办公室网站的设计、开发、维护和数据更新等工作；

(6) 负责全校综合统计工作，完成《普通高等学校基层报表》、《研究生基层报表》等报表，更新学校基本情况数据库；

（7）与网络管理中心配合，开展教育系统办公自动化建设和应用试点工作，推进全校办公自动化工作。

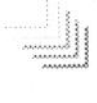

简　析

从上述某高校办公室信息科的职责和业务来看，信息工作在办公室业务中是贯穿始终的，是办公室的耳目尖兵，信息收集工作涵盖了学校工作的方方面面。办公室的信息工作从信息收集开始，包括信息收集、信息整理、信息改编、信息分析预测、信息系统建设规划等。

可以说，离开了信息的有效收集和整理，对要管理的情况一无所知，决策和管理就无从开始！管理工作的第一步就是熟悉情况即收集信息。在一个信息日益凸显其价值的时代，做好办公室工作，就从关注信息工作开始吧！

第一节　办公室常用信息概述

一、信息的含义和特征

当今世界，信息与能源、材料已成为人类社会的三大资源。在新的技术革命中，信息既是新技术革命的起点，又是人类从工业化社会走向信息化社会的动力和桥梁。在美国、日本等一些经济发达的国家中，信息已成为一个巨大的产业。在我国，自从党的十一届三中全会把工作重点转移到社会主义现代化建设上来以后，信息的地位和作用显得越来越重要。

20 世纪 90 年代以来，信息化浪潮席卷全球。为了适应这样一种趋势，与世界的发展同步，和全球接轨，提升中国的综合国力，实现中华民族的繁荣和复兴，20 世纪 90 年代以来历次的党代会都提出了信息化的发展问题，从加速发展信息技术、信息市场，到建立信息网络、信息传播体系，都提出了明确要求和部署。

信息已经深入到各个学科领域和工作领域。但什么是信息，尚无公认的定义。目前关于信息的定义已有百余条之多，大家从不同的角度和侧面对信息进行研究，对信息的概念做了不同的表述。

“信息”这个词，是在 20 世纪 40 年代末成为科学研究的对象时，才作为一个重要的科学概念而出现的。美国数学家、控制论创始人维纳在《控制论与社会》一书中写道：“信息就是我们在适应外部世界，并使这种适应反作用于外部世界的过程中，同外部世界进行交换的内容的名称。”另一位美国数学家、信息论的奠基人申农发表了《通信的数学理论》的论文，文中虽没有对信息直接给出定义，但可以看出，他把信息理解为“用来消除随机不定性的东西”。牛津字典也指出，信息，就是谈论的事情、新闻和知识。以上定义从不同的角度反映了人们对信息的特点和性质等方面的认识。简单地说，信息是客观事物的特征和变化的直接和间接的表述。

信息一般分为自然信息、机器信息和人类信息。我们以下讨论的是人类信息中的社会信息。从信息的角度观察社会各个方面获取的信息，其范围包括政治、经济、文化、科技、教育等方面，甚至还包括一部分自然信息、机器信息的内容。

信息是物质的普遍属性，但它不是物质本身；信息有与物质不可分割的基本特征，世界上没有独立于物质载体之外的信息，物质载体决定和改变不了信息的表征内容。就一般的信息而论，主要有以下几个特征：

（1）客观性。真实、准确是信息最重要的本质特征，也是信息的生命所在。信息必须是事物的客观描述，对客观事物本质和表征的描述必须真实、准确、清晰、鲜明。不符合事实的信息不仅没有价值，反而会贻误大事。

（2）时效性。从时间和效能的角度来认识，信息必须是具有新内容、新知识的消息。知识是信息的主体，“新”与“快”是信息的重要特征。信息固然有滞后性，这是针对信息的生成、播散是在事实之后而言的。但是，对于信息的接受者来说，必须是在产生认识和行为之前的信息才有用，时过境迁的信息是没有价值的。因为它不能消除或减少人们认识上的不确定性，所以也就不能成其为信息。

（3）可扩性。客观世界一切领域，随时随地都在产生信息，而且在按时间指数的规模不断地发展和扩充。客观世界是无限度的，人们认识与改造客观世界是无止境的，信息作为人类科学劳动创造的知识资源，也是可以无限扩充的。当今时代科学技术飞速发展，信息量加剧增长。据有关方面统计，世界每年的信息增长幅度为40%，出刊图书大约150万种，发表科学论文5 000万篇，因此，人们把当今的时代称之为“信息爆炸时代”。

（4）可传递性。可传递是信息的一个要素，它是信息的明显特征。信息只有借助于一定的载体（或媒介），经过传递才能为人们所感知和接受。没有传递就没有信息，更谈不上信息的效用。计算机技术与现代通讯技术的发展，网络的普及和通讯设备的推广，大大地提高了信息的传输效率，人们可以通过网络、电话、传真、广播、电视和通讯卫星等物质载体，高效率地传递信息。

（5）可浓缩性。信息可以归纳、综合、概括，使其更加精练。通过对原始信息进行加工、浓缩，去粗取精，去伪存真，最大限度地减少其不确定性和多余度，可以使信息价值增值，为人们提供更多的新知识。

二、办公室信息管理的重要性

办公室是社会组织中为领导决策和实施决策服务的综合办事机构，是领导的参谋和助手，是工作运转和承上启下、联系左右、沟通内外的枢纽，它在社会组织中处于特殊的地位，发挥着十分重要的作用。

办公室的主要工作，是围绕领导班子的决策进行各方面的服务，包括调查研究，收集整理信息，提供预案文书或提供讨论的草稿，以及数据、资料、典型例证等。在此基础上还要为同级部门提供联系、传达、反馈等服务，为上级布置的各项工作做服务性支撑工作；对下还要听取反映、接待来访、处理来信、编写简报，以及档案收集、整理、保管和行文、用印等。

在办公室管理系统中，信息是实行科学管理和决策的基本要素。著名经济管理学家西蒙说："管理就是一系列的决策。"决策是领导者的主要职能。现代科学管理，实际上就是对信息的收集、加工和利用，或者说是依据及时、准确、全面的信息，适时作出科学决策，借以对整个系统进行适当的监测和控制，以期达到预定的目标。所谓信息是领导实现科学决策的基础，主要体现在决策项目的提出、方案的论证和决策的实施三个方面。

从决策的过程看，无论是项目的提出、方案的论证，还是目标的确定，都必须充分收集各方面的资料和数据，通过分析、推理、判断，找出事物运动的内在规律，预见事物发展变化的趋势，确定科学的总体目标。

在决策实施过程中，往往会遇到大量的不确定的随机因素，这就需要通过信息反馈，及时对决策进行修正、控制和调整，以获得最佳效果。决策执行过程终结后，还需要凭借各方面的信息验证系统效益和总结经验教训，为作出新的科学决策奠定良好的基础。

参与政务、管理事务、搞好服务是办公室部门的主要职能。但是，长期以来，许多办公室部门往往侧重于办文办事，忙于事务，未能很好地发挥参谋助手的作用。在新的历史时期，各级领导逐步实现了从经验决策到科学决策的转变，这就为办公室部门提出了新的更高的要求。各级办公室部门要适应形势发展的需要，就必须转变职能，主动参与政务，积极为领导实行科学管理出谋划策。

信息是实行现代化管理的前提，科学决策需要及时准确的信息，一切机关、团体、企业、学校、科研单位等无不如此。所以，各级办公室部门必须强化信息工作职能，经常沟通情况，掌握动向，发现问题，及时向领导者提供准确、系统、全面的信息，使其运用信息适时修订自己的目标和计划，进而作出科学的决策。办公室部门开展信息工作，不仅能够克服和避免自身的事务主义和官僚主义，加快工作节奏，以便于提高工作效率，还可以帮助领导摆脱"文山"、"会海"，以便于集中更多的时间和精力深入基层，调查研究，指导工作，解决问题。由此看来，开展信息工作，既是转变职能、转变作风的需要，也是参与政务发挥参谋助手作用的重要途径。

三、办公室信息管理的特点

办公室的职能不同于其他业务部门，它是各级、各部门的综合办事机构，是沟通上下、联系左右的中心枢纽。各级办公部门的信息，不仅带有各自地区、部门的职能与业务性质的特色，还相对地具有一些区别于其他部门信息的特点。

（一）相对的全局性

作为一个大的信息系统，一般都由母系统与子系统或主系统与分支系统构成。各级办公部门在不同的系统之内，都处于一定的管理层次上。从纵向看，对上，它是母系统的子系统；对下，它又是若干子系统的母系统。从横向上看，如果说本级的各个业务部门是分支系统的话，那么，作为综合部门的办公室，则是本级机关信息沟通的中心枢纽，或者称为主系统。因此，各级办公室部门，在收集、传递和处理信息的过程中，都应当从宏观效益出发，扩大视野，纵观全局，尽可能地多为领导提供综合性的高层次信息。

（二）广泛的社会性

办公室的信息工作，不同于其他业务部门，相对而言，它的信息渠道多，来源广，具有广泛的社会性。作为党政机关的办公部门，开展信息工作的目的，不只是为了沟通系统内部上下之间的联系，还应当广泛收集、及时传递来自社会各个方面和不同层次的信息，并对所获取的各种信息，进行纵向、横向多角度的分析、比较，然后整理出较为系统、完整的信息资料，使领导者能够在广阔的背景之下作出科学决策。作为企事业单位办公室，亦情同一理，既要及时传递内部信息，也要广泛收集与本单位经营管理活动密切相关的外部信息。对于一个经营管理者来说，只有对内部、外部的有关情况了如指掌，才能适应环境，处变不惊，运筹自如。

（三）科学的预见性

科学预测是领导机关和领导者对管理系统实行有效控制的前提条件。所以，为领导提供有预见性的信息，是办公部门做好超前性服务工作的重要内容。领导机关或领导者要使决策具有科学预见性，就必须对事物的历史、现状及其发展趋势进行分析、推断和测定，并对准备采取的措施、对策和可能出现的各种随机因素，进行可行性的科学论证，这样才能做到超前谋划，指挥若定，把握工作的主动权。如果没有大量的具有科学预见性的信息，是不可能对管理系统实行有效的调节和控制的。社会活动和经济生活都曾经给人们提供过这样的教训：有些决策在当时看是正确的，但过了一段时间之后，就逐渐显露出它的一些缺陷和弊端，甚至被实践证明是完全错误的决策。固然，产生这种结果不能排除客观情况发生变化的因素，但其主要教训仍在于决策之前缺乏科学预测。

（四）事实的精确性

各级办公室部门的信息工作都是直接为领导决策服务的，具有较强的思想性和政策性。领导机关的决策，往往带有一定的权威性。有些决策不但要强制执行，而且要限定时间完成。因此，各级办公室部门为领导决策收集、提供信息，一定要严肃认真，各种情况和数据必须准确真实，论断要科学、周密、精确。模糊的信息、没有把握的情况、未经核实的数据切不可轻率地向领导提供。因为情况不准，信息模糊，就会导致决策失误，造成不可估量的损失。

（五）行为的便捷性

各级办公室部门开展信息工作既有沟通上下、左右的固有渠道，又有在改革开放中开辟的四通八达的新途径。因此，在收集、传递信息方面，办公室具有比其他业务部门较为优越的条件。同时，一级机关、一个企事业单位的领导面对千变万化的客观情况，要不失时机地作出决策，就需要及时获得各种有关信息。各级办公部门，只有快速、准确地收集、提供信息，才能适应现代领导者决策的需要。由此可见，信息收集行为的敏捷性，理所当然地应该成为办公部门信息工作的一个重要特征。

（六）与领导决策的不可分性

办公室部门既是各级领导运筹决策的参谋部，又是领导施政活动的指挥部。无论是党政机关，还是企事业单位，都是一个多级复杂系统。在运筹决策的过程中，由于系统的多变量因素以及社会变化的多样性，它需要依据信息与反馈机制及时调控自身的决策行为，使之与总体目标整合一致。一级机关、一个企事业单位的控制系统，实际上也是一个活动自组织系统，信息与反馈愈及时，则增进负熵的能力愈强，也就愈能强化机构的自控机制；反之，信息反馈愈迟缓，就愈加不能控制熵增，使系统运动失控，以致偏离总体目标。领导者谋划决策的过程，就是信息的输入、转换、输出的过程，决策行为与信息工作是密不可分的。各级办公室部门，在领导进行超前谋划时，不仅要提供预测性信息，还要通过对各种信息资料的分析、推理和测算，提出供领导选择的方案。在决策付诸实施后，办公室部门要及时收集相关的各层次、各方面的动态和问题，以便于领导适时调整和修正决策，使系统运作趋近和达到预定的目标。可见办公室部门这一系列的信息与反馈活动，都直接参与了领导决策的过程。

但是，应当指出，这种指挥、执行系统同信息与反馈系统交织在一起的体制，有其有利的一面，也有其难以克服的弊端。其有利的方面是：上级对下级有发号施令的权力，令行禁止，沟通信息迅速敏捷，决策指挥有权威，雷厉风行；其不利的方面是：执行与反馈系统合一，两种机制相互制约，难免发生碰撞和摩擦。其主要弊端是：在某种特定的情况下，正反馈往往被人为地加大，负反馈则被削减以至减掉，尤其是反映各层次领导指挥失误、执行不力的问题呈逐级递减现象，以致造成信息反馈失真。因此，有些部门和学者提出这样的主张：一方面，应把信息反馈系统与指挥执行系统适当分离，既不脱离原建制，又使其工作职能保持相对的独立性，最好是形成由上级机关和本级首长双层领导的体制；另一方面，要把信息工作部门与各类智囊、咨询机构有机地结合起来，使其发挥更大的效能。实践证明，这种设想是有一定道理而且是切实可行的。它可以最大限度地释放信息与反馈机制的能量，从而更好地为领导决策实现科学化、民主化服务。

第二节　信息资源管理流程

信息收集与反馈的目的在于运用，然而信息的运用要经过加工处理之后才能提高它的运用价值。信息管理作为系统管理的一个重要内容有自己的管理程序。一般地说，可以简单地归结为收集、处理、传递、反馈和服务。

一、信息的收集

信息的收集，是整个信息处理过程的第一个环节，也是信息应用的开端。信息是客观世界的反映。它产生于人类政治、经济、军事、科技、教育、文化等各种活动和自然界的一切变化之中。一个人要想有效地工作和生活，一个企事业单位要想正常地组织生产与经营，一级行政机关要想正确地进行指挥和决策，都必须有充足而准确的信息。既然信息是客观事物及其运动状态的反映，而世界一切事物又总是处于不停的运动之中，那么，信息就必然是普遍存在、包罗万象、无所不有的。因此，在收集信息时，就应充分掌握信息的这个特征，开阔视野，广泛涉猎，凡是对业务和管理具有桥梁、媒介、启迪、催化、推动和组织作用的，包括各种有益的情报、资料、数据、知识及经验的信息，都应该及时、准确、分类、系统地收集。信息收集是一项艰巨而又复杂的工作，也是影响信息能否发挥效用的关键环节。信息收集工作的好坏，直接关系到整个信息处理的质量。如果这一期工作做好了，以后的加工处理及应用，就会融会贯通，顺理成章。否则，就可能事与愿违，劳而无功，以致贻误工作。可见，信息的收集在整个信息处理过程中占有重要的地位。收集信息，应该注意以下几个方面。

（一）信息的收集规划

丰富可靠的信息是实行科学管理和决策的基础。只有按时获取丰富可靠的信息，才能使决策者和经营者高瞻远瞩，对情况了如指掌，运筹决策胸有成竹。要实现这一目的，必须根据信息接受者的需求，预先制定信息收集计划，避免盲目开发，做到有目的、有计划、有选择地进行调查收集。收集信息之前要弄清楚需求情况。首先，要经过观察、调查、访问和直接对话等各种途径，清楚地了解有关方面对信息的具体需求情况，掌握上级领导机关的方针、政策、指示、工作部署和决策者的思想意图。其次，要了解和掌握本地区、本系统和本单位的工作计划、进展情况及存在的问题。最后，应对外地同行业或有关领域的现状及发展趋势有所了解（这些情况平时就需要注意收集和积累）。在此基础上，经过周密的综合分析，制定出切实可行的实施计划。

（二）确定重点内容

信息收集的重点内容，是由信息服务对象的需要决定的。不同层次、不同服务对象需要不同内容、不同数量的信息，只有区别不同层次和不同的服务对象，确定信息收集的不同重点内容，才能为服务对象提供有用的信息；如果是为党政机关领导提供贯彻执行方针、政策和工作部署方面的信息，就要着重收集全面情况、综合数据以及具有代表性的典型事例，经常反映工作的新进展、新动态、新经验；如果是为经济部门提供经营管理方面的信息，就要注意收集一切有益于生产、流通、销售、分配和消费，有益于提高经营管理的情报、资料、数据、知识以及经验教训等方面的信息；如果是为企事业单位领导者提供信息，则应该按本单位的业务性质、规模和组织结构，分层次地收集全行业情况、市场需求、本企业效能等方面的门类较细、数据较全、内容较具体的信息；如果是为发展农村经济提供信息，可以围绕产前、产中和产后三个层次进行收集。总之，收集信息一定要突出重点，不可鱼龙混杂，面面俱到。

（三）选准开发途径

信息内容不同，收集的途径和范围也必然不同。选择信息来源，就是决定到什么地方去收集、获取适合需要的信息。信息收集的途径选准了，就可以收到事半功倍的效果。一种同样内容的信息，其来源可能有若干个渠道，这就需要认真地进行分析、比较，从中选择最佳的信息来源，及时、准确、全面地收集服务对象所需要的信息。

1. 收集信息的主要方法

收集信息的具体方法多种多样，可以因人、因事、因地而异。要使信息收集工作做到经常而有计划、广泛而有系统、及时而有实效，就必须学会运用各种科学的收集方法，讲究工作效率。一般来说，按信息收集的时效划分，有一次性收集、经常性收集和预期收集；按信息收集对象和范围划分，有全面收集和局部收集；按信息收集的渠道划分，有直接收集和间接收集等。现在，人们收集的信息，大多是语义信息，通常是采取手选脑记的手工操作和辅之以现代化办公手段的做法。

（1）观察法。观察法是收集、获取信息的最基本方法。就是人们直接用感觉器官或借助于其他工具来认识客观事物的过程。对于信息工作者来讲，一是要有较强的信息意识和敏锐的观察能力。二是观察事物要全面。对于客观事物的全貌、发展的全过程和各个组成部分，以及这一事物与其他事物的关系，都要观察清楚，切忌以偏赅全。三是要深入观察。观察事物不能只注意表面现象，更不可浮光掠影。对事物要进行多层次、多角度的观察，注意事物的发展变化，善于发现其本质特征。

（2）阅读法。阅读法就是通过阅读文件、资料、报纸、书刊，以及收听广播、收看电视等方式，收集所需要的信息。要善于从这些现成材料中发现新精神、新政策、新动向、新经验和新知识，注意把握信息的真谛和价值所在，切不可一掠而过，不求甚解。

（3）调查法。深入实际，调查研究，是收集、获取信息最常用的重要方法。在实践中通常采取的有普遍调查、重点调查、典型调查、抽样调查和连续调查等方式。其主要做法：一是深入实际，广泛接触有关人员，获取第一手材料；二是确定重点题目，指定调查对象，及时反映有关情况；三是参加各种会议，可以获取大量有用的信息，或是处理和接待群众（或用户）来信来访，及时发现问题、反映问题和解决问题。

（4）交换法。交换法就是用自己收集和加工整理的信息资料，同有关地区、部门或单位进行交换，互通有无，互惠互利。交换信息资料，分临时交换和长期交换两种方式，至于采取哪种方式为宜，则应视本单位的具体情况而定。

（5）索取法。一种是当面提出问题，直接调查询问；另一种是给外地有关部门、单位或个人发函，请他们帮助收集或提供有关信息资料。

（6）购置法。购置法就是向信息服务单位或个人有偿地索取所需要的信息。

（7）委托法。委托法就是对一些内部的和不易获取的信息资料，在采取购买、交换和其他一些办法都难以得到的情况下，可以委托有关单位或个人帮助收集。

2. 收集信息的基本原则

在收集信息过程中，除应明确收集目的，采取科学的方法，开拓信息总开发领域之外，还要根据信息所固有的特性，按信息运动的规律办事，注意坚持以下原则：

（1）突出信息的目的性。信息工作具有很强的服务性，收集信息的目的在于应用。因此，在收集信息时，必须首先明确服务对象及其所需信息的用途，然后有针对性地进行收集。因为提供信息的内容是随着服务对象的不同而各有侧重的。如果是为领导机关决策服务的，那么，就要尽量收集一些带有全局性的宏观战略信息；如果是为一个业务部门的生产和经营服务的，就要尽可能多收集一些产、供、销等方面的数据。只有针对信息服务对象的工作内容、方针、任务和具体要求，有的放矢地进行收集，才能使获得的信息更有价值。

（2）保证信息的真实性。信息的真实性决定信息的生命，真实、准确的信息，能使领导者作出正确的决策；失真、虚假的信息，会导致错误的决策，造成重大失误。因此，在信息收集过程中，要尊重事物本质特征的客观性和反映事物的真实性。要有一说一、有二说二，不夸大，也不缩小；要真实地反映事情发生的经过、原因和结果，不能故意拔高或添枝加叶，要尽可能排除干扰，识破一切假象。对模糊不清的信息要追根溯源，挖掘清楚。

当今社会的发展，网络已经深入到各个方面，办公室信息工作也应该适应这种网络的发展。各个单位都建有自己的信息系统，办公室的信息工作也应该相应地依靠网络的便捷来进行。

（3）通过信息网络广泛收集最新的信息。信息网络是一个能够有效地收集信息和灵敏地反馈信息的系统。这个网络应该是一个以计算机为依托，以各个办公室为节点的系统。应以办公室为中心，建立一个能贯通上下左右、联系四面八方的多层次、多渠道、多触角、纵横交错的信息网络。那么如何来建立信息网络呢？首先应该建立信息网络中心，在办公室中设立专门机构或由专人负责，其职责是组织并建立网络的各个联系点，向网络各联系点提出反映信息的任务与要求，及时收集、筛选与处理信息并整理编写综合反映各联系点信息的简报或材料，分发给上级领导、各联系点以及有关的机关。在办公室下面，应有一批能源源不断地提供信息的人作为信息员。要向他们规定每天一次或若干天一次向办公室专管信息的人员传递信息。信息网络一般分纵、横两类。纵的方面，与上级和下级机关办公室保持联系。上级机关包括直接的与间接的两种。工厂的直接上级是公司或工业局等。工厂除了要接收公司或局的信息，有时还要与经委、计委等间接的上级机关保持联系。信息网络的纵向联系还表现在与母系统内各职能部门办公室保持联系，比如高校的办公室就要与国家教育部办公厅、省教育厅办公室和下面各个系的办公室保持联系。这种信息的纵向传递速度便会大大加快。横的方面的联系有：与兄弟单位办公室保持联系，互相传输、交流有关信息。这种信息网络的纵横交错，呈现了一种立体交叉的联系图景，它在母系统中不但有自身相对独立的完整的系统，而且在沟通上下、联系左右中又处于交叉的位置。信息管理在办公室管理中的地位，决定了它具有信息反馈、协调监督和参谋助手等作用。

但在充分发挥信息网络作用的同时，也不要过多地依赖网络功能，避免“等米下锅”。要注意强化信息工作人员的信息意识，培养他们观察、分析事物的能力。同时要充分发挥办公室部门的整体效应。基于办公室全部工作都是从事信息的输入和输出的认识，在办公室内部要实行决策前抓调查研究、决策实施中抓催办信息、决策完成后抓信息反馈的三位一体、循环往复的工作体系，使办公室内部的系统和整个信息网络的大系统协调起来，以提高工作效率。

二、信息的处理

由于办公室工作涉及面广，每天都有很多来自四面八方的信息，这些信息多而杂。为此，办公室必须把收到的各种信息加以归纳、分类，进行具体的分析研究，去伪存真，经过整理、综合，向有关领导及时反映。这个过程称为信息的处理过程。一般来说，信息处理过程有下述几个特征。

（一）目的性

人们收集、处理、存储信息最基本的目的，是为了适用，能够指导和选择行为，提高活动的效益。根据信息处理的这个特征，处理中应该注意信息必须服从并服务于人们特定的目标或目的，它的效用有赖于人们基于一定标准而对信息的正确的选择、理解和使用。所以，选择信息必须与人们某种有目的的政治经济活动相联系。

不同的使用者需要不同的信息。由于人们在社会生活中的分工不同，因而对信息的需求也不一定在分工范围内与己有关的信息才有用，与己无关的信息就没有用。例如科研部门需要最新的科研成果且要根据每个人不同的研究方向提供信息；财政部门需要国家预算内外资金、企业财务、税收、工资、奖金、成本、价格等方面的信息。

同一个信息对于不同的使用对象来说，其效用是不同的。比如说对于研究金属表面处理技术的人来说无疑是很有参考价值的信息，但与这项研究毫不相干的人则无法从中得到有用的信息。

同一信息由不同的人发布或传输也会影响它的效用，这与发布信息的人的权威程度有关。例如，“电冰箱和彩电等高档耐用消费品不会涨价”这条信息是由国家商业部发布还是由某家商店发出，其效用是不同的。因此，在信息处理中，应注意那些具有权威性的信息。传递信息也要尽量具有权威性，使人觉得靠得住，可信任。总之，无论是宏观的经济分析，还是微观的供求交流，无论是为政府决策部门提供的信息还是为企业单位和个体户、专业户提供的信息，无论是介绍国际重大的科技新成果，还是推荐一些普通的小发明，都要考虑到它的适用性。

（二）及时性

信息处理工作要及时。信息作为事物的存在方式及其运动状态是易变的。现代社会，形势发展很快，信息的时间性越来越快。只有及时处理信息才能使信息发挥效用，才能有利于提高机关工作效率。如果办公室信息处理工作错过了时机，不但不能使领导者因及时掌握信息而难以作出相应的决策，还会使信息失去全部价值。对于某一个企业来说，一定要及时了解市面上什么东西走俏，要迅速作出反应，制定生产计划来指导生产。如果错过了时机就会影响生产，造成损失。要使信息处理做到及时，负责信息处理工作的秘书人员一定要具有高度的责任心和对时代的敏感性，要了解时代的脉搏，要了解本单位当前的中心工作，了解单位的决策人想些什么，要抢时间，争速度，及时地把各种有用信息传达到领导和有关部门那里，发挥信息的作用。

（三）准确性

信息处理的准确性来源于原始信息的真实性。人们依靠准确信息分析情况，捕捉时机，掌握方向，预测未来。信息与决策紧密相关。信息中的有关时间、地点、名字等必须准确无误。只有原始信息真实可靠，才能使加工处理后的信息准确、有效。所以在信息处理中要严格如实反映情况，避免以讹传讹。所有的信息必须认真调查核实，使处理过的信息能准确无误地反映客观实际。

（四）综合性

信息的综合是对原始信息进行概括、提炼、加工。它要把零星、分散的信息，加以分类整理，然后对同类的信息进行概括、综合，分层次向领导者提供。对重要的信息，还应该提出自己的想法和建议，供领导同志在决策时参考。当前信息工作的突出问题是如何提高信息的质量，而提高质量的关键在于加强信息的综合处理。对来自通讯网络的信息和其他来源的信息经过筛选，分别把情况报送领导者参阅，这只是对信息的初步处理。更重要的工作在于信息分类时作出分辨，从中选出重要课题，进行综合研究，提出比较系统、深刻的意见或提议，形成专题材料及时向领导者报送。综合处理信息对领导决策将有更大、更直接的参考价值。

信息的综合有两种情况：一是对信息员提供的各种原始信息进行综合处理；二是对相关的书面材料，如汇报材料、群众的信访材料等进行综合概括。信息综合大都采用简报形式。信息收集起来后经过一定的处理，便通过各种方式传递给决策者。这里有两种可能：一种是直接通过汇报、简报等形式把信息传递给决策者；另一种是建立“信息库”，把有的信息先储存起来，待决策者需要时查阅。信息传递的渠道多种多样。办公室信息人员应尽可能采取接受者易于接受的表达方式。

三、信息反馈

从收集信息、处理原始信息到传递给信息接受者，这个过程对于信息管理系统的程序来说还不够全面。它还应该包括信息反馈。信息反馈是科学决策体系的重要组成部分，是保证信息交流必不可少的一环。当前信息工作中的一个薄弱环节就是信息反馈较差。党的路线、方针、政策在贯彻执行中的情况怎么样，采取的措施是否有效？实施后又出现些什么新情况、新问题？这些都要靠不断的信息反馈来了解。属于决策不妥当或政策不完备的问题，领导机关可以及时进行修正或补救；属于干部群众中的思想认识问题，领导机关可以据此采取措施，做好宣传解释工作。搞好信息反馈是各级办公室信息工作的一项重要内容。

什么是反馈？通俗的说法是“把信息反送回来”。但在控制论中，这种解释是片面的。反馈应该是由控制系统把信息送出去，然后又把其作用的结果运送（吸收）回收，并对信息的再输出产生影响，从而起到控制作用，以实现预定目的的一个过程。而信息管理程序中的“回路”也即反馈，其实也是一种信息收集，是一种追踪决策效果的信息收集。在办公室的行政工作中，一种政策或决策实施之后，要进行追踪调查，以获得决策或政策的实施效果，为进一步修改和完善决策以及执行政策服务。

信息反馈有两种：一种情况是反馈使输入对输出的影响扩大而引起系统原有的运动加剧发散，叫正反馈；另一种情况是反馈使输入对输出的影响减少，使系统原有的运动呈现收敛，叫负反馈。也就是说，正反馈是肯定决策的方面，它可获得决策所取得成效的信息。负反馈是否定决策的方面，或在某些局部、个别的方面反映出决策的不足、不完善的地方。例如，决策系统发出增收节支的通知，诸多接受执行单位纷纷照章行事，节约了许多电，并逐步养成了节约用电的习惯。当这个消息反馈到决策者这里时，决策者更坚定了自己这个决策的正确性。又如，决策者提出有关体制改革的方法，在执行过程中发现按照方案的某些具体要求难以达到提高工作效率的目的。这个信息反馈到决策者那里，决策者便可及时调整被实践证明不适用的条款，纠正已经出现的偏差，使体制改革工作扎扎实实地按正确方向进行。所以办公室人员在信息管理中，要尊重客观实际，处理好正反馈与负反馈的关系，不只是报喜也不只是报忧。因为报忧与报喜一样，是从不同的侧面给领导提供决策的依据。它们的出发点和目标完全一致，两者不可偏废。报忧的信息，往往对领导者具有更直接的参考和实用价值。尤其是在当前改革不断深入，各种新情况、新问题层出不穷的情况下，更需要及时发现和解决问题才能推动改革的健康发展。同时报忧可以进一步密切党与群众的联系，通过反馈群众的意见、要求，揭露工作中的弊端，帮助领导了解群众的呼声，及时解决工作中出现的问题，提高为人民服务的自觉性。

四、信息处理过程的具体环节

（一）信息的筛选

信息的筛选是信息处理的首要环节。信息的筛选工作，对于提高信息的利用率，起着至关重要的作用。一般来说，信息的筛选工作包括：登记、分类和筛选三个环节。

1. 登记

大量的信息来源不一，报送时间不一，为了便于筛选，防止遗失，必须对收到的信息进行登记。登记的作用在于：（1）可以了解信息的大致内容；（2）可以了解信息之间的联系、信息工作的情况；（3）可以防止信息材料的散乱或丢失；（4）便于总结和改进工作。登记的项目应力求全面，主要包括：收件时间、报送单位、报送件数、报送条数、报送内容等项。

2. 分类

分类就是对接收并已登记的信息按一定的标准分别归类。通过分类，可以掌握收到信息的总体情况，为信息的筛选处理打下一个良好基础。信息分类的方法有以下几种：（1）按部门分类。这样可以较全面地了解各个下属单位、各个职能部门以及各项工作的开展情况，便于纵向掌握信息。（2）按内容分类。可将各职能部门、各下属单位开展某项工作的情况进行横向比较，便于多角度反映同一内容，以得到完整、真实、准确的信息。两种方法可以选择使用，也可以并用。

3. 筛选

随着信息工作的日益发展，具体的信息工作中也出现了一些良莠不齐、鱼龙混杂的现象。一些失真信息、过时信息、无用信息也混杂其中。因此，从大量繁杂的信息中提取、挖掘有效信息，剔除失真、无效和无用信息，对提高信息的准确性、时效性和利用率是很重要的。

搞好信息筛选，首要条件是准确地把握信息取舍的标准，即领导人在一定时期内作出和将要进行的重大决策、工作生产的部署和所在地方党、政机关为某一阶段的中心工作而提出的基本设想。同时要求办公室人员不断提高业务知识水平，增强对信息真伪、新旧、价值大小的鉴别能力，并勇于了解新情况，研究新问题，在众多的原始信息中善于提取和挖掘新的有价值的信息。筛选信息的具体要求有：（1）重大。重大就是关系全局的重大信息，其政策性、经济性、动态性较强。（2）新颖。新颖就是信息中所反映的问题或提出的观点有新意。（3）准确。准确就是要真实、全面地反映客观事物及其本质特征。它是信息的生命，对信息的内容、人名、地点、时间及有关数据、有疑问的地方，一定要进行核实，避免差错。（4）完整。完整是指信息要对其所涉及的问题或事件的性质、处理方案、发展趋势等项交代清楚，如事件还在进行或事故尚未处理，应交代明白，连续上报。

筛选信息的步骤，一是看信息来源单位。不同单位的信息，往往重要性不尽相同。上级机关、当地党政机关的信息，带有全局性、综合性和权威性，在信息工作中占有重要位置。二是看信息标题。信息价值的大小主要由信息的主题、内容所决定。有时一看标题就可以初步了解信息价值的大小。三是看信息来件正文。这样了解其反映的主要内容及价值大小，即可初步确定是全部选用、部分选用，还是不用。初选后，再认真阅读，看有无不准确、不完整、表达不清楚的问题，进行加工。

（二）信息的加工

信息的加工就是对某一类别信息或一定时间内的信息，从总体上进行系统的归纳、整理，分析研究，综合处理，或者从中找出重要课题进行调查研究，最后形成比较系统、比较丰富的信息。加工后的信息应有利于领导人把握全局情况，有利于领导人发现规律性的变化或倾向性的问题，有利于领导人预测未来，适时作出科学决策。

1. 信息加工的方法

信息加工的方法有以下几种：（1）点、面结合法。即把反映同一内容的信息加以集中和归纳，从中找出带有普遍性、规律性的问题，使原始信息增强广度和深度。（2）定量、定性结合法。即通过对大量的现象及其相互之间关系的科学分析和研究，完整、准确地把握事物的根本性质。（3）反映、预测结合法。客观事物是发展变化的，因此不仅要提供动态性信息，而且要提供预测性信息。

2. 信息加工的要求

信息加工的要求是既要有广度，又要有深度。横向综合要有一定的覆盖面，纵向综合要反映工作全貌；综合处理后的材料要有情况、有分析、有对策或作出事物发展趋势的预测，以供领导人参考。

（三）信息的写作

信息工作中，常用的载体是以简报为代表的语言文字形式。文字信息主要分标题和正文两部分。标题应一目了然地概括出正文的内容，力求简洁醒目。正文应开门见山，以叙述方式为主，以准确、精练的语言写出所要表达的内容。行文中尽量用数据说话，同时为适应形势变化的需要，如果在正文中没有写明信息获得或发出时间，应在结尾处注明。

信息写作是一项要求很高的工作，要注意以下几点：

(1) 直接性。信息的写作要开宗明义，单刀直入，自始至终力求直言相告，避免转弯抹角，防止出现“套话、空话、大话”。

(2) 真实性。真实是信息的生命所在。语言不真实会导致内容不真实，造成领导人决策失误。语言真实，就是无论是报喜还是报忧，都要坚持实事求是的原则，把握分寸，表达准确，要坚决杜绝投领导人之所好，看风向而遣词语的恶劣风气。

(3) 准确性。准确要贯穿在信息处理的全过程中。做到选题准确，观点正确，表述准确，既不能使用“大概”、“或许”、“可能”等语言，也不能随意估计和猜测，力求使用肯定的文字和具体的数字表述，否则，模棱两可，含糊不清，使接受者无法有效地加以利用。

(4) 伸缩性。即语言简练、简明、扼要，用最简洁的语言表达最有价值的内容，为此，既要注意事例的运用，少用重复事例，某些全局性的信息，可缩小在一个具体的典型之中，又要注意简练，尽量省略人所共知的解释、说明，做到惜墨如金。

(5) 朴实性。朴实无华的语言，使人感到亲切、自然，容易引起共鸣，便于接受。为此，既不要乱用华丽的形容词、副词，也不要滥用“之乎者也”一类文言词语，多用现代语汇，更不要模仿西方的语言风格，随意颠倒语序，使人不得要领。

(6) 新颖性。文章贵在创新，信息亦不例外，内容上要新颖，语言也要敢于“标新立异”，标题要求醒目、有吸引力。正文应在内容新颖的前提下力争不同凡响，给人以奇特感觉，留下深刻印象。

(四) 信息的传递

信息的传递，是信息实现价值、发挥作用的重要环节，信息的传递有纵向和横向，书面和口头之分。但无论哪种传递，都是经过信息源（信息的来源）、信息道（传递媒介和传递方式）、信息宿（传递的终点）这三要素来实现的。

1. 信息传递的要求

信息传递的要求包括以下几点：

(1) 迅速。这是因为信息具有时效性，传递的快慢往往能决定信息工作效率的高低。加速信息传递的方法，一方面要尽量采用现代化通讯手段；另一方面要通过建立直接联系点、简化审批手续等方式疏通传递渠道。

(2) 准确。即信息的保真，书面信息传递中要注意字体清楚，标点正确；口头信息传递要避免因同音字、方言、口音以及笔录差错或通话线路干扰而造成的信息失误。

(3) 保密。机关中许多信息涉及党和国家的秘密、机关的秘密以及竞争中某些不宜公开的情况，因此要注意保密工作，要根据信息内容的秘密程度，选择正确的传递方式，控制范围，勿使其外传。

2. 传递信息的重点

传递信息要善于抓住几个关键，作为重点，优先传递：

（1）要抓住领导人决策的“空白点”。即把那些领导人应注意而没注意到、且带有一定倾向性的问题，及时传递给领导人，以引起领导人重视，使之及时进行决策。

（2）要抓住领导人决策与下级单位或职能部门工作中实际的“矛盾点”。即由于领导决策与基层状况不尽相符，决策在基层实施中产生矛盾，难以实施或实施后效果不佳。办公室应及时反馈信息，以求加强沟通、修正决策。

（3）要抓住领导人决策在具体实践中的“症结点”。即收集基层组织在落实领导决策中遇到的阻力、困难并分析其原因。这类信息对于领导人了解决策在基层的实施情况，抓好落实是十分必要的。秘书应抓住线索，深入实际，调查研究，剖析其症结所在，提出可行性意见，为进一步抓好落实提供依据和建议。

（4）要抓住政治经济生活中的“敏感点”。即抓住机关工作、生产、生活中存在着的妨害安定团结的苗头性、倾向性的问题，特别是抓住敏感问题，如与群众利益、群众情绪关系最为密切的分配问题、提拔问题以及过年过节的福利问题等，注意观察分析，发现不稳定因素，及时上报，以便领导及时处理。

（五）信息的贮存

信息的贮存，即将加工处理后的信息，保管起来，以便日后发挥其咨询、顾问、参谋、查考以及历史资料的作用。

贮存的方法有书面贮存、声像贮存和计算机贮存。无论哪种贮存，都要求有条有理，排放有序，目录清楚，使用方便。高层机关以及大型企事业的办公室，可设置本单位基本信息库、辅助信息库和专门信息库。基本信息库也叫信息总库，它贮存的信息数量大，门类多；辅助信息库是在阅览室、研究室等地设置的信息库，它所贮存的信息资料一般都具有现实性强、针对性强和利用率高的特点；专门信息库是为适应特定的需要而设置的，其特点是所贮存信息的类型、用途都比较单一。以上三种信息库虽侧重点不同，但可以彼此联系，相互补充。

（六）信息的反馈

反馈本意是将电子放大器输出信号的一部分再回输到电子放大器的过程。后来，人们将其意义扩大，解释为“回赠”。信息反馈的作用主要是政策性的反馈，领导人的某项决策实施结果如何，办公室信息人员收集、整理、报送领导人，领导人根据反馈信息决定坚持还是调整、修改或补充原来决策，再去实施，从而取得预期效果。经济领域中的信息工作还应注意效益性反馈，即将产品、商品及服务在市场、消费者中的反映，反馈回本机关，从而修正或重新制定经营策略以求发展。信息反馈技巧主要有下述几条。

1. 审时度势、适当控制

审时度势、适当控制，即合理控制决策实施的各个不同阶段中正负信息的反馈量。

按照决策实施一般进程的需要，初期应适当加大负反馈量，以便帮助领导人及时发现问题，采取纠偏除弊的措施；中期要注意控制负反馈加强正反馈，以便帮助领导发现经验，加以推广，使决策的实施深入一步；后期要注意正负反馈的结合，以便既总结出经验成果，又找出问题教训，使决策得到完善和发展。同时，还要注意决策实施的不同情况下正负信息反馈量的控制，当某项决策的实施比较顺利时，要注意控制正反馈，当某项决策实施困难较大时，要注意负反馈的控制。正负反馈量的控制，必须坚持实事求是和辩证分析的方法，做到客观地反映情况。

2. 及时追踪、二次反馈

二次反馈是指对上一次反馈所产生的效果的反馈。在第一次反馈之后，领导人对反馈信息分析研究，制定纠错防弊的措施之后加以实施，然而新的措施效果如何，是否还应采取进一步措施，这就需要进行第二次反馈，依此类推，使实施效果最终与决策预期目标基本相符。

3. 合理分流、保证畅通

这是指反馈信息会根据内容的不同分别流向不同的方向，从而保证本机关与上下级之间信息畅通。对上级机关决策的实施情况，反馈信息流既要流向上级机关领导人，也要流向本机关领导人；对本机关领导人决策的实施情况，反馈信息流一般只流向本机关领导人，但有时也需要流向上级机关、下级机关的领导人。秘书要掌握好信息的流向，该分流要分流，该截流要截流，使信息反馈发挥出应有的作用。

（七）信息的利用服务

信息是一种特殊的资源，信息管理的宗旨就在于充分地利用信息，获取最大效益。如何充分利用信息，提高信息的使用价值，是一门有待研究的新课题。一般需考虑以下几点。

1. 扩大服务对象的范围

毋庸置疑，为领导提供服务是服务的重点，离开了这个重点，服务就失去了中心。此外，还应从广义上考虑服务的范围，如机关内部的各职能部门、基层单位、教育和科研部门、新闻单位等。在考虑服务范围的同时，还要研究有关对象的信息需求特点。如领导者需要提供制定决策和执行中的反馈信息，教育和研究人员需要背景材料、指导性文件、统计数据和典型材料，新闻单位需要向社会群众宣传党和国家的方针、政策以及动态性的信息等。

2. 发展利用信息的方式、手段

制发公文和准公文，固然是一种重要方式。此外，还可以发展多种方式，首先是尽可能建立阅览室，拟订订阅、借阅的办法，在内部或公开发表信息。信息在内部的出版物上发表，有利于保密，但囿于一定的范围，无保密要求的信息可在公开出版物上发表，让信息为全社会所用。在利用的手段上，可以复制文字材料，制作声像、照片、图纸材料以至口头报告等。方式手段的多种多样，可使信息活化，极大地提高信息的利用率。

以上几个方面，构成了信息管理的全过程，它们之间以利用为纲，灵活交叉，而绝不能把各个环节机械地割裂开来。

第三节　做好办公室信息工作

一、目前信息工作中的问题

目前，我国党政机关和多数企事业单位对信息工作都很重视，但在一些小型企事业单位中，信息工作仍存在不少问题，主要表现在：(1) 一些单位领导人对信息工作的重要性认识不足，没有将其放在决策的首要地位来看待；(2) 一些单位由于种种原因，信息工作部门还没有建立或有名无实，大大影响了决策的科学性；(3) 一些单位虽然建立了信息工作部门，但由于种种原因，信息工作部门还没有真正发挥作用，其工作主动性不够，更多地处于被动接受任务的状态；(4) 一些单位信息工作人员队伍不健全，人员素质有待提高，因而影响了信息工作的质量。信息工作中的这些问题，说明了改进信息工作的迫切性。

二、积极主动地做好信息服务

在新的历史时期，如何提高为领导、为部门、为基层服务的水平，是秘书部门的新课题。这里，根本的一条是办公室部门要有积极主动的精神状态，领导者已经想到并提出的自然要服务好，领导者一时还考虑不到的，只要对宏观决策有帮助，也要向领导者提供。在任何时候，秘书部门都要围绕上级和本单位的中心工作，及时收集和处理信息，为实现目标管理和分类指导积极主动地提供有针对性的信息。

(一) 进一步提高信息质量

秘书部门的信息管理比一般部门的信息管理层次更高，政策性、灵敏性更强一些，要坚持实事求是的思想路线，力求准确反映事物的本质。要提高信息的准确性和时效性，就必须加强对信息的综合和分析，在收集原始信息的同时，就要想到开发新的信息资源；在信息处理时，既要粗加工，又要精加工，从大量的零散的信息资料中发现苗头性和倾向性的信息，以利于领导的宏观决策或针对待定问题及时采取对策。

(二) 建立一支精干的信息队伍

开发信息资源，提高信息质量，关键在于提高信息员的素质。领导要求信息员具有较高的政治素质和业务素质，信息员要对党和人民有高度的责任心，有较强的信息观念和宏观透视能力，有较高的文字能力，并能使用现代化的传播手段。

建立一支好的信息队伍，首先要领导重视，要选调一些年富力强、思想敏锐，勇于开拓创新的人员从事信息工作。对信息员的培训和教育，还处在初创阶段，要创造条件，轮训信息员。为此，要开展相应的理论研究，编写新的教材。

（三）建立和完善信息管理系统

在大生产、大工程、大科研的历史新时期，必须加强信息沟通。全国是一个整体系统，地方、各部门既是全国整体系统的子系统，又是自己属下若干分支系统的母系统。全国和地方、条条和块块都要抓好信息网络建设。

近几年来，从总体上讲，信息网络已初步建立起来，但要以政府办公室系统的信息网络为中心，逐步扩大和延伸，也要发展多层次的信息渠道。沟通社会各方面的信息，既要有精干的信息员，还要有众多的兼职信息员，形成宏大的信息渠道，以使信息工作有广泛的社会基础。

办公室要进一步完善人—机结合信息管理系统，结合机关实际制定总体规划，分段实施，量力而行，先易后难，逐步完善；一些尚未建立独立信息管理系统的机关，秘书部门应主动承担起信息工作的职能。

办公室部门是连接上下、左右、内外的一个枢纽，它与各机关、单位、部门的协调与关联就能组成一个比较完善的信息管理系统。例如，公文往来可以传递各方信息；公文撰写可以下达指令；资料档案可以开发信息；信访可以反馈群众信息；接待可以与外界交流信息。办公室部门要发挥信息工作的龙头作用，由简单地收发信息转变为既收发传递又综合处理信息，搞好信息服务，充分发挥参谋助手作用。

三、逐步实现信息工作的规范化和制度化

信息工作是一个系统工程，要有一套科学的规章制度。这要有一个建设过程，要在实践中逐步完善信息员的岗位责任制，审批、报送反馈制度，催办、查办制度，学习和考核评比制度等，逐步使信息工作走上规范化、科学化的轨道。

信息工作规范化、制度化，就是根据工作的实际经验，将信息工作的全部内容程序化，先做什么，后做什么，有条不紊，井然有序，对其中一些重要方面，建立规章，形成制度。

信息工作规范应包括信息工作各个环节的规范，一般有信息收集工作规范，信息处理工作规范，信息传递工作规范，信息刊物编辑工作规范等。有关规章的条款应该具体、可行，并做到定量化。信息工作制度主要有信息报送制度、工作值班制度、设备使用制度、考核评比制度等。有关制度都要具有可行性、权威性和有效性。

在制定信息工作规范、制度时，要注意以下几点：

（1）从本机关信息工作的情况和需要出发，制定规章、条款，执行上级机关规定，

但不生搬硬套，参考其他机关规定，但不照猫画虎，从实际情况出发，为实际需要服务。

（2）对一些具有规律性的信息，应制定工作细则，如什么时间要收集什么信息，向什么方向报送等，作出明确规定。

（3）制定信息工作规范、制度的目的，是提高信息的准确性、及时性、有效性。因此，要将这三性在条文中充分体现出来，同时还可以从本机关信息工作的薄弱环节出发，制定出某一方面的规定。

（4）在建立工作规范和制度后，要不断进行总结，检验制定的工作规范和制度是否可行，是否有效，不断修订完善。

本章小结

人类正在进入信息时代，在信息大环境中，一切组织与活动都在与信息发生着千丝万缕的联系。信息正以无形的巨大能量在一定条件下决定着人类文明社会发展的形式和速度，决定着一切社会、经济、科技活动的成败与兴衰，决定着人们物质文化生活的质和量。离开信息的人类社会活动是根本不存在的，离开及时、准确的信息指导，一切决策都是主观、盲目，甚至是失败的。

信息系统是整个领导决策大系统中的子系统，从信息角度来说，参与和服务决策就是运用信息、情报、资料、数据，采用科学的方法就重大问题提出多种方案或措施，再从多种方案中作出选择或决定的过程。决策的制定要以信息为基础和前提，在决策实施过程中，也要依靠信息进行控制、协调，并利用反馈回来的信息进行调整和修正原来的决策方案。所以，不论是决策的制定过程，还是决策的实施过程，都离不开信息。

办公室作为参与和服务决策的部门，作为领导的耳目和助手，要树立信息的观念，重视信息的作用。在工业社会，战略资本是资源，而在今天的被称做后工业社会（也叫信息社会）的时代里，战略资本是信息。它虽不是唯一的资源，但却是最重要的资源。办公室部门，必须拥有这副头脑，拥有争夺资源，即争夺信息的头脑。办公室的信息资源工作就是研究本部门的信息需求，对相关信息资源进行规划，收集整理并进行相应的处理，提供给领导部门，对决策层作出的方针政策进行跟踪，收集相关的反馈情况，及时调整的系列工作。

关键概念

信息管理　信息收集　信息处理　信息反馈　办公室信息工作　信息服务

思考与练习

课堂讨论题

除了本章所讲的信息收集的原则外，请与同学们讨论在日常的信息工作中还实践着哪些信息收集的原则。

复习思考题

1. 办公室的信息管理有哪些特点？

2. 办公室部门的信息管理有哪些方面的内容？

3. 信息管理的程序一般有哪些环节和要求？

工作实务题

1. 你所在公司开发出了一种文档一体化系统，能有效地减轻文件和档案工作中的重复繁杂的手工劳动，市场前景十分看好。为了让外界了解这种新的系统，你的老板凯恩·贝利要求你给他起草一份建议书，向他说明有利于产品宣传的各种传播手段。要求：

(1) 就每一种宣传手段作出说明，包括适应对象和注意事项；

(2) 在你建议的宣传手段中都要以此宣传对象为题材，各写出一篇实例；

(3) 将你所列的宣传手段进行比较，选取一种最适合的方式向老板说明。

2. 你的老板杜德先生即将访问美国，为了这次访问成功，他要求得到以下信息：关于美国的基本情况；在劳保商品领域与美国发展贸易的公司情况；与美国在此领域发展贸易的机会。为了满足他的要求，请列出你将使用的参考书及你可能得到的资料。

案例评点

案例一

日本在第二次世界大战后，尤其是最近几年所以能够迅速发展，原因之一就是他们拥有灵敏高效的信息系统，这些信息系统遍布世界各地，能够快速捕捉各种信息，作为制定本国发展决策的依据。美国哈佛大学教授、美日关系研究室主任埃兹拉·沃格尔在他所著的《日本——世界第一》一书中，提出了这样的见解："如果只举出一个原因来说明日本的成功，那就是不间断地、集体地对知识的追求。日本的领导者和国民各阶层中间，都把学习和追求知识、信息，看做是毕生最重要的事情。""日本人似乎都有一种本能的想法——从别人那里可以学到点什么？所以每年都有几百万日本人到外国去，为了学习并寻求自己不懂或对自己有用的东西，而在世界上到处奔跑。"

日本人对这本书的反应却是见喜不喜，反而唤醒民族的忧患意识，使每一位公民更有了紧迫感。

《亚洲周刊》1996 年 12 月曾报道《日本将成为情报大国》。新签署的《日美安保条约》给日本带来深刻变化：日本防卫厅即将增设独立的"统合情报本部"。这个新的情报本部有1 650名工作人员，今后将扩充到 2 000 人。

“统合情报本部”主要工作是对全国六个“监听站”获得的电子情报进行汇总和分析。这个新情报总部的设立，将结束日本第二次世界大战以后几十年里在军事情报方面对美国军事情报部门的依赖。这是日本国防政策的重大变化，引起国际关注。

“统合情报本部”于 1997 年 1 月起运行，它将强化情报工作和培养高素质的情报人员，提高情报系统的综合分析能力。它的工作分为这样几个方面：分别研究各国保安、国防政策；分析邻近国家动态；了解世界其他各国情况。

日本过去进行军事扩张，而现在对外进行经济扩张，情报可以说一向是日本的生命线。日本情报收集已和几十年前大不相同，单枪匹马的秘密作业方式已逐渐式微，情报收集大多已公开化，变成一场比技术、比装备、比金钱的竞赛。日本是亚洲最大的电子侦察、卫星接收、电讯窃听、密码破译的基地。早在 1958 年，当时最为先进的高空侦察机就已经出现在日本美军基地。而今天在冲绳的一个基地，已配有美国的 SR-71 战略侦察机。

日本掌握着世界上最高水平的汉语密码破译技术，约有 1 000 人参与电波的窃听与破译工作。因此，对于中国发生的某些政治事件，他们能够及早得知。

此外，日本情报机构在情报收集方面一个成功的例子，是 1983 年 9 月 1 日大韩航空公司客机被苏联战机击落后，日本军方公布苏联战机驾驶员与地面控制人员的通话录音带，终于使克里姆林宫承认自己击落韩国客机，令 256 人丧生。日本内阁官房长官当时公开宣称，是自卫队的监听站监听到了苏联空军驾驶员的对话。

评点

由此例可以看出，信息已经渗透到了世界的每一个角落。作为参与决策者，脑筋陈旧，缺乏信息意识，只能被这个飞速发展着的世界抛弃。可以这样说，获取信息和利用信息能力的大小，是衡量一个办公室水平高低和锐意进取精神强弱的标志之一。尤其是在知识竞争、人才竞争和信息竞争的现代社会里，准确而充实的信息，可使领导者头脑清醒，思路开阔，思维敏锐，发现问题准确及时，处理问题灵活变通，增强对事物发展方向和运动规律的预见性，从而进行正确的决策和有效的控制。因此可以说，信息是办公室参与和服务决策的法宝和工作的本钱。不占有信息，很难发挥参谋和服务作用。

案例二

老张是益民食品厂一位经验丰富的厂办秘书。有一天，厂里召开领导办公会，大家对于当前工作重心和资金投放重点各抒己见。分管设备的副厂长提出技术改造方案，以提高企业的竞争力，认为应将一大笔资金优先投放到购买先进机械设备上；分管销售的副厂长则提出销售网点建设方案，加大资金投入力度，以进一步理顺产销关系，抢占市场先机……这时，老张也根据自己的调研提供了几条信息供领导参考：一是我国粮食进入市场，粮价上调趋势十分明显；二是国际上几个主要粮食进口国与出口国当年均遭自然灾害，国际性粮食歉收已成定局；三是供应该厂粮食原料的产粮区今年均遭水灾；四是越来越多的乡镇企业开始从事投资少见效快的食品加工业和酿酒业，而他们都将以粮食为原料。根据这些情况，老张进一步分析预测，近期粮价每千克可能上涨 0.2～0.65 元。该厂每年用粮食 10 万吨，按粮价每千克上涨 0.3 元计算，全年就是 3 000 万元！他建议当务之急是在粮食涨价前购进原料，这样可以降低成本，提高竞争力，获得可观效益，然后再把赢利投入技术改造和销售网点建设等其他方面，为参与国际市场竞争打下基础。经过反复比较、分析、论证，厂领导采纳了老张的意见，企业获得了巨大的利润。

从这个案例中我们受到哪些启发？

评点

（1）此案例中老张主要履行了怎样的职能？前提是什么？

秘书的职能是辅助决策与综合服务。在此案例中，老张正是履行了他的辅助决策职能，为领导提供了有效服务。前提是搞好调研工作和信息工作。调研工作是秘书工作的重要方面。在此案例中，老张积极开展调查研究，取得了较好的效果。信息工作也是秘书工作的重要内容。在此案例中，老张不仅努力收集信息，而且对信息进行了分析与加工，从而开发出了有更大价值的信息。

（2）新时期秘书工作的指导原则是什么？老张在工作中是否遵循了？

新时期秘书工作的指导原则是努力实现“四个转变”：第一，从偏重办文办事转变为既办文办事又出谋献策；第二，从收发传递信息转变为综合处理信息；第三，从单凭老经验办事转变为实行科学化管理；第四，从被动服务转变为力争主动服务。在此案例中，老张真正实现了四个转变，符合新时期对秘书工作的要求。

（3）老张在信息工作方面的优势何在？

第一，扎实的信息积累。从本案例可以看出，老张的信息采集工作是长期坚持的，这是作为秘书的基本功。

第二，广泛的信息来源。既有国内信息，又有国际信息；既有本单位内部信息，又有竞争对手信息；既有宏观层面的信息，又有微观层面的信息。可见，其信息收集的渠道（政策性文件、会议交流、阅读报刊、实地调研等）是畅通的，从而保证了信息的政策性、动态性、超前性。

第三，透彻的信息分析。不仅是大量信息的简单堆砌，还对信息进行了深入分析，运用了归纳法、纵深法、对比法、剪接法以及数学方法等对信息进行了深加工，从而做到材料全面、数据精确、原因剖析深刻、局势判断准确、趋势预测合理、提出建议可行。

（4）老张辅助决策的优势何在？

第一，视野开阔，起点较高。老张没有局限于日常烦琐的事务性的工作中，而是紧紧抓住当前工作重点，积极开展调研工作和信息工作，这是有效辅助决策的前提。

第二，重点突出，针对性强。提供大量原始数据给领导没有多大的价值，对信息的鉴别、筛选、综合、分析，才真正具有可用性。

第三，方法得当，成效显著。不仅有大量的信息提供，而且有深入的信息分析，难能可贵的是，在此基础上，还提出了合理化的建议与对策。

案例三

1996 年 3 月的一天，广西玉林地委办公室的两位干部不慎被狗咬伤，立即赶到地区防疫站进行狂犬疫苗注射，偏偏这时疫苗没有了，他们急得要命。次日，又有两位同志分别从容县、贵港市打来长途电话，请地委办公室的同志帮助购买狂犬疫苗。这件事引起了地委办公室信息科一位同志的关注。他迅速赶到地区防疫站做了调查，同时还向各县市收集有关情况，很快掌握了整个情况：由于全地区的狂犬疫苗已用完，被狗咬伤的近万人都无法注射疫苗。防疫站的领导想尽一切办法派人到各地求援，都无结果。不少群众还乘火车、搭飞机到武汉、上海等地，请求当地生物研究所解决疫苗问题。针对这一情况，这位同志及时编发了《玉林地区近万人急需狂犬疫苗》的信息，直接电传中央办公厅秘书局（玉林地区是中办信息直报点）。仅过两天，玉林地委办公室就收到了中办的电报，送来了卫生部从长春生物研究所速调 5 000 人（份）狂犬疫苗支援玉林地区的好消息，从而解决了关系近万人生命安危的大问题。

如何认识信息工作的效益？本案例有何启示意义？

评点

信息工作既有经济效益，也会产生社会效益。这条信息所产生的巨大社会效益，给了我们两点启示：一是信息人员必须具备高度的责任感与敏锐性，善于从身边平凡琐碎的事件中发现信息，并能敏锐地掂量出它的重要性；二是信息部门报送信息要及时，处理要迅速，才能保证信息的应有效果。

第七章

档案管理

案例导入

鄂尔多斯集团公司是一家以鄂尔多斯羊绒衫厂为龙头的大型集团公司，下有羊绒制品、建材、热电、电子元件等30多个企业，在美国、德国、中国香港等10多个国家和地区设有办事处。“鄂尔多斯”牌羊绒衫是驰名商标。鄂尔多斯集团公司的快速发展得益于1995年该公司发行了B股，融集资金10亿元人民币。

鄂尔多斯集团公司为发行B股进行了一系列前期准备工作。第一项工作是进行清产核资、资产评估。鄂尔多斯羊绒衫厂占地面积7.6万平方米，主要设备2 000多台（套），1991年鄂尔多斯集团公司成立后，羊绒衫厂的土地使用权、房地权划归了集团公司，一些固定资产却没有严格的区分，此次资产评估必须重新明确产权划分，进行资产剥离，负责评估的中华会计师事务所查阅了大量的土地使用证、房产证、房地产协议、合同书等档案资料。第二项工作是对集团公司进行财务审计。境内外的审计师查阅了1992年至1994年所有的会计报表、会计账簿、会计凭证，共1 200多卷册。他们还查阅了几个关联企业的档案资料，审查了一些企业借贷担保合同和反担保书等。第三项工作是对B股上市进行法律认证。境内外的律师事务所查阅了鄂尔多斯羊绒衫厂在国内46个城市开设的56个专卖店的营业执照、营销合同、“鄂尔多斯”商标注册等档案材料200多页。

1995年10月，鄂绒B股顺利上市，大大提高了鄂尔多斯集团公司的竞争实力。

此次B股上市过程中，鄂尔多斯集团公司档案室提供各类企业档案共计3 300多卷册，录像档案20多盒，照片档案100多张，各种获奖证书30多件。完整齐全的档案资料提高了B股上市前期准备工作的效率，缩短了B股上市的周期，为公司节省了大笔费用。集团公司领导说："如果没有这么齐备的档案，我们的前期准备工作的难度真难以想象！"

简　析

文件是管理国家政务、联系和处理工作、交流情况的一种工具。文件在完成了文书处理程序后，现行作用逐渐消失。这个时候就要将其中的对日后实际工作和科学研究活动有一定查考价值的文件，按照一定的规律集中保存起来，文件也就转化为档案，从而具有了凭证价值和情报价值。我们从上述案例可以看出，鄂尔多斯集团正是因为意识到了档案的特殊价值，所以在前期准备工作阶段，就非常重视档案管理和利用工作。事实证明，档案为其快速发展和壮大、占据市场起到了至关重要的作用。

第一节　档案管理概述

办公室里每天都会产生许多文件，日积月累，文件将会堆积成山。如果不对文件进行妥善的处理，你很快就会被"文山"所淹没。设想一下，每天面对杂乱无序的文件，想找一些有用的资料却又无从着手，你是不是会因为工作效率的低下而受到指责或自责呢？因为这会严重影响到正常的日常事务。事实上，有些文件在完成一项工作之后就失去了它的作用，可以立即销毁；而一部分文件在今后的工作中还会具有极高的利用率和重要的参考价值。这就要求你学会对文件进行归档和妥善管理保存等档案管理工作。从事档案工作，首先必须对档案和档案工作的基本理论有所了解。

一、档案的定义

档案是国家机构、社会组织和个人在社会活动中形成的、所保存的备查的文字、图像、声音及其他各种形式的原始记录。按照《中华人民共和国档案法》，档案是指"过去和现在的国家机构、社会组织以及个人从事政治、军事、经济、科学、技术、文化、宗教等活动直接形成的对国家和社会有保存价值的各种文字、图表、声像等不同形式的历史记录"。它涉及三个方面的基本含义。

（一）档案产生于组织和个人的社会活动

具体说，档案是在各机关、团体、企事业单位工作中以及个人活动中产生的。它包括两个方面：一是国家机关和社会组织的档案；二是著名人物、家庭和家族的档案。例如，某个单位履行其职能，完成了一系列工作任务，产生了大量文件，其中有价值的就转化为档案。所以，档案总是产生于一定的组织和个人，离不开特定的社会活动。档案是人类社会活动的记录，人类的社会活动是丰富多彩的、极其广泛的，这就决定了档案的内容也是极为广阔、包罗万象的。它直接记录了人们在各个领域、各个学科、各个方面的实践活动。

（二）档案由文件转化而来

文件是记录和反映人们社会活动的文字、图表、声像等材料的总称。人们在社会活动中，为了相互交往，上传下达和记录事务，总要产生和使用许多文件。由于工作的持续进行和事业发展的客观需要，人们又自然要把日后仍需查考的文件，有意识地保存下来，这样就成为了档案。所以，档案是由文件转化而来的。文件转化为档案是有条件的，不是所有文件都需要和可能成为档案。文件转化为档案一般需要具备下述三个条件。

1. 必须是办理完毕的文件

所谓办理完毕的文件，是指文件的处理程序和文件办理的事情已经完毕。当然，“办理完毕”也是相对的。文件处理程序和文件办理的事情，一般情况下是同时完成的。但有时文件处理程序结束了，而文件办理的事情还没有结束，这些文件还具有现行效用，这样的文件也可以转化为档案。

2. 必须是具有一定查考利用价值的文件

组织和个人在各种社会活动中形成大量的文件，处理完毕的文件由于功能上发生了变化，分化为两部分：一部分没有再利用的价值而被淘汰；一部分因仍有查考利用价值而留下来成为档案。从这个意义上讲，文件是档案的基础，档案是文件的精华。

3. 必须是按照一定的程序和条理保存起来的文件

文件不能自动地转化为档案，文件是逐年逐月逐份逐件地产生的，人们要把这些文件经过挑选和集中，按照一定的特点和规律组合起来，才能成为档案。一般的档案，都是由文件经过立卷归档程序转为案卷保存起来的。

了解档案与文件的相互关系，有助于我们在工作中注意文件的形成和积累，提高文件质量，做好立卷归档工作，真正使档案成为文件的精华。

（三）档案是历史的原始记录

档案不同于一般的历史遗物，它是以具体内容反映其形成的组织或人物特定活动的历史记录物，具有很强的记录性。因此，档案具有很高的查考价值。档案不同于一般的信息资料，它不是为了日后转化为档案而事后编写或随意收集的材料，它是其形成的组织或个人在当时当地直接使用的原始文件转化来的，因而具有原始性。档案注重原本原稿，多为孤本，它是人们活动的自然产物。档案兼原始性和记录性于一体。

二、档案的作用

（一）档案是组织机构进行工作的有效工具

在日常工作中，领导者和工作人员为了有效地实施管理，开展各项业务活动，常常需要借助于档案。无论是制定计划、研究案例、进行决策、总结经验，还是处理日常事务等，往往都需要查考档案中的有关资料。例如，单位的领导者要制定某个政策性文件，需要查考有关原始资料，不能光凭记忆。没有档案作为依据，就会给工作带来困难，使工作质量受到影响。所以，档案已成为现代管理工作的不可缺少的工具。

（二）档案是经济建设的重要参考依据

档案，特别是科技档案和某些专门档案，记录了各种生产活动和经济活动的情况、成果、经验和教训，反映了各行各业生产和经济活动的真实状况，它是前人劳动智慧的结晶，是经济建设规律性的反映。无论是以前的计划经济体制，还是现在的社会主义市场经济体制，档案对于制定和实施经济发展计划、检查和总结经济发展情况、推广先进的生产技术和管理经验、防止灾害等方面，都是重要的参考资料。例如，某地方为了大面积推广农作物优良品种，在进行试验种植的同时，查阅了当地大量与农业生产有关的档案资料，了解当地长期以来同类农作物的种植面积、单产、总产、土壤状况、气象雨量、水利设施、灾情记录等，进行综合分析，制定种植计划，从而促进了优良品种有效推广和大面积增产。与此相反，若是“有档不用”或“无档可查”，则会导致生产上盲目发展、管理混乱、重复建设、返工浪费，甚至发生事故，影响正常的工作和生产，造成重大经济损失。由此可见，充分利用档案，实事求是，按规律办事，加强工作的计划性和科学管理，有利于促进生产，提高经济效益。

（三）档案是政治活动的查考依据

有些档案是在国家的政治活动中形成的，记载了社会、阶级、政治、法律等各方面的状况，反映了国家各种政治活动的状况。我们党和国家，一向重视利用档案，把它作为进行政治活动的可靠依据。同时，档案也证实了许多历史情况，澄清了问题，纠正了冤假错案，使好人得到保护，使坏人得到惩罚。在国际斗争中，档案在维护主权、维护民族尊严上也起着重要的作用。

（四）档案是科学研究的必要条件

无论是自然科学，还是社会科学、思维科学的研究，都必须详尽地占有材料。档案可以从两方面为科学研究提供丰富的资料：一方面，是专门进行科学研究的原始记录，可供现实的研究工作直接借鉴；另一方面，从记录的广泛事实和经验中，为各项研究活动提供大量的实验、观察和理论概括的基础材料。例如，马克思在撰写《资本论》巨著的过程中，曾大量收集、研究和利用过工厂视察员报告，皇家铁道委员会记录、证词，以及其他各种文件中有关工人劳动、童工、工资、生活、居住条件等大批原始档案材料。我国在水利、气象、地震等方面取得的一些科研成果，就是利用近300年来大量有关档案材料，经过分析研究的结果。从事史学研究，更需要以历史档案作为第一手材料，才能准确地阐明历史事件，科学地总结历史发展的规律。

三、档案的种类

根据认识角度及分类方法的不同，档案可以分为下述几类。

（一）公务档案与私人档案

公务档案是指人们在公务活动中形成的档案，其形成主体主要是公务机关或其他社会组织；私人档案是指人们在私人活动中形成的档案，其形成主体主要是个人。这两个相对概念解决了档案的归属及所有权问题。

（二）历史档案与现行档案

历史档案是指形成时间较早，离现在较久远且主要起历史文化作用的档案；现行档案是指形成时间较晚，离现在的时间距离较近且主要起现实性参考作用，即对人们的现实工作、生活依然有具体的实际作用的档案。

（三）文书档案、科技档案与专门档案

文书档案是指行政管理档案，即在社会的行政管理活动中由各种行政性或政治性公文（如请示、批复、决定、决议、法规、法律等）转化而成的档案，其实质是突出强调了行政性在档案大家庭中居主导地位。

科技档案是指人们在科技、生产活动中形成的由纯业务性的科技文件材料转化而成的档案，如图纸、设计任务书、科研报告等。它是人类面对自然进行科学研究，进行物质生产活动的记录。

专门档案是指除文书档案和科技档案之外的，所有在专门活动中形成的档案，如会计档案、人事档案、诉讼档案、医院的病历档案、婚姻登记和工商注册登记档案等。

四、存档的目的

存档，就是将失去现时效用但对日后工作具有参考价值的文件归存为档案，按一定的顺序排列并进行妥善保管，以备利用查考。

档案必须具有行政、历史、法律和进行科学研究的参考价值。那些用作日常或长期决策参考用的资料，便是具有行政价值的档案，这些资料就要保存起来，以备查阅参考用。有些单位为了自身或社会的需要，往往编制并保存自己这个团体的历史资料，档案馆里还保存有一些单位的编年史。所有的议定书、长期合同、公司证书或契约章程，或者是其他法律文件都是具有法律价值的档案资料。这些对研究单位各种经营业务的人员有帮助的资料，也是非常重要的档案，应该长期保存。在管理这些资料的时候，单位的资料管理人员及其助手，应受到高级管理人员的指导。

五、存储媒体

与图书、资料一样，档案也有其存在的形态，也就是人们通常所说的载体。换句话说，我们认识档案，也只能先从它的“外形”开始。

（一）纸媒体

纸档案是目前使用最多的存储媒体，尽管现在人们总是不断地提“无纸办公室”，但它依然还是办公室的主角。因为纸档案比起电子、磁性或者其他媒体历史最悠久，其设备、供应及存档程序相对而言也比较标准化。

纸档案一般存放在盒子里，里面的文件夹和目录上都有打印或印刷好的标签。市场上可以方便地买到各种不同的档案盒、设备和其他供应品。

（二）磁性媒体

常见的磁性媒体有软盘、硬盘和磁带。软盘的体积很小，是像唱片一样可以移动的磁盘，目前常用的是 3.5 英寸软盘，它的存储空间取决于生产厂家提供的存储能力。永久性硬盘与软盘一样，也是一种磁存储装置。它可以固定安装在计算机里，也可以作为附加硬盘连在外面。硬盘的存储量比较大，可以保存大量用不同的文件名组织起来的资料。在硬盘上存储信息的方法，取决于生成文件的硬件和软件。

（三）缩微图像媒体

尽管目前计算机磁盘的使用在存储数据方面超过了缩微图像媒体的使用，但缩微胶卷和缩微胶片在长期存储，尤其是在档案材料的长久保存中一直占有很重要的地位。

（四）光盘媒体

光存储器是指计算机数据的大容量存储。相对于前几种媒体而言它还是一项新技术，是为处理计算机生成的电子档案及其他能扫描到光存储系统的档案设计的，近几年发展迅速。光存储器可以保存磁盘、磁带和卡片上的资料，其中光盘是最常见的形式。只读光盘存储器（CD-ROM）是最常见的光盘，它像一张小唱碟，但不能在上面进行文字编辑。光盘上存储空间非常大，一张 CD-ROM 可以存放整部百科全书、几千篇文章及其他的大量信息。一写多读光盘（WORM）是一种一次写、多次读的金属膜盘，把数据写上去之后，就不能再进行删除或修改了。可擦光盘（erasable optical disks）可以反复使用，最常见的是磁光盘，它能为使用者提供快速存储和检索大量数据的功能。

第二节　档案管理程序

一、档案收集工作

所谓档案收集工作，是指将分散在单位内部的有保存价值的文件材料向单位档案室或负责管理档案的人员移交、集中的工作。立卷是将单份文件组合成案卷的工作。各单位在工作活动中形成的具有保存价值的文件材料，由单位的文书部门或业务部门整理立卷，定期移交给档案室或负责档案管理的人员集中保存，这项工作称为归档。在我国，归档已成为党和国家对档案工作明文规定的一项制度，这就是通常所说的“归档制度”。

从档案的形成来看，档案产生于文件，文件失去现行效用经归档才能转化成为档案。文件立卷归档属于文书部门的任务，它是文书工作最后一个环节，同时也是档案室工作的第一个环节，可以说归档是文书工作和档案工作的“结合点”。

案例 7—1

> 吴越大学毕业后，被分配到一家国有企业档案室。一天，档案部门主管叫他去收集科研处去年的档案，他很高兴地去了。到了科研处，当他说明来意后，得到的答复是“还没到时间呢！不是最迟到 6 月底吗?”吴越解释说，早点收集是为了便于档案整理以及以后各项工作的开展。不料那人说：“便于你们整理，就不便于我们利用了!”说完就做自己的事情，头也不抬了。到了 6 月底，吴越又去了科研处，科研处的人说：“我们现在还没整理好，你过两天再来吧!”吴越很生气，大声对那个人说道：“上次我来你说没到时间，这次到时间了，你又说没整理好，你到底想怎么样啊？归档制度你懂不懂啊?”就这样，两人争吵起来……

吴越起初很想做好档案收集工作，但是结果却事与愿违。其实，他只要动动脑子，想想为什么科研处的人不愿意给他档案，也许最后就不会是这样了。一个企业的科研处不同于其他部门，他们产生的档案具有自身的特点，数量多而且利用频繁。他们如果上交就可能对利用带来不便。因此，档案处在制定归档制度时，应该根据特定部门的特点有区别地对待。对于科研处，可以根据其做的项目的特点，按项目完成时间归档，可以适当地拖延归档时间。如果生搬硬套归档制度，不针对实际情况灵活应变，就会造成不必要的麻烦，以至于影响单位的整体工作。

（一）档案收集工作的意义

1. 档案收集工作是档案工作的起点

档案工作的对象是文件和档案。在收集到一定数量的档案的物质基础上，档案部门才能进一步开展整理、编目、鉴定、保管、统计和提供利用等各项工作。收集是档案室取得和积累档案的一种手段，没有档案的收集工作，就不可能有完整的档案，档案工作就成了“无米之炊”。档案室的收集工作是建立在归档工作基础上的，没有归档工作，或归档制度不健全，档案工作的各个环节就都不能正常开展。所以，要做好档案的收集工作，就一定要组织好机关内文件的归档，它不仅为档案室提供了丰富的档案来源，也为档案工作的开展创造了良好的条件。

2. 档案收集工作是实行档案集中管理原则的前提和保证

档案工作的基本原则要求实行档案集中统一管理。国家的档案是一种宝贵财富，不能长期分散，更不能归个人所有，只有通过收集工作，才能把党和国家的全部档案集中到各机关的档案室或各级各类档案馆，形成统一的档案材料基地，实行统一的科学管理。因此，收集工作是档案工作基本原则得以贯彻的一个重要前提和保证。

3. 档案收集工作是档案工作各环节的基础

从全部档案业务工作的程序来说，收集工作是档案工作中的第一个环节。收集工作的质量决定着其他环节的质量，收集的档案齐全完整，合乎质量要求，就为其他环节创造了良好的条件，可以减少其他工作量，从而可以使档案室集中力量广泛开展档案的利用工作。如果收集不及时，档案材料残缺不全，整理工作就不能顺利进行，没有完整、系统的档案，就会给今后的保管、鉴定、统计、利用等各项工作造成困难。因此，要做好档案业务工作，就必须首先做好档案收集工作。

（二）立卷归档的文件范围

1. 上级来文

上级来文包括：需要贯彻执行的上级重要会议文件；上级业务主管部门的法规性文件；上级视察工作形成的文件资料；代上级草拟并被采用的文件；上级单位转发本单位的文件等。

2. 本单位形成的各种文件

本单位形成的各种文件包括：本单位代表性会议、工作会议和专业会议的文件资料；本单位颁发的各种正式文件的签发稿、修改稿、印制本等；本单位的请示与上级的批复；反映本单位业务活动和科学技术管理的专业文件材料；本单位或本单位汇总的统计报表和统计分析资料及财务资料；本单位领导人公务活动中形成的重要信件、电报、电话记录；本单位成立、合并、撤销、更改名称、启用印信及其组织简则、人员编制等文件材料；本单位（本行业）的历史沿革、大事记、年鉴，反映本单位（本行业）重要活动事件的简报、荣誉奖励证书，有纪念意义和凭证性的实物和展览照片、录音、录像等文件材料；本单位（包括上报和下批）干部任免（包括备案）、调配、培训，专业技术职务评定、聘任等文件材料；本单位财产、物资、档案等的交接凭证、清册；本单位与有关单位签订的各种合同、协议书等文件材料；本单位外事活动中形成的材料等。

3. 下级报送的文件

下级报送的文件包括：下级单位的重要的工作计划、报告、总结、典型材料、统计报表、财务预算、决算等文件；直属单位报送的重要的科技文件材料；下级单位报送的法规性备案文件等。

4. 相关文件

相关文件包括：各种普查工作中形成的文件材料；按有关规定应归档的死亡干部的文件材料；同级单位和非隶属单位颁发的非本单位主管业务但需要执行的法规性文件；有关业务单位对本单位工作检查形成的重要文件；同级机关和非隶属单位与本单位联系、协商工作的文件材料等。

（三）确定归档时间

归档时间是指文书处理部门或有关业务部门将需要归档的文件向档案部门移交的时间。应当根据各种文件的形成特点和规律，具体规定其归档时间。

1. 管理文件

管理文件一般在形成的第二年上半年内向档案部门移交归档。

2. 科技文件

科技文件根据文件形成的不同情况有不同的要求，一般有以下五种情况：

（1）按项目结束时间归档。

（2）按工作阶段归档。

（3）按子项目结束时间归档。大型项目或研究课题，往往由若干子项目构成，这些子项目相对独立，工作进程也不尽相同。当一个子项目结束后，形成的文件就可以进行归档。

（4）按年度归档。对活动和形成周期长的科技文件或作为科技档案保存的科技管理性文件，一般按年度归档。

（5）随时归档。对于科技文件复制部门和科技档案部门合一的设计单位的施工图、机密性强的科技文件、外购设备的随机材料以及委托外单位设计的科技文件等，应随时归档。

3. 会计文件

会计年度终了后，会计文件暂由企业财务会计部门保管一年，期满后移交给档案部门保管。

4. 人事文件

人事文件一般应在办理完毕后的10天或半个月内向档案部门归档。

对于一些专业性强、特殊载体形式的或机密性强的文件，驻地分散的下属单位的文件、形成规律较为特殊的文件及新时期涌现出来的企业文件，为了便于实际的利用和管理，经过一段时间的实践和总结，可适当地调整归档时间，既要便于在文件形成后的一定时间内企业工作人员的就近利用，也要便于有保存价值的文件及时归档。

（四）归档份数

归档份数是指企业文件归档的数量。总的来说，凡是需要归档的文件一般归档一份，重要的、使用频繁的则需要归档若干份。规定不宜过于笼统，也不能制定过于简单划一的标准。

（五）履行归档手续

履行归档手续，一般需要以下几个步骤：

（1）按移交清单向移交双方交代清楚。移交清单一式两份。

（2）确保清单无误后，双方签字，各留一份，以备查考。

（3）科技文件归档时，还需要编写归档文件简要说明，由归档人员编写。一般包括以下内容：项目的名称和代号、项目的任务来源、工作依据和实施过程，项目的科技水平、质量评价和技术经济效益，科技档案质量情况，项目主持人及参加者姓名和分工，文件整理者和说明书撰写人姓名、日期等。

二、档案装订工作

案例 7—2

天地公司是一家中型公司，档案处有 3 人，年底档案处在整理档案时，为了降低成本、提高效率，工作人员在批发市场上买了糨糊和胶水，在装订档案时采用了粘接法。很快，3 个人就把大量的档案装订完毕，回家过年去了。第二年某一天，公司领导用去年的一份文件，当档案工作人员找到那份文件时，吃了一惊。因为那份文件用糨糊粘接后，经过一段时间，糨糊已经浸到了文字部分，文件早已面目全非。

档案装订方法正确与否至关重要，它不仅影响到档案的保管，还影响到档案的利用。如果上例中的被破坏的档案是一份重要的机密文件，并且没有备份，难以想象公司的损失有多大。因此，秘书必须了解档案装订工作的步骤与方法。

（一）整理归档文件

归档文件以“件”为整理单位。一般以每份文件为一件，文件正本与定稿为一件，正文与附件为一件，原件与附件为一件，转发文与被转发文为一件，报表、名次、图册等一册（本）为一件，来文与复文可为一件。

分类方案的“最低一级类目”是指分类时所确定的类目体系中设在最低一级的类目。例如，按照“年度—机构—保管期限”分类中，“保管期限”即为最低一级类目。在最低一级类目中，按事由结合时间、重要程度等排列。会议文件、统计报表等成套性文件可集中排列。

（二）修整归档文件

1. 修裱破损文件

修裱是指使用黏合剂和选定的纸张对破损文件进行“修补”或“托裱”，以恢复文件的原有面貌，增加强度，延长寿命。其中，修补主要针对一些有孔洞、残缺或折叠处已被磨损的文件。

2. 复制字迹模糊或易褪色的文件

对字迹模糊或易褪色的文件，一般采用复印的方式进行复制。如传真件字迹耐久性差，须复制后才能归档。但复制件本身也存在耐久性方面的问题，如易黏连等，需要采取一定措施加以防范。为减少复印件黏连的几率，复印时墨粉浓度不宜太大，颜色不宜太深，并且最好采用单面复印。

3. 超大纸张折叠

实际工作中，某些特殊形式的文件，如报表、图样等，纸张幅面大于 A4 型和 16 开型，而档案盒尺寸是按照 A4 纸张大小设计的，这就需要对超大纸张加以折叠。折叠的操作要求比较简单，但要注意尽量减少折叠次数，同时折痕处应尽量位于文件、图标字迹之外。文件页数比较多时，宜单张折叠，以方便归档后的查阅利用。

（三）装订归档文件

1. 线装式

从档案保护的角度看，线装无疑是最好的选择。但除了较厚的文件，“三孔一线”的装订方法已不再适用于文件管理。现有的常见做法是使用缝纫机在文件左上角或左侧轧边，但这种方法存在针脚过密、易造成纸页从装订处折断的问题，设备成本也相对较高。如在文件左上角或左侧穿针打结，操作比较烦琐。如果装订器材能够有所改进，线装仍然是最好的装订方式。

2. 变形材料

使用变形材料装订的方法很简单，但对材质有较高的要求。金属制品，如不锈钢夹、燕尾夹等，必须采用质地优良的不锈钢制品，而且必须同时考虑所在地区的气候条件以及库房保管条件，谨慎使用；塑料制品则必须有足够强度，以免年久断裂。要注意，使用金属装订材料的归档文件材料，不能使用微波设备进行消毒，否则可能引起火灾。

3. 粘接式

一般采用糨糊及胶水粘贴的办法，成本较低。但这种方式存在可逆性差、复印及扫描时不能拆除等缺点，材料的可靠性也有待于进一步认证。还有热熔胶封装的办法，但由于成本较高不易推广。

另外，穿孔式和铆接式方法由于对档案破坏较大，因此不宜用于归档文件的装订。

三、档案整理工作

把数量庞大的档案，及时地、完整地收集起来，进行科学、系统的整理，提供给各项工作利用，这是档案管理中的一项重要任务。

（一）档案整理工作的内容

档案整理工作的基本任务就是建立档案实体的管理秩序，使所保存的档案有序化、条理化，为整个档案管理工作创建秩序化的管理对象基础。整理是档案实体管理的核心，对整个档案管理工作具有重要的基础意义。

档案整理工作的主要内容包括：区分全宗，全宗内的分类、立卷，卷内文件的整理，案卷的排列与编号，案卷目录的编制。

按照我国现行的管理体制，上述一系列业务工作一般由不同的工作机构和人员分别承担：文书立卷一般由直接产生、处理文件的机构和人员承担；全宗内分类、案卷排列与编号、编制案卷目录的工作一般由档案室承担，全宗的划分和排列多由档案室承担。但在某些特殊情况下，档案室和档案馆也要承担部分或全部整理工作。这样，在档案馆（室）内档案的整理，按其工作内容大致分为下述三种情况。

1. 系统排列和编制案卷目录

这项工作一般在档案室完成，即对已经立卷归档的案卷进行罗列、编号以及分类等系统化的整理，并将其结果用编制案卷目录的方式固定下来。

2. 对整理不善的档案进行局部调整

档案室和档案馆对已经整理入馆保存的档案，经过管理实践的考验或专门的质量检查，对显然不符合整理要求、不便于保管利用的案卷，要进行一定的加工，以提高档案质量。比如，档案室若发现文件组合不合理，排列次序颠倒，案卷标题与文件内容不一致等，要拆卷重新立卷。再如，档案馆（室）接收各单位的档案后，要对案卷的排列做一些调整，对已编制的案卷目录做一些加工等。另外，随着时间的推移，档案材料本身以及档案整理体系可能发生某些变化，也需进行必要的调整。

3. 全过程的档案整理工作

这项工作也多在档案馆进行，包括为使其条理化、有序化而开展的收集、分类、排列等一系列整理活动。显然，其工作量比前两种情况大很多，其内容也复杂得多。因此，对工作人员的要求也相应提高，要求工作人员首先要从全局把握整理工作，然后分阶段、有计划、有步骤地开展整理工作，保证档案后续工作的顺利进行。

（二）档案整理工作的意义

1. 档案整理工作是整个档案工作的基础

在档案管理的诸环节中，收集工作是起点，提供利用是档案工作的目的，而档案整理则是承上启下的关键所在。只有进行科学的整理，才便于档案的鉴定、保管、统计等基础环节的建设。档案经过系统的整理，为全面鉴定档案的价值提供了有利条件，因为分析档案的价值要从档案的内容出发，把档案联系起来进行分析比较，这就必须在档案整理的基础上开展。同时，档案整理和鉴定这两项工作，往往是结合进行的，边整理边鉴定，通过整理和鉴定，既剔除了无保留价值的档案，同时又对具有保存价值的档案划分了保管期限，按不同保管期限，分别整理立卷。二者相辅相成，相得益彰。档案经过系统整理后，排列有序，编目合理，为档案的保管和统计工作提供了科学基础。

2. 档案整理工作是发挥档案作用的前提条件

保存档案的主要目的是及时地、系统地提供档案，为社会各项工作服务。为了达到这样一个目的，所提供利用的档案必须经过科学的整理。档案数量庞大，成分复杂，如不进行科学整理，查找使用时就会像“大海捞针”一样困难。没有经过整理和系统化的档案，就不能充分体现档案的历史记录的特点，不能完整地反映出各项活动的历史联系和本来面貌，就会影响以致失去档案的利用价值，不便于进一步查考研究问题。只有经过科学的整理，才能使档案有目可查，有规可循，便于使用。

3. 档案整理工作是检查档案收集工作质量的重要依据

在档案整理工作中，可以看出档案收集工作的情况。比如，有关内容的文件材料数量是多了还是少了；有关部门的文件材料质量是提高了还是降低了；有关形式的文件材料是否齐全等。通过整理，能够反映出收集工作的薄弱环节，使收集工作得到及时补充和纠正，在以后的收集过程中更具有针对性。所以，档案整理工作可以促进档案收集工作进一步提高质量。

（三）档案整理工作的原则和要求

档案整理工作应该按照档案形成的特点和规律，最大限度地保持文件之间的历史联系，充分利用原有基础分门别类，使整理后的档案便于保管和利用。这就是档案整理工作的原则和要求。

1. 整理档案必须保持文件之间的历史联系

每个单位在行使职能活动中，必然要同其他单位发生各种关系，而在这个过程中所积累的大量的文件也必然是相互联系的。这种联系，在档案工作中称为“文件之间的历史联系”。整理档案，必须按照文件之间的历史联系进行基本的分门别类，不能按照偶然的需要和人为的联系随意分合。只有掌握了文件的特点及其形成的规律，按照文件在机关实践活动中的固有联系进行整理，才能把文件组成科学的有机体系，如实地反映出文件的历史背景及其系统的内容。

文件之间的历史联系，主要表现在文件的来源、时间、内容和形式等几个方面。

（1）文件在来源方面的联系。文件是以一定的单位及其内部组织有机形成的。形成文件的单位，构成了文件来源方面不可分割的历史联系。整理档案必须保持其来源方面的固有联系，不允许随意拆散和组配。如果人为地使文件脱离形成的原单位，打乱了文件来源方面的联系，就会破坏文件体系的本来面貌和利用价值。从全部整理工作程序来说，文件在来源方面的联系是首要的联系。只有在保持文件来源方面联系的前提下，文件的时间、内容和形式等方面的联系，才能更深刻地反映形成单位工作活动的面貌。

(2) 文件在时间方面的联系。任何机关所进行的具体活动，都有一定的过程和阶段性，这就使文件之间具有自然的时间联系。如一个历史时期的文件，记录了这个历史时期政治、经济、科学、文化等方面的活动情况，这些文件之间有着密切的联系，是一个有机的整体。机关的工作活动，都是逐年进行的，同一年度文件之间，也有密不可分的联系。整理文件时，在保持其来源联系的情况下，还要考虑文件在时间方面的联系。

(3) 文件在内容方面的联系。文件是在解决一定问题的过程中产生的。比如做一项工作、办理一起案件、开展一个运动、召开一次会议等所形成的文件，在内容上必然有密切联系。整理档案时必须保持这种密不可分的联系。应当指出的是，只有在保持了文件来源联系的前提下，文件内容方面的联系才更深刻、更有意义。

(4) 文件在形式方面的联系。文件的内容必须通过一定的形式表现出来。文件的形式主要是指文件的种类、名称、制成材料和记录方式等。文件的形式是文件内容的外部体现，它在一定程度上反映了文件的性质，与文件的来源、时间和内容等是紧密相连的。比如，命令反映了上下级机关的关系，请示与批复自然是紧密相连的，账簿产生于财务部门并记录了财务活动；文件的格式、印章等也都和文件产生的机关、时间、表达的内容密切相关。整理档案时，根据需要，也要保持文件之间形式方面的联系。

文件之间的联系是多种多样的，在整理工作中，应该根据文件的具体情况具体分析。文件之间的各种联系都是相对的，应该根据档案的不同特点和不同的条件，采取相应的方法来保持文件之间的联系。不能把某种联系绝对化，也不能离开文件的具体情况简单地评价整理方法的好坏和整理质量的高低。

2. 整理档案应该充分利用原有的基础

档案原来的基础，是前人整理档案的成果。整理档案时要看重历史和前人的劳动，充分利用原有的整理基础，这是档案整理工作的一条原则。实践证明，重视和利用原有的整理基础，有利于保持文件之间的历史联系，提高档案整理工作质量，加快整理步伐，适应客观上急需利用档案的需要。

在“充分利用原有的基础”时，主要有两个方面的要求：

(1) 只要是经过整理而有规可循、有目可查的档案，就应力求保持其原有的整理体系，一般不再重新整理，必要时可做适当的加工整理。实践证明，如果改变原来的整理体系，反复重整，结果总是得不偿失。经验教训告诉人们，已经整理好的档案，不能随便“打乱重整”。

（2）必须进行整理的档案，要注意研究原有的整理基础，弄清哪些是合理的，哪些是不合理的。对其中合理的部分应当吸取；对整理不当或者错误的部分，也要经过仔细分析，摸清情况之后再调整。这样做可以避免人为地破坏文件之间的历史联系，对保证整理质量和提高效率，是很有益的。

3. 档案的整理必须便于保管和利用

保持文件之间的历史联系，并不是整理档案的主要目的，所以不能“为联系而联系”。档案整理工作的基本出发点和最终要求，是便于档案的保管和查找利用。

总的说来，恰当地保持了文件的历史联系整理出的档案，也就能便于保管和利用，所以它们基本上是一致的，但它们之间有时也会有矛盾。比如一次会议的有关报告、讲话的书面文稿和录音磁带，会议的经费开支计划和会议账簿、记账凭证，本来互有密切联系，但是完全混同整理，则不便于保管和利用。整理档案是一项复杂细致的工作，同样是在保持联系的情况下，往往可以有各种不同的具体做法。而有些做法，虽然保持了相互之间的联系，但可能不便于安全保管和实际利用。因此，整理档案时，特别是在保持文件之间的联系和便于保管利用发生矛盾的时候，不能机械地强调保持文件联系的原则，而要充分考虑档案保管和利用的方便。比如由某些特殊材料制成的机密程度、保管价值等不同的档案，就应根据情况分别整理，而不是搞“一刀切”。

四、档案分类工作

案例 7—3

永安公司为一家小型的新公司，其档案管理由办公室秘书小李一个人负责。小李最初采用“机构组织—年度—保管期限”分类方案。近两年，公司常做一些部门调整，由最初的 8 个部门变为 10 个，后来又变成 6 个。去年，公司换了一个老总，新官上任后对公司重新规划，现在是 9 个部门。但是小李的分类方案一如既往。一天，公司老总要查 4 年前的一份文件，小李知道老总要的文件是关于市场调查方面的，但 4 年前它属于哪个部门小李记不清了。于是，他只能到处找寻，找了两天，几乎把 4 年前的档案都翻了一遍，才找到老总需要的文件。

由这个案例可见，档案分类方案的制定要根据本单位的实际情况。上述公司是一家小型公司，部门变动频繁，就不能用机构组织分类，而应该是按“年度—组织机构—保管期限”来分类。

档案分类，是指全宗内归档文件的实体分类，即将归档文件按其来源、时间、内容和形式上的异同，分成若干层次和类别，使其构成有机的体系的过程。分类的内容包括：选择分类方法、制定分类方案、档案的归类和案卷排列等。

（一）分类的意义和要求

1. 分类的意义

档案分类是档案系统化的关键性环节，对整个档案整理工作具有重要的意义。

档案经过区分全宗以后，一个全宗内大量的互有联系的文件如果不进行分类，仍是一堆杂乱无章的材料，这对于查找和使用档案很不方便。只有对全宗内档案进行科学的分类，才能揭示出它们之间的内在联系，使全宗成为一个有机整体，便于系统地提供利用。就整理工作的程序而言，全宗内的文件，如果不做分类，立卷、排列和编目等工作就难以进行。只有经过一定的分类，其后的一系列环节才易于进行和逐步深入，它为档案整理工作创造了有利条件。分类质量的高低，直接影响档案的质量，关系到整理工作能否顺利进行。因此，档案的分类工作是极其重要的一项工作。

2. 分类的要求

档案不仅要分类，而且必须正确地分类，错误的或不恰当的分类，会破坏文件之间所固有的联系，造成整个档案整理和利用上的不便。所以，对于档案的分类有一定的要求。

（1）客观性。即应该从档案的实际出发，保持原有的历史联系。文件材料之间的历史联系是多方面的，应该在分类过程中，选择其中本质的联系，实现最佳分类效果。因此，整个分类过程应该是自然的，而不是人为的或任意的。

（2）逻辑性。分类体系必须有严密的逻辑性，要求档案分类标准统一，界限分明，概念明确，层次得当。标准统一是指在同一层次的分类过程中，只能运用同一标准进行，而不能同时有两个或两个以上标准；界限分明是指类与类之间的界限划分要明确，不能相互交叉；概念明确是指设立的每个类、项、目等，都必须有明确的范围，不能含糊不清；层次得当是指分类的层次不宜过多，级别要分明。

（3）实用性。选择分类方法、确定分类方案，要注重实用。须便于保管、检索和利用。

（4）思想性。要求分类能揭示档案内容的实质，要用历史唯物主义观点，运用阶级分析方法，对档案进行分类。尤其对历史档案，以及政策性较强的档案，在分类过程中更要注意分类体系和类项设置能够体现出档案内容的实质。

（二）分类方法

档案的分类方法很多，如年度分类法、组织机构分类法、问题分类法、作者分类法、地区分类法、文体名称分类法等，常用的是前三种。

1. 年度分类法

年度分类法就是根据形成和处理文件的自然年度或专业年度分成各个类别。这种方法简便易行，且符合党政机关档案按年立卷归档的现实状况。将全宗内档案按年度分成不同类别，可以较好地维护和再现立档单位和档案形成的历史过程，保持档案文件之间和立档单位各项工作活动之间的历史联系。在实际工作中，年度分类法又可以同其他分类法结合使用。所以年度分类法是运用比较广泛的一种方法。

根据文件的准确日期归入相应的年度类别，是按年度分类的要求。对于下面几种情况的文件，应该准确地判定其所属年度。

（1）文件上有两个以上日期又不是一个年度。文件有写成日期、签署日期、批准日期、通过日期、公布日期、发文和收文日期等。如果文件上有两个以上日期又不属于同一个年度，就要根据文件的特点，以最能说明该文件特点的日期作为分类的根据。法律、法令和条例等法规性文件以批准日期为根据（公布之日生效的文件，以公布日期为根据）；命令、指示等指导性文件以签署日期为根据；计划、总结、预算、决算、统计报表以内容针对时间为根据；来往文书中的收文以收到日期为根据。例如，2011的工作总结，是 2012 年 2 月形成的，这份文件内容是针对 2011 年的，应该放到 2011 年度为好。

（2）文件上没有日期。应该运用多种方法，判定和考证文件的准确日期或接近日期。分析文件的内容，研究文件的制成材料、格式、字体和各种标记等，都是行之有效的方法。同时还可以利用已有准确日期的文件与没有日期的文件比较对照的方法来判定。

（3）跨年度文件。属于跨年度文件有两种情况：一是单份文件，内容跨了两个以上年度。比如一份文件既有前一年的工作总结，又有后一年的工作计划，内容针对两个年度。这份文件如果是以工作总结为主要内容的，应该归入前一个年度；如果是以工作计划为主要内容的，就应该归入后一个年度。如果内容不分主次，而是平分秋色，应该归入形成文件的年度。又如有的计划和总结，其内容不是针对一个年度，而是涉及几个年度，如五年计划、三年总结、十年规划等，属于计划性的，应该归入计划开始的一年；属于总结性的，应该归入总结针对的最后一年。二是一组有密切联系的文件，形成于两年以上，如一次会议，前一年底开会，后一年初结束，这次会议形成的文件，应归入会议结束的年度。

（4）专门年度的文件。在实际工作中，除了一般的通用年度外，有的专业部门还使用专门年度来进行工作，这是根据工作的特殊需要，另外规定一种起止日期的统计年度。例如，学校中的“教学年度”，是以每年的 9 月 1 日至次年的 7 月 31 日为一个“学年”，还有财务部门的“财务年度”等。

如果一个立档单位主要的业务工作按专门的年度进行，其他工作仍按一般年度进行，在按年度分类时，应该将以专门年度进行工作形成的文件按照专门年度分类，其他文件按照一般年度分类；然后再将两种年度的文件，按照相应的年度合并为一类。这种分类方法，真实地反映了立档单位工作活动的面貌，便于查找利用。

2. 组织机构分类法

组织机构分类法就是按照立档单位的内部组织机构，将全宗内的档案分成若干类别的分类方法。在机关里，档案是由各个机构在其业务活动中形成的，按组织结构分类就能客观地反映立档单位各个组织机构工作活动的面貌，较好地保持档案来源方面的联系，便于从历史的角度研究问题。档案按组织机构分类，在类目的设置和文件的归类上，都有比较明确的客观标准，可以避免因工作人员认识水平不同而导致分类不一致的情况。特别是对于现行机关，每个组织机构归档的案卷，很自然地就构成一类，简便易行。因此，组织机构分类法是一种经常采用的分类方法。

按组织机构分类时，对于由几个机构共同形成或办理的文件，应有统一的归类方法。比如，经过本机关党委讨论而以机关行政名义发的文件，一般应归入行政机构类；业务机构起草而以机关名义发的文件，一般应归入办公厅（室）类，也可以归入业务处（科）类；几个机构联合办理的，一股应归入主办单位，也可归入最后承办单位。总之，对涉及几个机构的文件，在一个文档单位内，应当有统一的规定，以便将文件合理地、有规律地分入相应的类别，查找起来有规可循。

3. 问题分类法

问题分类法就是按照档案内容所说明的问题来分类的方法，它能较好地保持文件之间在内容方面的联系，使内容相同或相近的档案集中在一起，能够比较突出地反映出一个机关主要工作的活动面貌，便于按专题查找利用档案。

档案内容所反映的问题是复杂的，因此，档案按问题分类也是比较复杂的。问题分类法在类目如何设置，尤其是档案归类等具体问题上，常常难以统一。由于档案工作人员知识与业务水平的不同以及各种因素的影响使得这种方法比起前两种分类方法要复杂一些、困难一些。在检索过程中，利用者的要求与实际分类不可能完全一致，所以采用问题分类，应该慎重。

按问题分类，特别需要强调下列几项具体要求：

（1）应该按照文件内容中最基本的问题来设置类别，如实地反映出立档单位的主要面貌。因此，必须切实地研究立档单位的工作性质。通常要参照机关的职权范围和基本工作任务，根据文件的实际状况设类。不能根据一时的某种需要，随意划分问题的类别，也不要设虚类。

（2）类目体系力求简明，必须合乎逻辑，类目的设置应根据全宗的大小、立档单位工作任务繁简和文件的多少来决定。一般来说，层次不宜过多，类项力戒琐碎；类别概念的外延不能与全宗名称的外延等同。同一级各类之间则应互相排斥，不能彼此交叉，如设人事类的同时，不能再设干部任免类。为了解决全面性、综合性文件的归类，通常应设综合类（或称总类）。

（3）按文件的主要内容准确地归类。按问题分类时，往往会遇到一些既可归入甲类又可归于乙类或者归属不明确的文件，这是运用问题分类法时比较突出的一个难点，合理地解决它，也是提高这种分类法应用水平的重要环节。在某些文件涉及几个类目的情况下，应研究并认定文件内容的主要问题，归入相应的类别。而且要制定统一的规定，做到归类有依据，查找有规律。

（三）电子档案的分类

如同其他事物的种类划分一样，电子档案的种类也有不同的划分标准。目前主要有以下几种划分方法。

1. 按电子档案的信息存在形式分类

（1）文本文件（text），或称为字（表）处理文件，是指使用汉字处理软件生成的，由字、词、数字或符号表达的文件。

（2）数据文件（data），也叫数据库电子文件，是指在事务处理系统中单独承担文件职责，或者作为文件的重要组成部分出现的数据库数据对象，也可以说是以数据库形式存在的具有文件属性的记录。

（3）图形文件（graphic），是指根据一定方法绘制的图表、曲线图，包括几何图形和把物理量如重力、强度等用图表表示的图形等。

（4）图像文件（image），是指使用数字设备采集或制作的画面，如用扫描仪扫描的各种原件画面，用数码相机拍摄的照片等。

（5）影像文件（video），是指使用视频捕获设备录入的数字影像或使用动画软件生成的二维、三维动画等各种动态画面，如数字影视片、动画片等。

（6）声音文件（audio），是指用音频设备录入或用编曲软件生成的文件。

（7）命令文件（program），是指为处理各种事务用计算机语言编写的程序，是一种计算机软件。

2. 按电子档案的功能分类

（1）主文件，是指表达作者意图、行使职能的文件。

（2）支持性文件，是指生成和运行主文件的软件，如文字处理软件、表格处理软件、图形软件、多媒体软件等。

（3）辅助性、工具性文件，主要是指在制作、查找主文件过程中起辅助作用的文件，如计算机程序类文件往往附带若干辅助设计文件、图形文件，数据库往往附带若干辅助数据库和相应的索引文件、备注文件等。

3. 按电子档案的生成方式分类

按这种方法可以将电子档案分为计算机系统中直接生成的原始文件和将纸质或其他载体（如胶片）文件重新录入生成的转换文件。

五、档案鉴定工作

“鉴”字，古时是指铜镜子的意思，后又逐渐引申为“仔细查看”、“鉴别”的意思。现在，鉴是指审查。档案的鉴定工作，是把真正有保存价值的档案保留下来，同时也是提高档案管理效益的科学措施。

（一）档案鉴定工作的内容和意义

1. 档案鉴定工作的内容

档案鉴定工作，主要是甄别和判定档案的价值，保存有价值的档案，剔除无须保存的档案予以销毁。其具体工作内容包括：按照一定的原则、标准和方法，具体审核档案的保存价值并确定它们的保管期限，剔除没有保存价值的档案予以销毁，以及为此而进行的一系列的鉴定组织工作。

档案鉴定工作的这些具体内容，归纳起来主要有两个方面：一方面确定哪些档案应该保存，保存多长时间；另一方面确定哪些档案不予保存，可以进行销毁。必须正确地理解这两方面的工作内容及其相互关系。鉴定工作的主要目的，在于正确地确定需要保存的档案，保护有价值的档案，提高保存档案的质量。在鉴定工作中，剔除、销毁不需保存的档案，虽是工作内容之一，但不是主要目的，“毁”是为了更好地“存”。因此，在进行鉴定工作的时候，着眼点应放在哪些档案应该妥善保存下来。只有分清主次，才能做好鉴定工作。

2. 档案鉴定工作的意义

（1）便于发挥档案的作用。保存档案的主要目的，是发挥档案的作用，为社会主义的各项工作服务。如不进行鉴定工作，把大量已失去保存价值和本来就没有什么保存价值的档案，同有价值的甚至有重要价值的档案混杂在一起，臃肿庞杂，而使真正有价值的档案被大量无价值的档案所淹没。有时查找一份档案文件，犹如“沙里淘金”，给提供利用工作带来很大困难。反之，我们通过鉴定工作，去其糟粕，取其精华，剔除无价值的档案，把有价值的档案保管好，利用时，可以按照利用者的需求，快速查找出来，使档案发挥其应有的作用。

（2）便于档案的安全保管。如果不进行档案鉴定工作，把大量失去保存价值的档案和有价值的档案一起保管，不仅浪费人力、财力、物力，而且妨碍档案保管条件的改善，影响档案的安全保管。鉴定工作能把档案分清主次，对价值大的档案重点保护，尽可能延长档案的寿命，维护它的安全。对失去保存价值的档案剔除销毁，可以腾出库房和装具去妥善保管有价值的档案。

（3）便于应付突然事变。如果不搞好档案鉴定工作，一旦发生水灾、火灾、地震或战争等突发事变，就会因为档案不分重点与一般而无法及时地、重点地进行转移和抢救而造成“玉石俱焚”。经过鉴定，区分了主次，一旦遇到突然事变，才能及时、迅速地将重要档案抢救和转移。

（二）档案鉴定工作的基本观点和方法

档案鉴定工作的主要任务，是确定哪些档案需要保存，应当保存多长时间。从这个意义上说，鉴定工作是鉴定档案的保存价值。鉴定档案的保存价值是一项科学性很强的工作，必须从国家和人民的整体利益出发，用全面的、历史的、发展的观点，确定档案的保存价值。

1. 全面的观点

认识档案的价值和作用，应当从国家和人民的整体利益出发，用全面的观点，充分地认识和估计档案的价值，而不能只从一个机关、一个部门的局部去考虑。档案是国家的财富，它的作用是多方面的。某一个机关不需要的档案，往往其他机关需要；对当前参考价值不大的档案，可能对将来的历史研究有重要的价值。档案的形成不是孤立的，各个全宗之间、全宗内的档案之间是互有联系的，在判断档案价值时，就应将有密切联系的档案联系起来去判断它的价值，而不能孤立地去看某份文件或某部分档案的价值。

2. 历史的观点

档案是历史记录，它是在一定的历史条件下形成的，它的产生总是和一定的历史条件相联系。考察档案有无保存价值和具有何种价值，必须运用历史唯物主义的观点和方法，结合当时的历史背景，把档案放在一定的历史条件下，去分析它的形式和内容，以及文件之间的相互关系，以此判断它的社会作用，防止片面的实用观点和非历史的观点。

3. 发展的观点

社会是发展的，需要利用档案的因素也是变化的，档案的价值必将随之发生变化。鉴定档案价值时，要用发展的眼光预测档案长远的历史作用。现在有用的档案，将来可能没有用处；现在尚未用到的档案，将来可能有用。因此，在鉴定工作中，要站得高，看得远，把档案的现实作用和未来作用有机地统一起来，对档案的价值作出科学的预测。

（三）档案鉴定工作的具体环节

1. 全面分析档案价值

分析和判定档案价值应以反映单位基本职能活动为出发点，以分析档案内容为中心，结合考虑档案的来源、时间、形式等其他因素。

（1）分析档案的内容。分析档案的内容是鉴定档案价值的一个最重要的方面，因为档案的价值往往是通过档案内容体现出来的。分析档案的内容，着重应分析：档案内容的重要性、档案内容的独特性及档案内容的时效性。

（2）分析档案的来源。分析档案的来源就是从考察档案的形成者和文件的责任者入手来分析档案的价值。从单位的社会地位看，首脑机关、重要单位、著名人物形成的档案价值相对较大；分析档案价值还要看文件的责任者，本单位档案的价值大于外单位；以单位本身名义形成的文件的保存价值大于单位内部组织机构形成的文件等。

（3）分析档案产生的时间。一般情况下，档案形成的时间越早，保存下来的越少，也就越显得珍贵，亦即“高龄档案应当受到尊重”。

（4）分析档案的名称、稿本和外形特征。档案的名称能够显示出档案的作用，其价值也不同。如决议、命令等比通知、简报要重要；成果报告、部件图、竣工图比阶段小结、零件图、施工图价值要大。文件有草稿、定稿、正本、副本等不同稿本，其价值也有较大区别。一般而言，定稿、正本的价值要大一些。档案的外形特点也影响档案的价值，如有些档案上有著名人物的重要批示、签字等，其价值就更大。

(5) 分析档案的技术因素。影响和规定档案价值量的技术因素，主要是档案内容的技术水平或其所反映的对象的技术价值。档案所记载和反映对象的内容的技术水平越高，档案的价值量也就越大，保管期限也就越长。

(6) 分析档案的功能因素。档案所具有的不同的功能作用对它的价值大小和保管期限长短具有一定的影响和制约作用。如同一项建筑工程的建筑设计图样，对它的形成单位来说，它的基本功能是为新设计使用或参考；而其基建竣工图的基本功能是为建筑物的使用、维修、改建和扩建等提供依据。两者功能不同，导致价值也不同。

(7) 分析档案的作者因素。作者因素对科技文件的价值量有较大影响。个人作者中的一些名人作者，某些著名学者、专家设计或绘制的图纸、演算的公式等，除技术水平因素外，作者因素将赋予它们更高的价值。

2. 确定档案保管期限

根据有关规定，我国现行的档案保管期限规定为永久、长期和短期三种。永久保存，是指将档案无限期地永远保存下去；长期保存，一般指保存16～50年；短期保存一般指保存15年（含15年）以下。保管期限的计算，通常是从文件产生和形成后第二年算起。

六、档案保管工作

档案保管的一个重要要求就是避光，如把阳光充足的房间作为档案室的做法是很不科学的。因为如果档案室阳光太充足，而室内又没有空调等恒温恒湿设备，所藏纸质档案容易变脆，会严重影响档案的利用。而且，最顶层的房间也不适合，如果下雨房间漏水的话，档案的生命则岌岌可危。另外，档案室要有一些恒温恒湿的设备，保持室内温湿度稳定，才能有效地保管好档案。

所谓档案保管工作，简言之，就是指档案的存放管理和维护档案完整与安全的活动。其具体内容包括两个方面：一方面，凭借柜具或库房对档案实施的日常管理，主要包括档案库房的使用与安排，档案及其柜具的有序化摆放和与档案检索、提供、利用等环节密切相关的档案移出、收进等。另一方面，对一切可能损坏档案的社会的、自然的因素采取必要的措施，防止档案的损坏，延长档案的寿命，维护档案的安全。档案保管主要包括以下几个方面。

（一）档案库房管理

1. 合理安排库房布局

库房布局是指对库房的使用安排及对库区房间和保管区段的划分。库房区域应尽可能集中，同一基本大类的档案应尽量安排在一个房间或几个相邻的房间中；办公室、阅览室等应靠近库房门口及楼梯间，业务技术用房应尽量布置在库房的一楼；利用频率较高的档案应存放在靠近办公室的房间里。

2. 排列柜架

各种不同形状、不同质地、不同规格的柜架应分类集中使用。柜架的两端应与墙壁保持一定距离，排列方向应与窗户垂直，以防止阳光的直接照射。

（二）档案日常管理

1. 建立库房管理制度

库房管理制度包括安全制度、档案进出库房登记制度、库藏档案定期检查制度、设备管理制度、清洁卫生制度等。

2. 调节温湿度

根据有关规定，保管一般纸质档案的温度为14℃～20℃，相对湿度是50％～65％。

3. 档案流动中的保护

在日常工作中，借阅、退还以及必要的再整理、重排架、复制、展览等都要移动档案，搬运档案时要轻拿轻放，运输工具以轻便、牢固、无震荡为宜。工作人员接触档案时，应穿工作服、戴手套，以防汗水沾污档案。档案存放方式要有利于存取。存取档案应连同包装材料一同取出、放回。借阅档案必须遵守借阅制度。残旧、脆化等易损档案和特别珍贵的档案一般不借出档案室；尚未整理好的零散档案一般不宜借阅；借阅者要爱护档案，不得涂改或做标记；禁止使用档案者在阅览室吸烟等。

4. 安全检查

定期和不定期地对档案进行安全检查，是库房管理工作的一项重要内容。具体包括：检查档案数量、质量是否完整，有无被盗、泄密等情况，及时发现不安全因素以便及时防治；检查档案是否有发黄变脆、字迹退色、潮湿发霉等自然损坏现象；检查有无水灾、火灾等隐患，用电设备是否完好，消防器材是否齐全，门窗是否牢固，防止意外发生。定期检查一般一年一次，不定期检查时间不固定，一般在保管人员变动，发生意外事故或者结合重大活动、节日时进行。

5. 库房卫生

库房卫生是库房管理中的经常性工作，它与档案生虫、长霉、磨损等有着直接关系，是档案保护技术中诸多内容都涉及的一个重要项目，因此必须给予足够的重视。

第三节　档案管理制度和原则

一、档案管理制度的制定

档案室是保管档案的重地，不是任何人可以随便进出的地方。如果人人都可以随便出入，就无法保证档案的安全与保密。

只有建立完善的档案管理制度才能保证档案管理工作的顺利进行，而档案管理制度建立的完善与否，直接关系到档案管理工作的质量。一般来讲，一个组织的档案管理制度主要涉及下述几个方面。

（一）文件立卷归档制度

立卷归档制度既是组织职能部门进行归档工作的基本规范，又是组织档案部门指导、监督和检查文件归档工作的依据，也是做好档案收集工作的依据。归档制度内容主要包括归档范围、归档时间、归档份数、归档要求和归档手续等。

（二）档案借阅制度

内容包括：阅览室接待对象、档案材料的阅览范围、批准权限和入室手续、档案索取和归还手续，以及利用者应爱护档案等若干具体规定（如开放档案范围、开放档案利用要求、利用方式、利用手续以及复制、公布等事项）。

（三）档案保管制度

内容包括：档案安全问题、进出库房登记、库藏档案定期检查、设备管理、清洁卫生等方面。

（四）档案鉴定工作制度

内容包括：各种类型的档案的保管期限的确定、档案鉴定工作负责人、鉴定程序、销毁档案的审批程序等。

（五）档案保密制度

内容包括：档案保密措施、保密人员要求等。

（六）档案人员岗位责任制度

内容包括：每个档案人员的职责、权限、任务、考核和奖励措施。

在档案管理制度的制定过程中，要注意以下事项：

（1）档案管理制度的制定要符合国家有关档案法律法规和企业法律法规的要求，不能相互冲突，同时具有一定的灵活性。

（2）档案管理制度的制定，要符合本单位的生产经营活动及形成文件的实际。

（3）档案管理制度的制定需与单位内部其他各项管理制度相衔接。

（4）制度条文必须明确，可操作性强。

二、档案工作的基本原则

我国档案工作的基本原则是在实践中逐步完善的，档案工作实行统一领导、分级管理的原则，维护档案的完整与安全，便于社会各方面的利用。档案工作的这一基本原则，确定了档案工作的组织原则和管理体制，提出了档案管理的基本要求，体现了档案工作的根本目的。

（一）档案工作实行统一领导、分级管理的原则

统一领导、分级管理，既是我国社会主义制度所决定的，又是档案工作发展的客观需要。它包含下述三个方面的内容。

1. 全国的档案工作统一于各级人民政府领导之下，由各级档案行政管理机构统一、分级、分专业管理

国家档案局主管全国档案工作，对全国的档案工作实行统筹规划、组织协调、统一调度、监督指导。各级政府的档案行政管理部门对本地区的档案工作实行分级管理。从中央到地方的各个专业系统的档案工作，由该专业主管机关，按照国家有关档案工作的统一规定，结合本专业系统情况，制定档案工作规划、制度和方法，进行监督和指导，实施分专业管理。

2. 国家全部档案由各级各类档案机构分别集中管理

各级党政机关、团体、企事业单位所形成的档案，必须由单位设立的档案室集中管理，不得由各部门或个人分散保存。各单位已经保存若干年的并且需要长远保存的档案，必须移交到各级各类档案馆集中管理。

3. 党政档案和档案工作实行统一管理

我国在1959年以前，党和政府的档案工作是分别管理的。从1959年开始，我国实行党政档案和档案工作统一管理，即一个单位的党、政、工、团档案，均由该单位的档案室集中统一管理；各级党、政机关以及群众团体等形成的档案，具有长远保存价值的，均由各级档案馆集中统一管理；党、政系统的档案工作，均由档案行政管理部门统一监督和指导。

（二）维护档案的完整与安全

维护档案的完整与安全是档案管理的最基本要求，只有保证档案的完整和安全，才能为档案工作提供必要的物质基础。维护档案的完整，有两方面的含义：一方面，在数量上，要求把所有有保存价值的档案收集齐全；另一方面，在质量上，要求维护被收集档案的系统性，要维护档案的有机联系，不能人为地割裂分散，不零乱搭砌。这两方面互有联系，相互影响。只有档案数量齐全，才能使档案系统完整；只有切实地维护档案的系统性，才能使档案数量齐全。

维护档案的安全，有两方面含义：一方面，要力求档案实体本身不损坏，尽量延长档案的寿命，保证档案实体的安全；另一方面，要采取保密措施，防止档案机密泄露，即保证档案内容的安全。只有维护档案的完整，才能有效地保证档案的安全；只有维护档案的安全，才能保证档案的完整。

（三）便于社会各方面的利用

全部档案管理工作，最终都是为了提供档案给社会主义现代化建设事业的各项工作利用，这是检验档案工作的主要标准，它体现了档案工作的根本目的。便于社会各方面利用这一思想，必须贯穿在档案工作的各个方面和档案管理的各个环节中，使档

案工作者从当前和长远利用的需要这一点去开展工作，并以此为主要标准去检查档案工作的效果。从这个意义上讲，这一原则是档案工作基本原则中一个最重要的方面。

我国档案工作基本原则的三个方面互相联系，互相作用：实行档案的统一领导、分级管理，才能切实地维护档案的完整与安全，从而便于社会各方面的利用；要做到便于利用，必须实行统一领导、分级管理，保证档案的完整与安全。基本原则的这三个方面是辩证统一的有机整体，它作为全部档案工作最基本的原则，影响和决定着档案工作各个环节的一切具体原则和方法。因此，档案工作者应该全面地理解和贯彻执行档案工作的基本原则。

第四节　档案利用和服务

一、档案的检索工作

我们辛辛苦苦地对档案进行有秩序的排列，让它们安安静静地待在自己的“家”里，不准随便走动，最终的目的就是在我们需要的时候能够很快地找到它们，为我们所用。我们已经给它们安排了一个“家”，但这还不够，我们还需要一些工具帮助我们把它们从“家”里“取”出来，即从文书海洋中检索出我们需要的档案材料，这就是档案的检索。具体而言就是指将档案的各方面信息，利用一定的方式和手段，从档案室（馆）藏中索取出来，向利用者提供服务的一项工作。

案例 7—4

法国一家公司的远东办事处总负责人凯利先生委托广东某服装厂加工一批工装裤。合同签订之后，他表露出了还想加工一批衬衫的意向，但是这种衬衫的图纸没有带过来，以后可以拿来再做具体商谈。该服装厂的领导深知，在外贸业务中，这样大宗的生意机会难得，并且随时都有可能被别人抢走。根据凯利对衬衫款式、规格的介绍，该厂领导联想起该厂曾在六年前加工过一批与凯利先生要求相近的衬衫。于是派秘书到厂档案室调来这批衬衫的图纸，秘书使用正确的检索方法很快就找到了所需图纸档案，请凯利先生审看，并表示可以根据这套图纸再结合他的要求设计出一份新的图纸来。凯利先生听后显示出极大的兴趣，并同意先让技术科的人员设计一份草图来看看。厂技术人员依据档案图纸，用了不到两个小时的时间，就把一份衬衫设计图纸摆到了凯利先生面前。凯利仔细看过以后，非常激动，说：“太好了，几乎跟我要的完全一样啊!”于是当场与该厂增签了一批 10 万件计 120 万美元的加工合同。一套小小的图纸档案为该厂赢得了一笔数目可观的好生意。

此案例说明了企业档案是企业活动的真实记录，可以帮助企业进行科学的决策和管理。企业档案工作的好坏直接影响到企业的经济利益和正当权益。该厂快速找到目标档案并利用它做成一笔大生意的事启发我们，企业要发展，不能只是强调改善经营和投资环境等硬件设施，对诸如建立健全档案工作等配套的软件设施也必须紧紧跟上。那么如何快速准确地检索到我们想要的档案呢？档案检索活动的进行，要建立在档案检索体系的基础上。通常包括两方面的工作内容：其一，档案信息检索体系的建立，即按照一定的标准和规则，将档案内含的信息进行加工，并存储起来，组成各种检索工具；其二，档案信息检索体系的利用，即根据用户的利用需求，采用一定的检索工具，从多途径、多角度查找利用档案。

档案检索工具是连接工作人员和用户的纽带，检索工作的质量如何，在很大程度上体现在检索工具上。

（一）档案的检索工具

档案的检索工具是指揭示档案内容与特征，指引、查找、索取与报道、交流档案信息的工具，它是实行档案科学管理的重要手段。任何检索工具必须具备两项基本功能：其一，档案信息的存储功能，即按照著录标引规则，将有关档案的特征，包括案卷（或文件）的内容提要、作者、形成时间、档号、存放地址等著录下来，组成一条条可以查找档案的线索体系；其二，档案信息的检索功能，即按照一定的查询要求，确定需要查找的主题、作者、文种、时间等，通过相应的检索途径和手段，找到对应的档案类号、标题、主题词、档号和存放地点，以便迅速、准确地从室（馆）藏中找出所需要的档案。此外，利用检索工具还可以进行档案信息的宣传报道与交流，将室（馆）藏档案的内容、范围、种类、成分和存放地点等通过适当的方式向外报道和介绍，推荐给企业广大员工加以利用。

1. 检索工具的分类

（1）按检索工具的用途，可分为查检性、馆藏性、报道性检索工具。查检性检索工具是为解决从多种角度和途径检索档案而专门编制的，指引利用者索取档案的工具；馆藏性检索工具是揭示档案室（馆）藏情况，反映档案实体整理和排架顺序的，主要用于保管、统计的检索工具；报道性检索工具是为了报道和介绍室（馆）藏档案情况，开展档案信息交流而编制的工具。

（2）按检索工具的载体形式，可分为书册式、卡片式、缩微式和机读式检索工具。书册式检索工具采用簿册作为载体，著录格式多为表格，编排紧凑、体积小、成本低，多为馆藏性、报道性检索工具所采用；卡片式检索工具采用卡片作为载体，每一卡片著录一份或一组文书档案，可以灵活地调整卡片的排列顺序，按类别予以集中，多为查检性检索工具所采用，便于实现多途径检索；缩微式检索工具采用缩微胶片作为载体，体积小、存储密度高，但要利用专门的阅读器才能检索利用；机读式检索工具是利用电子计算机进行检索利用的工具，检索速度快，可以实现多途径检索，自动显示和打印复制。

(3) 按检索工具的编制方法，可分为目录、索引和指南。目录是针对一批文件或案卷，按照一定的排检顺序揭示档案内容和成分的一种检索工具；索引是按照一定的顺序，揭示文件或案卷的某一内容或某一项目的档号和存储地址的检索工具，通常由档号、出处和排检顺序组合而成，如文号索引、地名索引、人名索引等；指南是以文字叙述方式，综合介绍和评价档案内容和成分的一种检索工具，常以文章或小册子的形式出现，如全宗指南、专题指南、档案馆指南等。

2. 常用手工检索工具

要实行集中统一管理原则下的档案综合管理，建立一套系统完整的常规检索工具势在必行，下面介绍几种常用的手工检索工具。

(1) 案卷总目录。是以案卷为对象，依照归档时间或案卷排架顺序进行系统登记编制而成的目录。它是反映档案室（馆）藏档案情况的一种目录，又在一定程度上起到辅助检索的作用。档案案卷总目录的著录项目比较少，信息量小，只反映了档案的类别和成分，是档案的总登记账，适应案卷保管、鉴定、统计等工作的需要。

(2) 案卷分类目录。是以案卷为对象，按照档案实体分类的整理顺序，进行以类别为单元的系统登记、排列、编制而成的目录。一般以档案的大类为基本单元，每一大类设置一个分类目录，既反映了室（馆）藏档案的分类整理成果，又对检索利用起到辅助作用。它实际上是案卷总目录的细化，固定了案卷的排架顺序。

(3) 综合目录。是在分类目录的基础上，以案卷和卷内文件为对象编制的目录，又称案卷文件目录。利用综合目录不仅可以查到案卷，还可以直接查检到文件。在综合目录中，先登录案卷的著录条目，在其下按顺序登录该案卷内所有文件的著录条目，因此，它实际上是案卷分类目录的细化。

(4) 专题目录。是指按照一定的专门问题，揭示档案内容和形式特征的目录。它是适应某些特殊需要，集中了各种相关问题的信息编制而成的，利用它可以检索某种专门问题的档案。著录项目可以根据专题而定，反映的信息内容相对来说比较深、专、细。可以采用书册式，也可以采用卡片式，以适应不同的检索需要。

(二) 档案的著录、标引

1. 档案的著录

著录，是在编制档案目录时，按照一定的规则和要求，对档案中具有检索意义的内容和形式特征，进行分析、选择和记录的过程，也就是编制档案条目的过程。条目是针对一份档案文件所做的记录。按照一定的原则与方法，将许多条目组成一定体系，便成为目录。因此，条目是组成档案目录的基本单元，条目又由若干著录项目组合而成。著录项目是揭示档案内容和形式特征的记录事项，也就是档案中所包含的信息，比如，分类号、主题词、内容摘要、形成时间、责任者、档号、密级、载体形式等。

档案的著录，要以《档案著录规则》(GB3792.5—85) 作为基本规范，参照组织的实际需要，确定具体的著录项目和著录方法等细节问题。著录格式有文件级和案卷级两种，分别以商务文书和档案案卷作为著录对象。

2. 档案的标引

标引，是通过对档案的主题内容的分析，给予其规范化检索标识的过程。依据《中国档案分类法》，用分类语言对档案赋予分类号的标识，称为分类标引；依据《中国档案主题词表》，用主题语言对档案给予主题词标识，称为主题标引。

档案的分类标引，常通过分析标题，浏览正文，查阅档案的标记等，明确其主题内容，查阅分类表后，找到与其确实相符的类目，再给出分类号。档案的主题标引，是通过仔细阅读档案，明确其主题类型和具体结构，经过对主题的认真分析后，从主题词表中选取相应的主题词作为标引词，再从其中选择出该档案文件的主题标识词，登录在著录卡片上。

（三）检索语言

检索语言是根据档案检索的需要而编制的一种专用语言，用以表示档案文件主题及其相关概念标识的内容。它与档案的著录标引相配合，共同组成档案检索的软件支持系统。在建立档案的检索系统时，一方面要通过对档案文件的著录标引，将反映档案主题内容的分类号和主题词，利用检索语言予以规范化，形成检索标识，将档案信息存储起来；另一方面要依据利用者提出的需要查找的档案信息的主题内容，利用检索语言将其规范为分类号或主题词的提问标识，以便查找利用。因此，检索语言主要用来实现标引用语和查找用语的规范化，以使著录标引和查找利用的档案相一致。

目前，档案的检索语言有两大类：分类语言和主题语言。分类语言是以反映档案内容职能特性的类目为基础，用分类号进行标引和检索的一种语言，它依据《中国档案分类法》进行规范化，检索词汇是分类号。如分类号 NJ15 表示：

NJ——机械、仪表

NJ1——机床及附件、工具

NJ15——金属切削设备

可以看出，这个分类号由大类、属类、小类三级组成。由于《中国档案分类法》包含的范围过大，对一个企业而言就不太适用了，一般由各行业根据需要，将其中有关部分展开，进行类目的细分，再行使用。

主题语言是以反映档案主题内容的规范化语言为基础，采用主题词进行标引和检索的一种语言。它依据《中国档案主题词表》进行规范化，检索词汇是主题词，这种方法可以通过对档案内容、特征的分析，作出较为灵活和深入的标识。在检索时，由于主题词组配可以按照档案内容的有机联系来进行，比较直观和方便易行。

二、科学利用档案

档案并不是我们所看到的那些表面静态的纸张，其中蕴藏着巨大的价值。但这些价值不是自动能实现的，关键需要档案工作人员对其内容进行开发和利用。为用户提供利用是档案工作的最终目的，即采用多种有效的方式直接提供档案及其信息加工材料，及时、准确地满足用户对本单位档案的利用需求。因此，我们应在做好档案管理工作的前提下，重点进行档案信息开发，为用户提供便利的服务，充分实现档案及其工作人员的价值。开展档案利用的方式和途径有很多，主要列举下述七种。

（一）开设阅览室，直接提供档案原件或复制件借阅

阅览室是联系档案的保管者和利用者的桥梁，是档案工作发挥作用的主要渠道，是社会各界了解和认识档案事业的窗口。

（1）阅览室的设置需兼顾优质服务和严格管理两个方面。阅览室一般有服务台、阅览桌、存物处等设备，还要宽敞、舒适、安静、光线好，在布局上要方便查找和利用。为了方便利用，还应该准备一些工具书和与所藏档案密切相关的参考材料。

（2）建立必要的规章制度以维护阅览室的秩序和档案的安全。制度内容包括：阅览室接待对象、档案材料的阅览范围、批准权限和入室手续、档案索取和归还手续，以及利用者应爱护档案的若干具体规定等。

（3）为方便科技人员快速大量查阅，在某些企业、事业单位，可以有条件地实行内部开架阅览。开架阅览的基本做法是：可供阅览的是科技档案副本；开架的科技档案是非密级的或者密级较低的；提供专门的开架阅览场所；编写开架部分科技档案的检索目录，注明存放位置，并在每个阅览架上编制“科技档案检索图表”；有资格进入开架阅览室的是本单位内部的有关人员。

（二）档案外借

按照一定的制度和手续，将档案带出档案馆或档案室阅览、使用。档案馆的档案一般不外借，但是在个别特殊的情况下，可以将档案暂时借出馆外。对档案外借使用，必须建立严格的制度。经一定的审批手续，档案材料才能外借；借出期限不易长；数量也要控制。同时，借用单位和个人要负责档案的安全，并保证如期交回。

（三）制发档案复制本

根据档案原件制发各种复制本，是开展档案利用工作的一种重要方式，又称复制供应。包括内供复制和外供复制。外供复制又是实现科技档案有偿交流的一个途径。复制方法主要有复印、手抄、打字、印刷和摄影等。这种方式既可以提高档案利用率，缓和供需矛盾，又便于保护档案原件。但是，这种方式也有很多不如意的地方。由于现代复印技术的快速发展，有可能使复制本失控，不利于档案保密和维护技术产权等方面的权益。为此，必须对档案复制本制发范围和批准权限严格管理。单位秘书在有关事务中要切实负起责任。

在企业档案部门中，有一种与复制供应密切相关的提供利用服务的方式，称为技术市场交流，是指企业档案部门将企业的科技成果档案制成复制品后，推向市场，参与技术贸易，为企业创造更多的经济利益。这种方式能够给企业带来一定的经济效益，

对科技成果的时效性要求较高，在为技术信息市场化服务的过程中，应注意保护企业技术秘密。

（四）出具档案证明

档案证明是档案保管单位在申请询问、核查某种事实时，把所藏档案中有关记载为利用者出具的书面证明材料。在社会生活中，有些机关、企事业单位或个人，为处理和解决问题往往需要档案部门提供证明材料。例如，个人在确认学历、职称、工龄方面都需要证明材料等。

出具档案证明，档案人员只有在利用者正式申请下才能进行。申请应写明要求出具证明的目的以及所查问题的发生时间、地点和经过。档案证明一般应根据档案的正本或可靠的副本来拟写。不论根据什么材料，都应注明其出处。在证明中不能妄加评语和结论，只能对有关材料进行客观、如实的描述或者摘录，关键字句要保持完全一致，加盖公章后才能生效。

（五）提供咨询服务

档案人员以档案为依据，以自己所掌握的业务知识和专业技术知识为基础，对查询者提出的问题进行解答，或指导利用者获得有关某一方面档案的线索。档案人员会接触到各种情况的咨询业务，有一般性咨询，也有专门性咨询；有事实性咨询，也有知识性咨询；有专题研究性咨询，也有情报性咨询。

（六）印发目录

这种方式多用于科技档案的利用服务工作。就是将档案目录印制分发到有关部门，包括内部印发（向内部各机构和下属单位印发）和外部交流两种。目的是交流情况，互通信息。

（七）举办档案展览

档案展览是根据某种需要，按照一定主题，系统地陈列档案材料。

三、深层次开发档案资源

档案信息深层次开发的途径和方式很多，主要是编写档案参考资料。档案参考资料，是档案部门或文书工作人员依据一定题目，根据所存档案综合而成的一种可供人们参考的档案材料加工品。这样的资料改变了档案原来的形式，具有主题明确、内容准确、文字精练、查阅方便等特点，更重要的是可以直接为利用者提供实用价值强的档案，给利用者节省了很多时间。下面介绍几种常用的档案参考资料的编写。

（一）大事记

大事记，就是按时间顺序，简要地记载一定历史时期发生的重大事件的一种参考资料。它可以给利用者提供某一重大问题的历史梗概，便于人们把握历史脉络及其发展规律，是总结工作、编写资料、考证历史的重要依据。大事记的内容主要由大事时间和大事记述两部分组成。

秘书人员编写的大事记主要是持续反映本单位情况的单位大事记。编写大事记时，应尊重历史和事实，维护事物的本来面目。具体要求有三点：(1) 观点正确，材料真实；(2) 大事突出，要事不漏，小事不记；(3) 条例系统，简明扼要。

(二) 组织机构沿革

组织机构沿革是系统记载一个单位或专业系统的体制、组织机构和人员编制变革情况的一种文字材料。

1. 内容

内容大致包括单位概况、机构名称改变、地址迁移、成立、撤销或合并时间、隶属关系、性质和任务、职权范围、领导人员变动、编制扩大与缩小，以及内部机构设置等方面的变化情况。

2. 编写体例及格式

组织机构沿革可以采取文字叙述或图表的形式，也可以图文并茂。可以根据组织发展特点，选择不同的编写体例：(1) 编年法，即按照年度依次列出组织结构的演变发展；(2) 阶段法，即按照组织机构重大变革的若干历史阶段，分别记述各历史阶段组织机构的演变发展；(3) 系列法，即按照组织机构变化的主要内容，分别记述演变发展情况。

(三) 统计数字汇集

统计数字汇集，是反映一个单位、系统或某一方面基本情况的一种数字材料，是了解情况、研究问题、制定计划、指导工作和总结经验的不可缺少的依据和参考。统计数字汇集按其内容可分为综合性和专题性两种。综合性统计数字汇集是记载和反映一个单位、系统全面情况的，包容性强，篇幅较大。专题性统计数字汇集则是记载一个单位或系统在某个方面的基本情况。

(四) 科技成果简介

科技成果简介，是指对获得成果的科研设计项目的档案资料，扼要摘录其内容，汇集编成的一种参考资料，是科技档案的编研成果之一。其内容一般包括：项目名称、项目内容、投资费用、主要技术经济指标或主要技术参数、经济效益、应用推广情况、鉴定评审情况、获奖情况、转让方式和费用等。

(五) 会议简介

会议简介，是简明扼要地记述会议基本情况的一种文字材料。广大机关、企事业单位人员经常需要查询会议的档案材料。这样，在筹备一个会议之前，就能够做到心中有数，许多程式性的内容便可以沿用旧例，省时省力，提高了工作效率。

会议简介的内容应包括：会议届次，会议召开的时间、地点、主持人、参加人，会议议程，讨论与会议决策事项以及结果等。

（六）企业年鉴

企业年鉴，是记录和汇集一个企业一年间的生产、经营、基本建设、科学研究等各类大事的有关文献、照片和统计数据等的综合性参考资料。其特点是利用年度的各种文字总结、数据报表、照片和说明文字等，记述和反映一个企业的综合发展状况。一年编制一个卷册，年年记录汇集，但又前后连贯。企业年鉴对于了解企业的综合情况和数据，进行工作总结、预测未来、计划决策，以及进行科学研究和编史修志等，可以提供比较系统和全面的档案材料。因此，它被誉为办公桌上的档案数据库。

（七）企业史志

企业史志是指依据企业档案信息撰写的史料性质的编研成品。从内容上划分，有就企业全部生产经营活动编写的综合性史志，也有针对某项专业活动撰写的专门性史志。企业史志史料性强，是以客观反映和系统阐述企业生产经营、科技工作及其各项管理的发展历史与发展规律为目的的，因此一般具有较高的、长久的利用价值。

（八）科技图册和科技手册

科技图册是以图样为主体，配以必要的文字说明和数字说明的编研成品。图样可以是设计图，也可以是简图或示意图等。图册主要是用来表示产品或设备的规格、结构、性能、技术参数等，或表示基建工程设施的规模、布局、走向、结构、数据等。

科技手册是以科技档案信息为依据，简明、扼要地记述特定范围的科技活动或专业的基础知识与规范的资料性工具书。基础知识是指专业性的基本数据、常用的计算公式和测试方法等。这些基础内容多是经过实践验证的成果和经验总结，带有一定的规律性，具有某种规范意义，是从企业档案中筛选出来，为企业各级领导、各种业务管理部门和科技人员、管理人员经常使用的、携带方便的工具书。

（九）科技简报

科技简报是连续地报道科技档案信息的活页式编研成品。为了提高档案部门的信息反映速度，近年来许多档案部门分别创办了《档案信息》、《档案信息快报》等，是以及时、定向地传递科技档案信息为主要目的的刊物，受到了科技档案利用者的好评。科技简报可分为定期与不定期两种。

四、有针对性地提供档案服务

档案价值是由档案自身和档案用户两方面的因素决定的。档案利用服务是联系这两个因素的纽带，因而也是实现档案价值的基本途径。档案用户需求，决定着档案开发利用的活动规律，影响提供利用服务方式方法的选择。所以，办公室工作者在熟悉档案的基础上，还应了解档案用户的需求特点，以便提高服务的主动性、针对性和及时性。

（一）满足计划决策人员对档案的需求

计划决策人员包括两个层次的管理人员，即中层管理者和高层管理者。计划决策人员是档案部门利用服务的主要对象，满足其对档案的利用需求主要有以下几个方面：

（1）提供档案信息的性质和范围方面，计划决策人员要求利用综合性的、可靠的、涉及面比较广泛的档案材料，越是高层的管理者，因为其考虑问题越要全面，决策越为关键，所以越需要档案人员提供经过加工的概括性、综合性强的高层次信息，越要求信息可靠，也越需要提供综合参考非档案类的外部信息。

（2）提供档案信息内容方面，有两方面的材料是所有计划决策人员共同关注的：其一，政策性文件和分析论证材料；其二，历史上处理类似问题所形成的材料，包括决策方案、决策依据、反馈意见等。例如，本单位的机构沿革，工作或经营活动方面的历史情况和统计数据；有关本单位工作业务的国家和地方、上级部门的法律、法规、行政规章；有关某方面工作成功和失败的典型案例分析；国内外同行业的情报材料等。

（3）提供时间和方式方面，有特殊要求。计划决策人员希望用较少的时间了解较多的信息内容，经过加工、汇集、信息密集度高的材料比较受欢迎。此外，计划决策人员很少有时间亲自到档案部门查阅，利用过程常常是委托进行，在服务方式上最好做到主动上门服务。

（二）满足基层管理者对档案的需求

基层管理者主要从事具体的业务管理、事务工作。不同性质、不同规模的组织机构，其具体的基层管理工作存在着一定的差别，一般包括生产、财务、人事、行政、销售等部门所进行的业务、事务活动。满足其对档案的利用需求主要有以下几个方面：

（1）提供档案信息的性质方面，要提供具体、详尽、实用性强的信息，能对具体工作给予帮助。档案工作人员应该编制详细的检索工具，以方便查询。

（2）提供档案信息的内容方面，往往需要提供关于管理对象的有关信息，范围相对固定，如行政管理人员经常利用文书档案，会计人员经常利用会计档案，销售人员经常利用销售档案等。

（3）提供信息的范围方面，主要是单位内部信息，且其利用比较有规律。

（三）满足科研人员对档案的需求

单位内部的科研人员，一般从事的是应用技术的研究，也有少数开展基础研究的。另外，单位外部从事基础研究和应用技术研究的科技人员，有时也需要到单位来查询利用相应的科技档案。满足其对档案的利用需求主要有以下几个方面：

（1）提供信息的范围方面，其利用需求比较稳定，通常表现为对某一个或多个相关主题的档案信息的需求。

（2）满足其利用信息的形式方面，他们更愿意利用原始材料。

（3）对查全率要求比较高，要求提供关于某一专题的完整、准确、系统的成套材料。

（4）利用时间上相对宽松。

（四）满足工程技术人员对档案的需求

工程技术人员进行应用技术的研究，从事具体的工程、产品和其他科技任务的设计、施工、生产或管理、操作、维修等工作，属于具体的生产技术和生产工艺性质的活动。满足其对档案的利用需求主要有以下几个方面：

（1）提供档案信息的性质方面，要提供具有针对性强和内容具体、有特点的信息材料，如查用某个具体的图形、数据、报表等。

（2）提供档案信息的内容方面，比较注意专利文献和标准化材料，需要同类客体、同类项目或同行业的最新信息。

（3）提供时间方面，要求迅速和及时。

本章小结

档案是人类历史的原始记录。档案与档案管理是一种普遍存在且意义深刻的社会现象，对人类和社会的生存、发展，对人类历史文化的传承、延续具有重要的基础作用。档案管理也是秘书从业人员需要掌握的一门重要的理论和技术。从系统论的角度看，档案管理系统包括档案的收集、整理、保管、鉴定、检索以及提供利用等工作。收集是档案管理的实际起点，其基本任务是将应收藏的档案资料集中到档案部门来。整理是档案工作的核心部分，其基本任务是建立档案实体的管理秩序，使其有序化、条理化，为整个管理工作提供一个严格有序的工作基础。保管是指对已经整理好并已经排架入库存放的档案进行日常维护管理。检索是指根据用户需要，运用检索工具对所存档案信息的查询，满足利用者需求。开发利用档案信息向用户提供利用则是档案管理的目的与动力，是直接体现档案管理目的的具体工作。一个企业的过去、现在和未来都是一个难以分割的有机的整体，正是在这种连续性的过程中，档案显示出了其旺盛的生命力。只有真正重视档案和档案管理工作的公司，才会有长足的发展和进步。

关键概念

档案　档案管理　档案检索　档案利用　开发档案资源　档案服务

思考与练习

课堂讨论题

2001 年 7 月，美国钢铁协会和美国商务部指控上海埃力生钢管公司生产并进口到美国的高直缝焊钢管，以低于正常价值的价格进入美国市场，对其相似产品及相关工业造成实质性损害，因而对上海埃力生钢管公司提起反倾销诉讼。对此，上海埃力生钢管公司沉着应诉，依靠勇气——正确面对经济全球化浪潮；依靠实力——现代化高水准管理的企业，优质的产品和每年近亿元利润的竞争力；依靠技巧——灵活利用国际惯例、国际规则和 WTO 规则；依靠日常优质高效的档案管理的成果——齐全完整、内容翔实地反映该新产品的成本、生产总量，国内销售价格以及向调查国出口的价格及数量等档案材料，据理力争，打赢了曾经被称为是中国入世后中国企业在国际贸易争端“第一案”的高直缝焊钢管反倾销官司，使美国商务部于 2002 年 5 月，对埃力生钢管公司生产的高直缝焊钢管作出了关税为零的最终裁定，而且认为埃力生公司生产的钢管不存在价格低于成本的倾销问题。

在谈到应诉程序时，该公司集团董事长吴国迪深有感触地说：“我对自己内部管理的质量有信心，拿到详细的资料以后，我用了一个星期的时间就下决心打这场官司。他们需要什么材料，我们就准备什么材料。美国商务部的两个官员到现场调查时，我们的发票差不多放满了一个 60 平方米的房间。所有的工资单，费用收据，包括一度电、一吨水是怎样用的，政府有没有补贴，他们都问得非常详尽。”可见，企业如果没有日常规范的档案管理，就无法应对随时可能发生的贸易争端，就无法维护企业的合法权益，就无法在 WTO 的环境中最大限度地保护自己。

试讨论商务档案在上述案例中的价值形态和体现，并请谈一谈这个案例给你的启示。

复习思考题

1. 如何准确理解档案的含义和属性?
2. 什么是“归档”?
3. 常用的分类方法有哪些?
4. 分类时如何判定档案文件所属年度?
5. 采用问题分类法应注意什么问题?
6. 档案利用的不同方式有哪些?
7. 档案深层次开发的成品有哪些?
8. 简述计划决策人员对档案需求利用的特点。
9. 文秘及档案工作人员应如何提供针对性服务?

工作实务题

小李是一家计算机制造公司营销二部的文员，以下是她某一天的工作活动情况：

上午 9 点，小李准时上班。按习惯她先打开电脑，收取电子邮件。她共收到两封邮件：一封是本市一家计算机零售公司发来的订货意向书；一封是一位顾客发来的邮件，报怨所购计算机多次出现故障。小李将第一封邮件转呈营销二部经理处理，将第二封邮件转发营销二部负责售后服务的某位员工处理。

上午 10 点半，小李陪同营销二部经理与一家大型计算机批发商签订了一份 300 台计算机的订货合同，并将订货合同带回了公司。

上午 11 点，邮递员送来了一份《商业周刊》、一份《经济观察报》、三份《电脑报》、三份《计算机世界》，小李将报刊分发给相应人员和科室。

下午 1 点，小李起草了一份《营销二部 2012 年营销计划》交给营销部经理。

下午 3 点，小李向十几家电脑销售公司寄发了一种新产品的宣传广告和征订单。

这一天小李收到和制作的哪些材料有可能转化为档案？为什么？

案例评点

案例一

某企业退职回乡的工人老刘派其子回到厂里，反映老刘于 1961 年被人诬陷有盗窃行为，被迫去职回乡的事情，要求落实政策，恢复公职并赔偿损失。其子在该厂厂部住下，反复向领导谈此问题。领导到哪里他跟到哪里，一副不达目的不罢休的架势。厂长、人事科长、工会主席、车间主任都被他拉着谈过。厂办公室还要为他解决食宿问题。领导不是不愿意解决问题，而是要处理这事实在为难，因为已经过去多年，当时的负责人有的退休，有的调走，已经找不到人了。而现在的负责人又不了解当时的具体情况。

在这种情况下，厂信访办秘书小王想到，只有找到当时的文件，才能处理这个问题。于是，他到档案室翻阅材料。经过查找，他从档案中得知，老刘的问题当时并没有作出盗窃的结论，也未做盗窃处理。当时有人提出老刘的问题后，他就从动力部调到专业分厂，属于工作上的正常调动。老刘到专业分厂后，私自离厂回乡。组织上当时并没有认定他是什么问题，也没有做过开除厂籍的决定，不存在冤假错案问题。小王与老刘原来所在单位商量后，决定根据政策按下放职工处理，发给当事人老刘安家费、困难补助费，并把档案资料记录的事实告诉了老刘的儿子。在事实面前，他心服口服。自此，老刘“盗窃问题被开除”的心病也消除了。

就这样，秘书小王用一份多年前的档案材料将这个理不清的旧账判明了。

评点

在这个案例中，当事人老刘要求处理的是一个很多年以前的一个问题，是当事人的一个心结，如果得不到解决，不仅老刘的心病除不去，领导的工作也会因小刘的不停上访受到影响。秘书作为领导的助手不能坐视不管，而应该积极地想办法解决问题。

我们通过案例看到，档案是解决上述历史遗留问题的关键因素。一个单位，它的过去、现在、未来是一个不可分割的整体，而维系这个整体的纽带就是档案。领导换了一届又一届，档案部门的负责人也在更换，而档案作为原始记录是不改变的。其最基本的特点是具有凭证价值，可以成为查考、研究、争辩和处理问题的依据。

档案中所存储的信息是最真实、最可靠的，但是如果没有人去利用，它们是不会发生任何作用，不会创造任何价值的。所以秘书应具有强烈的档案利用意识，学会快速检索档案、提取有效信息，通过对档案的利用提高工作效率和质量，帮助领导解决各种问题。

案例二

这是一家规模不大的公司，秘书科只有三个人——科长、经验丰富的秘书小王和今年刚刚就职的秘书小芳。

这天上午，秘书小王外出办事，科里只留下科长和秘书小芳。这时，一位看上去似乎有些耳背的老人拿着账单走了进来，可能是找营业部找错了门，秘书小芳正好有点事情，顺路将他领到营业部去了。不巧的是，秘书小芳刚走，公司经理就来电话，让秘书科把新车间的设计图迅速送给他。科长里里外外翻遍整个办公室，可是怎么也找不到图纸。在电话里，等得不耐烦的经理对着科长大发雷霆："怎么搞的？连张图纸也找不到，你这个科长一天到晚在干些什么？"而负责文件收发的是秘书小芳。有什么办法呢？科长只好沮丧地等秘书小芳回来。秘书小芳刚进门，科长就把自己胸中的怒气全部朝秘书小芳头上发泄："托您的福，经理给了好果子吃！你干什么去了?!"秘书小芳想说明，但科长没有给她说话的余地："废物！饭桶!"秘书小芳怎么受得了这样的委屈，她泪流满面地冲出办公室，屋里只剩下科长对着天花板抽闷烟。这时，秘书小王回来了。

现在，王秘书应该怎么办？王秘书的文件档案管理工作如何？我们应该受到什么启发？

评点

根据优先次序，王秘书现场处理工作应该按照以下顺序进行：（1）简要向科长汇报外出办事情况与结果，注意一定要非常简明扼要。（2）向科长了解情况，重要的是发生什么而不是为什么。（3）勇于承担责任，消除科长怒火。（4）迅速将文件找到并送到经理那儿，解决当前问题，为科长摆脱困境。（5）安慰和劝解小芳，帮助她进步。

因为：（1）完成本职工作不能含糊，首先汇报自己的经办事项，是行缓冲之计。（2）对其他相关工作不能漠视，而了解情况是解决问题的前提和突破口。（3）作为老职员，保证工作的有序性是必须承担的义务；同时，对新职员进行传帮带是义不容辞的责任。因此，诚恳地向科长致歉，使之阴转多云，这是必须迈出的重要一步。（4）秘书小王帮秘书小芳找到设计图后，将图纸送到经理办公室，向经理认错："实在对不起，我刚出去办了点事……您要的是这份图纸吗?"这是当前工作的重点，是核心目标，是解决其他问题和开展下一步工作的关键。须进一步深入思考的是，这时，由谁送图纸给经理最恰当？是小王、科长，还是小芳？（5）寻找一个恰当的场合，私下里与小芳沟通，给她分析她的优点，诸如工作热情、踏实、勤奋等，同时，对她的不足提出自己的建议，譬如，工作方法有待改进、性格有些急躁等。并表示愿意在今后的工作中经常提醒她，与她共同进步。帮助小芳进步，以防止类似事件的再次发生，这才是治标又治本。须注意的是，一方面，小王不是小芳的上级领导，只不过是小芳的同事而已，批评是不妥当的；另一方面，采用正确的劝导方式、方法。一般来说，在指出对方缺点之前，首先坦承自己没有尽到及时提醒的责任，然后肯定对方的优点，最后还得加上一句："当然，这种错误对于我们大家来说，都是难免的。"这样，对于对方来说才是一种最大的鼓励。

主要参考文献

1. 胡鸿杰等. 办公室管理. 北京：中国人民大学出版社，2001.

2. 陈广胜. 机关管理. 北京：线装书局，2001.

3. 胡鸿杰. 办公室管理概论. 北京：中华工商联合出版社，2000.

4. ［英］约翰·哈里森，谢振元等译. 秘书的职责. 北京：档案出版社，1991.

5. ［美］安娜·埃克斯蕾，上海大学文学院中文系译. 韦氏秘书手册. 北京：中国新闻出版社，1985.

6. ［美］玛丽·A·德弗里斯，胡敏等译. 涉外秘书全书. 北京：中信出版社，1999.

7. ［美］B. L. 吉林，N. F. 考劳斯. 朱国斌等译. 行政办公室管理. 北京：中国人民大学出版社，1991.

图书在版编目（CIP）数据

办公室事务管理/胡鸿杰主编．—3版．—北京：中国人民大学出版社，2012.5
21世纪高职高专精品教材．现代秘书系列
ISBN 978-7-300-15642-2

Ⅰ.①办… Ⅱ.①胡… Ⅲ.①办公室工作-管理-高等职业教育-教材 Ⅳ.①C931.4

中国版本图书馆CIP数据核字（2012）第102236号

21世纪高职高专精品教材·现代秘书系列
总主编　范立荣
办公室事务管理（第三版）
主　编　胡鸿杰
副主编　王协舟
Bangongshi Shiwu Guanli

出版发行	中国人民大学出版社		
社　址	北京中关村大街31号	**邮政编码**	100080
电　话	010－62511242（总编室）		010－62511770（质管部）
	010－82501766（邮购部）		010－62514148（门市部）
	010－62515195（发行公司）		010－62515275（盗版举报）
网　址	http://www.crup.com.cn		
经　销	新华书店		
印　刷	北京鑫丰华彩印有限公司	**版　次**	2004年6月第1版
规　格	185 mm×260 mm　16开本		2012年8月第3版
印　张	13.25	**印　次**	2019年6月第7次印刷
字　数	266 000	**定　价**	26.00元

教师信息反馈表

为了更好地为您服务，提高教学质量，中国人民大学出版社愿意为您提供全面的教学支持，期望与您建立更广泛的合作关系。请您填好下表后以电子邮件或信件的形式反馈给我们。

<table>
<tr><td>您使用过或正在使用的我社教材名称</td><td></td><td>版次</td><td></td></tr>
<tr><td>您希望获得哪些相关教学资料</td><td colspan="3"></td></tr>
<tr><td>您对本书的建议（可附页）</td><td colspan="3"></td></tr>
<tr><td>您的姓名</td><td colspan="3"></td></tr>
<tr><td>您所在的学校、院系</td><td colspan="3"></td></tr>
<tr><td>您所讲授课程名称</td><td colspan="3"></td></tr>
<tr><td>学生人数</td><td colspan="3"></td></tr>
<tr><td>您的联系地址</td><td colspan="3"></td></tr>
<tr><td>邮政编码</td><td></td><td>联系电话</td><td></td></tr>
<tr><td>电子邮件（必填）</td><td colspan="3"></td></tr>
<tr><td>您是否为人大社教研网会员</td><td colspan="3">□ 是，会员卡号：____________
□ 不是，现在申请</td></tr>
<tr><td>您在相关专业是否有主编或参编教材意向</td><td colspan="3">□ 是　　□ 否
□ 不一定</td></tr>
<tr><td>您所希望参编或主编的教材的基本情况（包括内容、框架结构、特色等，可附页）</td><td colspan="3"></td></tr>
</table>

我们的联系方式：北京市海淀区中关村大街 31 号
中国人民大学出版社教育分社
邮政编码：100080
电话：010-62515912
网址：http://www.crup.com.cn/jiaoyu/
E-mail：cruplya@126.com